FACULTÉ DE DROIT DE PARIS

DROIT ROMAIN

LA CONFISCATION

DROIT FRANÇAIS

LES DÉLITS FISCAUX

THÈSE POUR LE DOCTORAT

PAR

JULES SALVA

AVOCAT

LAURÉAT DE LA FACULTÉ DE MONTPELLIER

PARIS

LIBRAIRIE NOUVELLE DE DROIT ET DE JURISPRUDENCE

ARTHUR ROUSSEAU, ÉDITEUR

14, RUE SOUFFLOT ET RUE TOULLIER, 13

1895

THÈSE

POUR LE DOCTORAT

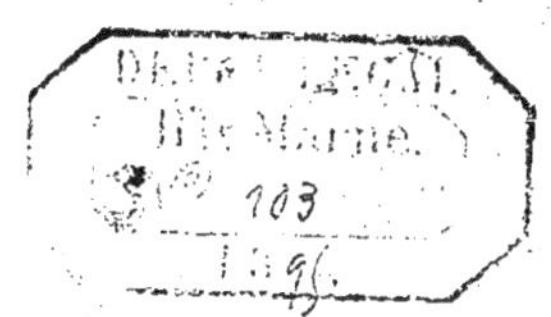

DROIT ROMAIN

LA CONFISCATION

DROIT FRANÇAIS

LES DÉLITS FISCAUX

THÈSE POUR LE DOCTORAT

L'ACTE PUBLIC SUR LES MATIÈRES CI-APRÈS

Sera soutenu le samedi 25 mai 1895, à 10 heures 1/2

PAR

Jules SALVA

AVOCAT

Président : M. CHAVEGRIN,

Suffragants : MM. Henry MICHEL, JOBBÉ-DUVAL, THALLER, *professeurs.*

PARIS

LIBRAIRIE NOUVELLE DE DROIT ET DE JURISPRUDENCE

ARTHUR ROUSSEAU, ÉDITEUR

14, RUE SOUFFLOT ET RUE TOULLIER, 13

1895

DROIT ROMAIN

LA CONFISCATION

INTRODUCTION

C'est un des grands principes de droit criminel que les fautes sont personnelles et que nul n'est responsable devant la loi pénale des méfaits commis par autrui.

Mais il a fallu bien des siècles pour arriver à cette conception, et l'on peut dire qu'elle ne s'est dégagée d'une manière absolument complète que dans l'Europe moderne.

L'histoire enseigne que chez tous les peuples le droit de vengeance a été le premier principe des peines. Cette vengeance est héréditaire et familiale : elle appartient à la famille de l'offensé, elle lui est même imposée comme un devoir ; elle s'attache aussi à la famille de l'offenseur et le poursuit dans sa personne, celle de ses enfants, de ses petits-enfants, de tous ses proches, jusqu'à ce que le sang ait lavé le sang.

Lorsqu'au système de la vengeance individuelle eut succédé un droit pénal proprement dit, lorsque de l'idée du dédommagement particulier les sociétés humaines

eurent abouti progressivement à l'idée d'une réparation
sociale, l'on vit souvent cette révoltante et absurde ini-
quité de la punition des enfants sous le prétexte qu'ils
sont présumés semblables à leur père et qu'on pouvait
craindre que les crimes commis par celui-ci ne devins-
sent héréditaires dans sa famille. Et pendant très longtemps on considéra comme un progrès d'épargner la
famille du coupable, mais de la réduire à la misère en
frappant son chef à la fois dans sa personne et dans son
patrimoine. Pendant très longtemps figura dans les législations une peine qui est aujourd'hui définitivement
jugée et dont tous les criminalistes ont signalé les funes-
tes conséquences et l'immoralité, la *confiscation générale des biens*. On appelle ainsi la privation à titre de
peine et l'attribution à l'État de l'universalité ou d'une
quote-part du patrimoine d'un condamné.

La confiscation générale des biens a été admise dans
notre ancien droit. Disparue en 1790, elle fut rétablie
par le Code pénal de 1810 et n'a été définitivement abolie
que par la Charte de 1814 (art. 66). Elle nous était
venue du droit romain.

Tous ceux qui observent les transformations et les
tendances nouvelles de la science pénale ne peuvent se
désintéresser de l'organisation du système pénal à Rome.
C'est ce qui nous décide à soulever un des coins du voile
de ce passé, à étudier les principes du droit romain sur
la confiscation et l'ensemble des textes qui la concernent.

TITRE PREMIER

DES CAUSES DE LA CONFISCATION.

CHAPITRE PREMIER

LA CONFISCATION SOUS LES ROIS ET PENDANT LA RÉPUBLIQUE.

L'érudition moderne a mis en lumière l'étroite alliance, au premier âge des peuples, du droit pénal et de la religion. Lorsque, parallèlement au système de la vengeance individuelle, commencent à se dégager les idées de *délit* et de *peine*, elles sont tout d'abord empreintes d'un esprit religieux. Le délit apparaît comme une offense à la divinité, devant attirer la malédiction et les châtiments du ciel sur le coupable et même sur la tribu à laquelle il appartient. La peine est considérée, non point encore comme un moyen de prévenir et de réparer une lésion de l'ordre social, mais comme une expiation religieuse réclamée au nom de l'intérêt public ; elle est destinée à apaiser les dieux, et le terme de *sup-*

plice dont on se sert même aujourd'hui pour désigner la peine de mort rappelle par son étymologie, *supplicare*, cette conception primitive.

Le droit criminel de Rome naissante, comme celui de toutes les premières civilisations, a revêtu ce caractère religieux.

Cette observation se vérifie à merveille dans la confiscation.

La confiscation se présente dans le très ancien droit romain sous la forme d'une *consecratio* : les biens confisqués sont consacrés aux dieux irrités, ils sont employés à des sacrifices et à des prières publiques. La privation du patrimoine entier à titre de peine se rencontre en effet dans la plus haute antiquité et elle est encourue par ceux qui commettent un crime entraînant *sacratio capitis*. « L'*homo sacer*, dit Ihering, vivait dans un état de proscription religieuse et temporelle. Voué à la vengeance des dieux qu'il avait outragés par son méfait, exclu, comme conséquence, de toute communion humaine, *privé de tous ses biens au profit des dieux*, le coupable pouvait être mis à mort par le premier venu (1) ». Il était ainsi frappé d'une sorte d'excommunication, et consacré, lui et ses biens, à la divinité qu'il avait offensée : de là l'expression *consecratio capitis et bonorum*.

On conçoit que le premier fait qui fut jugé mériter

(1) Ihering, *Esprit du droit romain*, t. 1, p. 280.

une punition aussi sévère ait été la trahison envers la
patrie, *perduellio*. Suivant Denys d'Halicarnasse, quiconque trahissait la patrie était voué aux dieux infer-
naux et tout citoyen avait le droit de le mettre à mort.
Cette peine était encore prononcée sous les rois pour
certains délits considérés comme outrageant le plus les
dieux. Ils étaient prévus par les *leges regiæ* attribuées à
Numa et à quelques-uns de ses successeurs et que l'on
qualifie souvent à cause de leur sanction de *leges sacratæ*. « *Sacratæ leges sunt*, dit Festus, *quibus sanctum est :
qui quid adversus eas fecerit, sacer alicui deorum sit cum
familia pecuniaque* (1) ». Les unes avaient pour objet
de déterminer le châtiment applicable à certains crimes,
notamment le déplacement des bornes d'un champ ; les
autres réglaient les rapports des parents avec leurs enfants, du patron avec ses clients.

A Rome, les bornes qui servaient de limites entre les
différents héritages avaient été sanctifiées. Les supprimer ou les déplacer, c'était presque se rendre coupable
d'un sacrilège : celui qui commettait un pareil acte devenait *sacer*. C'est probablement ainsi qu'il faut expliquer la légende du meurtre de Remus par Romulus :
Remus ayant franchi par dérision les murs que venait
de tracer son frère, le fondateur de Rome le tua sur le
fait parce que les limites de la ville comme celles des
champs étaient placées sous la protection des dieux, et

(1) Festus, V° *Sacratæ leges*.

celui qui y portait atteinte encourait la *sacratio capitis*.

Cette peine était encore prononcée contre les enfants qui se livraient à des voies de fait sur la personne de leurs parents (1), contre le client qui trahissait son patron, ou le patron qui trahissait son client : les parents devaient être sacrés pour leurs enfants, le client et le patron devaient être sacrés l'un à l'égard de l'autre.

Quelques cas de *sacratio capitis* furent ajoutés au début de la République. Immédiatement après la chute des Tarquins, le consul Valérius renouvela cette loi sacrée qui permettait à tout citoyen de tuer l'homme qui se rendait coupable d'une trahison envers l'État et l'appliqua à l'usurpation du pouvoir : c'est ainsi que le consul Spurius Cassius, accusé d'aspirer à la royauté, fut mis à mort et ses biens consacrés aux dieux. Spurius Mélius, coupable du même crime, subit le même sort. Et tout le monde sait qu'une impunité glorieuse attendait à Rome le meurtrier d'un tyran.

Lors de la sécession du peuple sur le Mont Sacré, les tribuns accordés au peuple furent placés sous la protection de la religion, et l'on déclara sacrilège et maudit quiconque porterait la main sur eux. On entoura plus tard de la même garantie la personne des décemvirs, celle des édiles. Après l'expulsion des décemvirs à la suite du crime d'Appius Claudius, lorsque le tribunat fut rétabli, les consuls imprimèrent de nouveau aux

______

(1) Festus, V° *Florare*.

tribuns le caractère d'inviolabilité par une loi qui vouait à Jupiter la tête de quiconque attenterait à ces magistrats, et ordonnait que tous ses biens seraient vendus au profit du temple de Cérès, de Liber et de Libéra (loi Horatia) (1). La constitution antique de Rome recevait ainsi une consécration religieuse, et la menace de rendre *sacer* était employée pour prévenir toute violation des concessions accordées aux plébéiens.

La *consecratio capitis et bonorum* perdit du terrain à mesure que s'amoindrit l'influence de la religion sur le droit pénal, et l'État arriva à exercer les confiscations dans son propre intérêt, « de même, dit Ihering, qu'il s'attribua plus tard le *sacramentum* dans les procès civils ». La confiscation se détacha de la *sacratio capitis* dans laquelle elle avait d'abord été comprise ; elle dépouilla son caractère religieux et les biens confisqués allèrent désormais au trésor public, *ærarium*.

Du jour où la confiscation s'est ainsi détachée de la *sacratio capitis* et a commencé à vivre d'une vie propre, elle s'est appelée *publicatio* parce que c'est le peuple qui devenait propriétaire des biens confisqués. Elle conservera cette dénomination même sous l'Empire jusqu'au moment où l'*ærarium* se confondra avec le *fiscus*. Les mots *publicare* et *publicatio* tomberont alors en désué-

______

(1) Tite-Live, 3, 55 : « Ut qui, tribunis plebis, œdilibus........ nocuisset, ejus caput Jovi sacrum esset ; familia ad œdem Cœreris Liberi Liberæque venum iret ».

tude et seront remplacés par les mots *confiscare* et *confiscatio*.

Les débuts de la confiscation comme peine indépendante sont mal connus. Les renseignements que nos sources contiennent sont en effet très incomplets et très peu précis.

Nous pouvons seulement affirmer que la *publicatio bonorum*, sous la République, n'était pas encore attachée, comme elle le devint plus tard, à toute peine capitale. « Nos ancêtres, dit Cicéron dans le plaidoyer pour sa maison, ont mis la plus haute prévoyance à régler les jugements ; avant tout ils ont voulu que la peine capitale n'entraînât point la confiscation » (1). Ailleurs, dans son traité sur l'*Invention oratoire*, il nous parle d'un condamné à mort dont les héritiers se disputent les biens, et constate ainsi que la question de savoir si un condamné a le droit de faire un testament peut être discutée (2). Et Suétone nous apprend que Jules César introduisit cette innovation que les parricides perdraient dorénavant le patrimoine entier et les condamnés criminels ordinaires la moitié de leurs biens (3). Lorsque Gaius nous dit : « *Si cui aqua et igni interdictum sit,*

(1) *Pro domo sua*, § 17 : « Nam, quum tam moderata judicia populi sint a majoribus constituta, primum, ut ne pœna capitis cum pecunia conjungatur ».

(2) *De inventione rhetorica*, II, 50.

(3) *Vie de César*, 41 : « Pœnas facinorum auxit, et quum locupletes eo facilius se obligarent quod integris patrimoniis exsulabant, parricidas, ut Cicero scribit, bonis omnibus, reliquos dimidia parte mulctavit ».

ejus nec illud testamentum valet, quod ante fecit, nec id quod postea fecerit : bona quoque, quæ tunc habuit cum damnaretur, publicabuntur », cela n'infirme en rien le témoignage de Cicéron et de Suétone. Le jurisconsulte a probablement en vue le droit de l'époque de César.

Si d'ailleurs la confiscation n'était pas attachée de droit aux peines capitales sous la République, très souvent cependant elle y était jointe par une disposition spéciale de la sentence. Cette mesure était prise dans beaucoup de cas particuliers lorsqu'un accusé s'étant exilé volontairement pour éviter une peine dont il était menacé, on lui interdisait, pour prévenir son retour, l'eau et le feu ; et à ce point de vue, il est peut-être vrai de dire que, déjà avant César, la confiscation était la conséquence naturelle de l'*aqua et igni interdictio*.

Nous savons encore que la confiscation, à cette époque comme dans les temps les plus reculés, était prononcée contre celui qui s'était soustrait au cens ou au service militaire ; et que dans ces cas elle venait se joindre à la perte de la liberté. (1)

Il semble aussi que sous la République la confiscation qui, sans en être la conséquence nécessaire, pouvait ainsi être jointe à une autre peine, pouvait être encourue comme peine unique et principale, puisque les historiens nous rapportent que lorsque la conjuration de Catilina fut découverte César et Caton, dont l'avis ne

____

(1) Tite-Live, I, 44 ; — Cicéron, *Pro Cæcina*, 34 ; — frag. 4, § 10, Dig., *de re militari*, 49, 16.

prévalut pas, proposèrent de ne pas condamner à mort
ses complices, de confisquer seulement leurs biens. Et
ces historiens ne laissent pas entrevoir qu'il ait pu y
avoir à cela un obstacle de droit.

Mais là se bornent les notions que nous pouvons donner avec certitude sur la confiscation pendant la République. A quelles règles était-elle exactement soumise?
Dans quelles circonstances était-elle prononcée? Quels
étaient ses effets? Nous ne le savons pas. Ce n'est point
que l'histoire ne nous ait pas conservé des exemples de
confiscations pratiquées pendant cette période. Elle nous
en fournit au contraire un très grand nombre. Mais ils
nous mettent plutôt en présence d'actes de coercition
ou d'hypothèses dans lesquelles la confiscation nous apparaît comme un accessoire que le peuple ajoute arbi-
trairement à une autre peine ; et il serait difficile d'en
tirer des éléments de décision pour la solution de notre
question. Il suffit, pour s'en convaincre, de parcourir
les plus connus de ces cas :

Le décemvir Appius Claudius s'enflamme d'une passion coupable pour une jeune plébéienne. Il veut s'en
emparer de force ; et le père, Virginius, ne voyant plus
d'espoir de secours, perce le cœur de sa fille pour l'arracher au déshonneur. Ce crime, dont l'auteur véritable
est Appius Claudius, soulève une sédition et amène la
destruction de la puissance des décemvirs, comme la
mort de Lucrèce avait quelques années auparavant entraîné la chute des rois. Appius Claudius est jeté dans

les fers et ses biens sont confisqués au profit de l'État. Son collègue Oppius subit le même sort. Les autres décemvirs se condamnent à l'exil et leurs biens sont également confisqués (1).

Le publicain Postumius de Pyrges se rend coupable d'une prévarication si odieuse que les tribuns convoquent le peuple pour faire prononcer contre lui une amende de deux cent mille pièces de monnaie. Pour empêcher que le jugement ne soit rendu, Postumius vient avec ses amis troubler la délibération du peuple, qui rend ce décret « que si Postumius ne se présente pas avant les calendes de mai pour répondre à la citation, il sera exilé, ses biens confisqués et qu'on lui interdira l'eau et le feu (2) ».

Après la prise de Capoue, chaque famille de Capouans est l'objet d'un décret spécial : les uns sont condamnés à la confiscation de leurs biens, et vendus, eux, leurs femmes et leurs enfants ; les autres sont jetés dans les fers et l'on se réserve le droit de prononcer plus tard sur leurs biens. Quant aux autres Campaniens, on confisque et on vend leurs biens autres que le bétail et tout ce qui ne forme pas fonds immeubles (3).

Pendant ces mêmes guerres puniques, quelques habitants d'Acerra ayant comploté de livrer leur ville à Annibal, Marcellus arrive à temps pour les prévenir,

(1) Tite-Live, III, 58.
(2) Tite-Live, XXV, 4.
(3) Tite-Live, XXVI, 34.

fait fermer les portes, introduit dans le forum le procès
de ceux qui ont entretenu des intelligences avec l'ennemi, et condamne plus de 70 citoyens à périr sous la
hache et à la confiscation de leurs biens au profit du
peuple romain (1).

La confiscation est infligée comme peine unique et
directe au censeur Tibérius Gracchus, dont le crime a
été de s'être opposé à la convocation d'une assemblée
du peuple (2).

Le Sénat confisque les biens de Caius Gracchus, même
la dot de sa veuve Licinia (3).

Cicéron est lui-même frappé d'exil et de confiscation
en vertu d'une loi spéciale. Parmi ses biens confisqués
se trouvait la maison qu'il possédait sur le mont Pala-
tin. Son ennemi Clodius l'acheta, et, pour qu'il ne pût
y rentrer, il en consacra le terrain en y faisant élever
un temple à la Liberté. C'est pour en obtenir la restitution que Cicéron prononça devant le collège des Pontifes
son fameux plaidoyer *Pro domo sua*.

Il est surtout impossible de voir autre chose que des
mesures de violence dans les confiscations prodiguées
à l'époque des proscriptions de Marius et de Sylla.

(1) Tite-Live, XXIII, 17.
(2) Tite-Live, XLIII, 16.
(3) Plutarque, *Vie de Caius Gracchus.*

CHAPITRE II

Si nous en croyons Suétone, César fit de la confiscation la conséquence nécessaire de toute condamnation criminelle en ordonnant la *publicatio* de tous les biens des parricides et de la moitié des biens des autres condamnés.

Les empereurs le suivirent dans cette voie et généralisèrent la loi qu'il avait portée.

Tandis que nos sources sont incomplètes et peu précises sur la *publicatio bonorum* pendant la période républicaine, nous possédons de nombreux documents sur cette peine pour la période impériale. Un titre spécial lui est en effet consacré au Digeste, au Code de Justinien et au Code théodosien : au Digeste, le titre 20 du livre 48, *de bonis damnatorum* ; au Code de Justinien, le titre 49 du livre 9, *de bonis proscriptorum seu damnatorum* ; au Code théodosien, le titre 41 du livre 9, *de bonis proscriptorum seu damnatorum.*

La confiscation, à l'époque classique, est encourue soit comme peine accessoire, soit comme peine principale.

La confiscation existe d'abord comme peine accessoire.

Elle est attachée de plein droit à toutes les condamnations qui prononcent une peine capitale. Il ne faut
pas entendre seulement par peine capitale dans le droit
romain la peine de mort, mais encore celles qui entraînent la perte de la liberté ou du droit de cité. Le fragment 1 *principium* au Digeste, livre 48, titre 20, formule
la règle en ces termes : « *damnatione bona publicantur,
cum aut vita adimitur, aut civitas, aut servilis conditio
irrogatur* ».

Un rapprochement peut être fait, à ce point de vue,
avec la législation athénienne qui avait fait de la confiscation la conséquence obligée de toute condamnation à
la mort, à la servitude ou à l'exil, et avec notre ancienne
législation qui privait de ses biens l'homme condamné
à mort naturelle et même à la mort civile par les galères perpétuelles ou par un bannissement du royaume à
perpétuité.

La première peine prévue par la loi 1 *principium* au
Digeste est la peine de mort. Quant aux peines qui privent le condamné de la liberté ou de la cité, ce sont les
condamnations aux bêtes, aux mines, l'interdiction de
l'eau et du feu, la déportation, les travaux publics à
perpétuité. Les deux premières entraînent *maxima capitis deminutio*, c'est-à-dire la perte de la liberté. Les
condamnés ont même une position inférieure à celle des
esclaves ordinaires, car, n'ayant pas d'autre maître que
leur peine, ils ne peuvent pas espérer être affranchis :
ils sont esclaves de la peine elle-même, *servi pœnæ*.

La condamnation aux travaux publics à perpétuité, *in opus publicum*, n'entraîne au contraire qu'une *media capitis deminutio*, c'est-à-dire la perte de la cité. Cette perte de la cité résulte également de la déportation, qui n'est autre chose que l'exil, mais l'exil direct, tandis que l'*interdictio aqua et igni*, dont elle n'est qu'une transformation, était l'exil indirect : l'eau et le feu étant les symboles de la pureté, les interdire à un Romain c'était le priver de toute communion avec la société et le forcer par suite à s'exiler. La *deportatio* entraîne la *publicatio bonorum*.

L'exil, à l'époque classique, ne se manifeste pas seulement sous la forme de *deportatio* ; il se manifeste sous une nouvelle forme, la *relegatio*. La *relegatio* c'est, soit l'interdiction de séjourner dans une partie déterminée de l'empire, soit l'assignation pour résidence d'un lieu déterminé. Elle peut être perpétuelle ou temporaire (1). Mais, à la différence de la déportation, elle n'est pas suivie de perte de la cité et par suite de la confiscation des biens : *Magna differentia est inter deportationem et relegationem : nam deportatio civitatem et bona adimit; relegatio autem neutrum tollit, nisi specialiter bona publicentur* (2) ». Le relégué conserve sa fortune : cela nous est attesté non seulement par le texte que nous venons de citer et qui est du jurisconsulte Ulpien, mais encore par un autre texte d'Ulpien qui forme la loi 7, § 4, 15 et

(1) Fr. 7, § 2 et fr. 14 pr. Dig. 48, 22, *De interdictis et relegatis.*
(2) Fr. 14, § 1, Dig. 48, 22.

16 au Digeste, *de interd. et releg.*, un texte de Pomponius, le fragment 1 du même titre, et un texte de Papinien, le fragment 39 au titre *de jure fisci*. La *relegatio* ne peut être accompagnée de confiscation qu'à deux conditions : lorsqu'elle est perpétuelle, lorsque de plus la sentence le déclare expressément. Si la *relegatio* est temporaire, elle ne peut pas en être accompagnée même par l'effet d'une disposition particulière de la sentence. Toutefois, dans la loi 7, § 4, *de interd. et releg.*, Ulpien nous apprend que la confiscation a été quelquefois prononcée à l'égard des condamnés à la relégation temporaire, et que si l'équité des empereurs a blâmé de telles sentences leur avidité en a conservé le bénéfice.

Ces différentes peines entraînent aussi la perte de la *testamenti factio*. Mais ce serait une erreur de croire que c'est la confiscation qui est la cause juridique de cette incapacité de tester. Ainsi s'explique que par la novelle 134, chapitre 13, cette incapacité n'est nullement abolie, tandis que la confiscation est singulièrement restreinte en faveur de certains parents.

Si le plus souvent la confiscation n'est pas une peine à part, mais constitue une aggravation s'ajoutant à d'autres condamnations, elle est aussi édictée comme peine principale : et dans ce cas elle est ordinairement partielle, et non plus totale.

Comme peine principale, la confiscation est d'abord une des sanctions de la loi *Julia de adulteriis* rendue sous Auguste. En vertu de cette loi, les femmes coupa-

bles d'adultère sont condamnées, indépendamment de
la *relegatio in insulam*, à la confiscation de la moitié
de leur dot et du tiers de leurs autres biens (1). C'est
un des cas exceptionnels où la loi romaine confisque la
dot de la femme. Nous verrons en effet qu'en principe
lorsqu'une femme encourt la confiscation des biens
sa dot est respectée. C'est bien plus parce qu'il fallait
une disposition spéciale pour l'atteindre que parce
qu'elle en confisquait une portion plus forte que des
autres biens, que la loi *Julia* mentionne la dot à part.
Le complice de la femme est aussi puni : on confisque la moitié de ses biens. Voilà le système de la loi
Julia. Mais il a subi de profondes modifications. Sous
Constantin la peine de mort est édictée contre la femme
coupable d'adultère et contre son complice. Justinien
maintint la peine de mort pour l'*adulter*. Or nous avons
déjà vu que la peine capitale emporte confiscation des
biens : ses biens seront donc confisqués ; mais, conformément au droit des novelles que nous exposerons
plus loin en étudiant les effets de la confiscation, s'il a
une femme elle reprendra sa dot et la *donatio propter
nuptias*, s'il a des parents jusqu'au 3ᵉ degré, descendants, ascendants ou collatéraux, ils recueilleront tous
les autres biens, et ce sera seulement à défaut d'eux
que le fisc les revendiquera. Quant à la femme coupable d'adultère, elle ne sera plus mise à mort, elle sera

(1) Paul, *Sentences*, livre 2, titre 26, § 14.

enfermée dans un monastère, et si deux années s'écou-
lent sans que le mari la reprenne, elle devra y rester
toute sa vie. Ses biens elle les perdra, et voici ce qu'ils
deviendront : si elle laisse des descendants, ceux-ci en
auront les deux tiers et l'autre tiers sera attribué au
monastère ; si elle laisse des ascendants, ils auront les
quatre douzièmes. Le monastère prendra tout, à défaut
de ces parents (1). En réalité c'est une véritable confiscation, mais au profit du monastère et non plus au profit du Trésor.

On peut rapprocher de l'adultère le *stuprum* : c'est
du reste une disposition spéciale de la loi *Julia de adulteriis* qui punit le *stuprum*. On appelait ainsi la liaison
avec une *matrona honesta*, quoique non mariée, même
si l'amant était célibataire. Il y avait à Rome deux sortes
de concubinage, correspondant à deux classes de femmes : avec les femmes que l'on honorait du nom de ma-
trones le concubinage était un crime, un *stuprum* ; avec
celles à qui ce titre était refusé, il était un fait indifférent aux yeux de la loi, il constituait même un mariage
inférieur qui, quoique sans effets civils, était reconnu
par le droit, c'était le *concubinatus* proprement dit. Le
stuprum est puni de confiscation lorsque le coupable est
de condition élevée ; il perd la moitié de ses biens :
« *Etiam stupri flagitium punitur cum quis sine vi, vel vir-
ginem, sive viduam honeste viventem stupraverit. Pœnam*

(1) Novelle 134, chap. 10.

eadem lex irrogat peccatoribus, si honesti sunt, publica-
tionem dimidiæ bonorum, si humiles, corporis coercitionem
cum relegatione (1) ». La confiscation est remplacée par
la relégation et des châtiments corporels pour les gens
d'humble extraction. Mais à une certaine époque la sévérité de la jurisprudence se relâcha, et si Ulpien est
resté fidèle à l'ancienne doctrine (2), il y avait de son
temps une tendance très marquée à admettre que l'on
pouvait prendre pour concubine (au sens romain de ce
mot) une *mulier honesta* pourvu qu'on le fît ouvertement
« *cum testatione hoc manifestum faciente* (3) ». Cette manière de voir finit par prévaloir, et la loi 34 pr., Dig. 48,
5 excepte du crime de *stuprum* le fait d'avoir pour
concubine une femme de condition honorable. De sorte
que l'homme peut, dans ce nouvel état de la législation,
avoir, en dehors du mariage, des relations avec une
femme de cette condition sans encourir les peines du
stuprum ; il n'a qu'à en faire sa concubine. Le champ
d'application de la confiscation en matière de *stuprum*
est dès lors assez restreint.

Quelques autres lois ont procédé de la même manière
que la loi Julia à l'égard du *stuprum* et ont substitué la
confiscation aux peines corporelles pour les personnes
riches et de position élevée. Nous citerons la loi *Fabia
de plagiariis*, la loi 38, Dig., 48, 9, *de pœnis*, §§ 5 et 8.

(1) Institutes, livre 4, titre 18, § 4.
(2) Loi 1, § 1, Dig., 25, 7.
(3) Loi 3, Dig., 25, 7.

Celui qui viole la loi *Fabia de plagiariis*, s'il est de la classe des *honestiores*, encourt la relégation perpétuelle et la confiscation de la moitié de ses biens (*adempta dimidia parte bonorum*), tandis que pour le même crime les *humiliores* sont condamnés aux mines ou mis en croix (1). Le *plagium* c'est la séquestration, ou le fait de vendre ou d'acheter comme esclave une personne de condition libre, ou encore le vol de l'esclave d'autrui.

La loi 38, Dig., 48, 19, prévoit au paragraphe 5 le crime d'avortement. Elle décide que ceux qui font avorter doivent être condamnés, les *humiliores* aux mines, les *honestiores* à être relégués dans une île et à la confiscation d'une partie de leurs biens (*amissa parte bonorum*), sans préciser quelle était cette part. Si l'avortement entraîne la mort de la femme, ils sont punis du dernier supplice, qui entraîne comme conséquence la confiscation générale des biens.

D'après le paragraphe 8 de cette même loi, si quelqu'un peut parvenir à prouver que des pièces de son procès ont été livrées à la partie adverse par son *procurator*, ce *procurator* doit être condamné aux mines, *si humilior sit*; *si honestior*, on lui ôte la moitié de ses biens, et il est relégué à perpétuité.

Nous trouvons quatre autres cas de confiscation comme peine principale à l'époque classique.

Les délits prévus par la loi *Julia de vi privata* (par

---

(1) Paul, *Sentences*, livre 5, titre 30, § 1.

exemple le fait par un créancier de s'emparer de sa propre autorité de la chose de son débiteur) (1) sont punis de la confiscation du tiers des biens : « *De vi privata damnati pars tertia ex lege Julia damnatur* » (2).

Celui qui soustrait son fils au service militaire, en temps de paix, est battu de verges et le jeune homme est placé dans un corps inférieur pour s'être dérobé à son devoir ; en temps de guerre, le père doit être puni de l'exil et de la perte d'une partie de ses biens (3).

Celui qui livre un esclave pour qu'il soit soumis à la castration est frappé de la perte de la moitié de ses biens en vertu d'un sénatus-consulte fait sous le consulat de Neratius Priscus et d'Annius Verus (4).

Enfin nous avons un cas de confiscation comme sanction des empêchements au mariage. Le mariage contracté au mépris de la loi entre parents en ligne directe constitue un inceste du droit des gens, par opposition au mariage entre parents collatéraux dans les limites de la prohibition, qui constitue un inceste du droit civil. La femme coupable d'un inceste du droit des gens subit la confiscation de sa dot. Son mari est puni de la confiscation de la moitié de ses biens et de la *relegatio in insulam* (5).

---

(1) Loi 8, Dig., 48, 7 (Modestin).
(2) *Sentences* de Paul, livre 5, titre 26, § 3 ; loi 1 pr. Dig., et loi 8, 48, 7.
(3) Loi 4, § 11, Dig., 49, 16.
(4) Loi 6, Dig., 48, 8.
(5) Paul, *Sentences*, livre 2, titre 19, § 5 et titre 26, § 14.

Ayant ainsi étudié les diverses causes de la confiscation générale aux différentes périodes de l'histoire romaine, et avant de passer à l'étude de ses effets, il ne
peut manquer d'intérêt de s'arrêter un instant sur l'organisation de la juridiction criminelle à Rome et sur la
procédure qui était suivie relativement aux procès auxquels donnait lieu l'application de ces lois sur la confiscation.

A l'époque royale, quoique cette manière de voir ne
soit pas partagée par tous les auteurs (1), c'était le peuple qui exerçait souverainement la juridiction criminelle. Les choses se passaient ainsi : le peuple nommait
des commissaires appelés *quæstores*, et d'ordinaire au
nombre de deux, *duoviri*, afin d'instruire le procès et
d'accuser devant lui l'auteur du crime ; c'était lui-même
qui jugeait. Quelquefois cependant, au lieu de statuer
directement, il confiait aux *quæstores*, non seulement la
mission d'instruire le procès et d'accuser le coupable,
mais aussi celle de le juger, sauf appel devant lui, qui
était de droit ; lorsque les *quæstores* avaient reçu cette
délégation particulière de juger, ils portaient le nom de
quæstores perduellionis ou de *quæstores parricidii*, les
deux termes de *perduellio* et de *parricidium* ayant servi
au début à désigner tout crime capital.

(1) Une opinion très répandue attribue au roi la souveraine juridiction criminelle.

D'après Ihering, cette procédure n'aurait cependant pas été suivie pour les crimes entraînant confiscation. Nous avons vu que sous les rois la confiscation était comprise dans la *sacratio capitis*. Or Ihering enseigne que l'on devenait *sacer* par une conséquence immédiate du délit, et qu'une condamnation n'était pas nécessaire pour que la vie de celui qui était voué aux dieux fût à la merci du premier venu et ses biens à la disposition de la nation. Il invoque en ce sens la formule même au moyen de laquelle la loi comminait la peine du *sacer* et qui paraît mentionner cette peine comme une suite immédiate du délit : « *Si fecerit, sacer esto* », ou « *leges eum, qui fecerit, sacrum esse jubent* » etc... ; et surtout cette clause que celui qui tuerait le malfaiteur ne serait pas poursuivi pour meurtre : « *si quis eum, qui eo plebiscito sacer sit, occiderit, parricida ne sit* ». « Cette clause, dit-il, est incompréhensible si l'on admet que dans chaque cas particulier le peuple devait d'abord déclarer le coupable hors la loi ; car la disposition qui porte que celui qui a tué le malfaiteur en vertu de cette autorisation ne peut être poursuivi pour meurtre, est suffisamment claire par elle-même. Cette formule n'avait de sens que dans l'hypothèse où chacun fût libre de tuer le malfaiteur sans jugement et sans droit personnel ». Mais l'opinion généralement dominante est que l'on ne devenait *sacer* qu'en vertu d'une condamnation ; et cette opinion tire son principal argument du danger qu'une pratique semblable aurait suspendu sur la tête de tout

homme soupçonné d'avoir commis une action qui pou-
-vait le rendre *sacer*.

La loi des XII Tables confia aux *comitia centuriata* la
connaissance de toutes les accusations capitales, et déclara que seuls ils pouvaient statuer *de capite civis*. La
cause ne pouvait être du ressort des *comitia tributa* que
lorsque la peine requise était une amende, *multa*.

Devant les *comitia centuriata* l'accusation était introduite par un magistrat ayant pouvoir d'agir *cum populo*.
Ce furent d'abord les *duoviri perduellionis* ou les *quæstores parricidi*, conformément à l'ancien usage ; ils furent plus tard remplacés par les magistrats ordinaires,
les tribuns et les édiles.

La procédure commençait par la citation donnée au
prévenu de comparaître au jour fixé par le magistrat qui
devait présider l'assemblée. Mais l'accusé n'était pas
nécessairement incarcéré jusqu'à ce jour, il conservait
la liberté en fournissant caution (*vades publici*). Au jour
déterminé le magistrat accusateur ouvrait la réunion
(*contio*) par l'acte d'accusation. Cette première réunion
était suivie des deux autres destinées également à l'instruction de l'affaire. Trois jours de marché après la dernière *contio* (*trinundinum*), le magistrat président ouvrait
l'audience du jugement. L'accusateur formulait d'une
manière définitive son réquisitoire, le prévenu présentait sa défense ; les témoins produits de part et d'autre
étaient entendus ; puis l'assemblée votait. Tant que ce
vote n'avait pas eu lieu, l'accusé avait le droit de se

soustraire par un exil volontaire à la peine qui devait l'atteindre (*jus exulandi*).

Au VIIe siècle cette procédure criminelle fut bouleversée. Une loi de l'an 605, la *lex Calpurnia de repetundis*, créa un tribunal spécial et permanent *quæstio perpetua repetundarum* pour connaître des exactions et des concussions des magistrats. L'institution se généralisa et des lois nombreuses portées par Sylla, Pompée, César, Octavien, établirent des tribunaux permanents pour les principaux crimes. L'ancienne procédure ne se maintint plus que pour les faits non prévus par les lois nouvelles.

Chaque *quæstio perpetua* se composait d'un président désigné par le sort parmi les préteurs élus pour l'administration des provinces, exceptionnellement choisi parmi des citoyens ayant autrefois exercé une magistrature, d'anciens questeurs ou d'anciens édiles, et de juges ou jurés pris sur une liste, *album judicum*, dressée par le préteur et qui ne put d'abord comprendre que des sénateurs. Ces jurés étaient nommés pour un an.

La procédure était déterminée pour chaque *quæstio perpetua* par la loi qui l'avait instituée et par suite elle n'était pas partout la même. Il y avait cependant pour tous les jugements des règles communes :

Tandis que devant les comices centuries un magistrat seul pouvait être accusateur, devant les *quæstiones perpetuæ* tout citoyen a le droit de poursuivre. Il doit d'abord en demander l'autorisation au préteur. Si sa demande est accueillie, il fait ce que l'on appelle la *delatio nominis*, par laquelle il fait connaître le nom de celui qu'il accuse et la nature du délit dont il s'agit. Un avertissement est donné au prévenu. Après une première instruction contradictoire, l'acte d'accusation est formulé et signé par l'accusateur (*subscriptio*) qui prononce le *jusjurandum calumniæ*. Le préteur inscrit alors la cause au rôle (*inscriptio*, ou *nominis receptio*).

L'*inscriptio* doit être séparée de dix jours au moins du jour fixé pour l'assignation. Les débats commencent par la constitution du tribunal, chaque partie ayant le droit de récuser des juges. Dès que le tribunal est constitué les juges prêtent serment, et la parole est donnée aux parties : l'accusation est développée par le demandeur ; l'accusé y répond, soit lui-même, soit par l'intermédiaire de *patroni* ou *oratores* dont il s'est fait assister ; il peut faire entendre des *laudatores*. Les débats clos, les juges vont délibérer ; ils votent au moyen de tablettes portant certains signes indiquant que le votant acquitte ou condamne. Les votes sont dépouillés et le verdict est prononcé à la majorité des voix.

Les juges peuvent se déclarer insuffisamment éclairés, et dans ce cas il est procédé à des débats nouveaux (*ampliatio*).

Le jugement est à l'abri de tout recours, même de l'appel au peuple.

Les *quæstiones perpetuæ* furent maintenues sous l'Empire. La procédure qui était suivie devant elles continua même à être régie par les lois anciennes : une seule modification importante y fut apportée, la nomination des *judices* appartint à l'Empereur, et leurs fonctions devinrent viagères.

Mais à côté des *quæstiones perpetuæ* apparaît dès cette époque la juridiction extraordinaire du Sénat et de l'Empereur, qui vient restreindre leur compétence. L'Empereur prend du reste l'habitude de déléguer d'une manière générale sa juridiction à certains fonctionnaires ; et c'est ainsi que prend naissance le pouvoir judiciaire criminel du *præfectus urbi*, du *præfectus vigilum*, du *præfectus annonæ*, des gouverneurs de provinces. A partir du IIIe siècle le jugement des causes capitales est enlevé aux *quæstiones perpetuæ* pour être confié à Rome au *præfectus urbi*, en Italie aux *præfecti prætorio*, dans les provinces au gouverneur. Les *quæstiones perpetuæ* ne tardent pas à disparaître ; et ce sont ces fonctionnaires qui, dans les derniers temps, exercent, au nom de l'Empereur, toute la juridiction pénale.

TITRE II

DES EFFETS DE LA CONFISCATION.

CHAPITRE III

DEPUIS QUEL JOUR LES BIENS SONT CONFISQUÉS.

C'est du jour de la condamnation, et non du jour de son accusation ou de son arrestation, que le condamné doit être dépouillé de ses biens. « *Non ut quis in carcerem ductus est, spoliari eum opportet : sed post condemnationem. Idque divus Hadrianus rescripsit* » dit la loi 2, au Digeste, livre 48, titre 20, *de bonis damnatorum*.

Une première conséquence découle de cette règle : c'est que l'accusé conserve jusqu'au jour de la condamnation l'administration de son patrimoine (1), et son débiteur peut lui payer ce qu'il lui doit. Sauf en cas de crime de lèse-majesté ; le coupable de lèse-majesté perd du jour où il a projeté son crime l'administration de ses

---

(1) Loi 11, § 1, Dig., *de bonis damnatorum* ; lois 41 et 42, *de solutionibus* ; loi 4, § 6, *de jure fisci*.

biens, et tous ses actes sont frappés de nullité, soit les
actes à titre gratuit, soit même les actes à titre onéreux (1).

Une deuxième conséquence, c'est que, puisqu'on ne
confisque les biens de personne avant la condamnation,
les biens de celui qui meurt en prison ne peuvent pas
être confisqués et passent à ses héritiers. La confiscation ne peut pas davantage être prononcée, s'il meurt
après la condamnation, mais avant qu'elle soit devenue
définitive, c'est-à-dire avant d'avoir formé appel si le
délai d'appel n'est pas expiré, ou avant qu'il soit statué
sur l'appel qu'il a formé, encore que plus tard son appel
ne soit pas admis : dans toutes ces hypothèses, il conserve l'intégrité de ses droits (2). Mais ici encore une
exception est établie pour le crime de lèse-majesté : l'accusation n'est pas interrompue par la mort du coupable ;
bien plus, l'action peut être intentée après sa mort,
elle est intentée contre sa mémoire (3), « *damnatio
memoriæ* » et le procès se termine par l'infamie posthu-
me et la confiscation des biens (4). On peut donc dire
que dans ce cas la confiscation est encourue non point
du jour où la condamnation est devenue irrévocable,
mais du jour du crime.

(1) Loi 11, § 1, Dig., *de bonis damnatorum*.
(2) Loi 2, § 2, Dig., *de pœnis*, 48, 19 ; loi 11, pr., *de bonis damnatorum*, 48, 20 ; loi 45, § 1, *de jure fisci*, 49, 14 ; loi 13, § 2, *qui testamenta
facere possunt*, 28, 1 ; loi 3, § 7, *de bonis eorum qui ante sententiam*.
(3) Lois 7 et 8, Code, livre 9, titre 8.
(4) Loi 11, Dig., *ad legem Juliam majestatis*, et loi 22, Dig., *de
jure fisci*.

Cette deuxième conséquence de la règle posée par la
loi 2 au titre *de bonis damnatorum* en ce qui concerne
la fixation du point de départ des effets de la confiscation
comporte une autre exception. Elle n'a pas lieu lorsque
l'accusé meurt pendant le procès, non plus de mort naturelle, mais de sa propre main, dans le but d'éviter le
châtiment qui le menace. En présence du suicide d'un
accusé, l'on recherche en effet la cause pour laquelle il
s'est donné la mort, et l'on fait la distinction suivante :
s'est-il donné la mort, point pour échapper à la peine,
mais poussé par tout autre sentiment ou par dégoût de
la vie? ou, au contraire, a-t-il voulu échapper à une
condamnation probable, s'est-il tué *metu criminis*? Dans
le premier cas ses biens ne peuvent pas être confisqués ;
il ne tombe pas sous le coup des lois par ce seul fait
qu'il a attenté à ses jours ; le suicide n'est pas puni à
Rome, de même qu'il est absous dans toute l'antiquité.
Mais dans le second cas, le décès n'empêche pas la confiscation si les héritiers ne parviennent pas à établir
l'innocence de leur auteur (1). On doit en effet entendre
ses héritiers, s'ils sont prêts à défendre la cause, et on
ne doit attribuer les biens au fisc que lorsque l'accusation sera prouvée. Il faut supposer bien entendu que la
confiscation est attachée au crime, car sans cela le fisc
ne perd rien ; il faut supposer un individu accusé d'un
crime capital et qui prévient sa condamnation par une

_____

(1) Loi 3, § 6 et 8, Dig., *de bonis eorum qui ante sententiam*.

mort volontaire. Toutefois, dans la pratique, la justice fermait souvent les yeux. Souvent même le centurion porteur du message d'accusation était accompagné d'un chirurgien qui offrait son office et ouvrait l'artère. Celui qui se donnait ainsi la mort par ordre conservait le droit de tester, mais il payait cette faveur en faisant à César un legs dont le montant était accepté à l'avance. Il est curieux d'observer que nous retrouvons au XIVe siècle, dans une ordonnance de Charles V, absolument la même distinction entre ceux qui recouraient au suicide pour échapper au supplice et ceux qui se donnaient la mort « par l'effet d'une maladie, de mélancolie, de faiblesse d'esprit ou quelque autre infirmité semblable ». Tous étaient privés de sépulture, mais les derniers seuls conservaient le droit de disposer de leurs biens. Mais cette distinction ne tarda pas à être supprimée dans notre ancienne France, et l'histoire nous apprend que les biens des suicidés, quels que fussent les motifs du suicide, furent confisqués au détriment de leurs héritiers naturels ; le suicide fut puni pour lui-même (voir notamment l'ordonnance de 1670, titre 22).

CHAPITRE IV

QUELS BIENS DU CONDAMNÉ SONT CONFISQUÉS,
ET CE QU'ILS DEVIENNENT APRÈS LEUR CONFISCATION.

La confiscation est un mode d'acquérir *per universitatem*. Puchta (*Institutionen*, § 327), Accarias (tome 1, n°⁵ 486 et suiv.) la rangent avec raison sous ce titre. L'acquisition faite par le trésor de l'État ou du Prince porte en effet sur le patrimoine tout entier du condamné ou sur une quote-part de ce patrimoine. Elle a pour objet, non pas la propriété de telle ou telle chose faisant partie du patrimoine, mais la propriété de toutes celles qui y figurent, en même temps que l'investiture des droits réels et des droits de créance qui s'y trouvent compris. Par contre, elle entraîne l'obligation de payer les dettes. Au contraire, dans les modes d'acquérir à titre particulier, l'acquisition ne porte que sur une ou plusieurs choses individuellement déterminées, et l'acquéreur n'est nullement tenu de payer les dettes du précédent propriétaire.

La confiscation se rapproche ainsi de l'hérédité et des *bonorum possessiones*, de l'*in jure cessio* de l'hérédité légitime, de la *bonorum addictio libertatum servandarum causa*, de l'adrogation, de la constitution de la *manus* sur la femme, de la *bonorum venditio*, qui sont les autres modes d'acquisition *per universitatem* consacrés par la loi romaine.

Mais, tandis que ces diverses *successiones* appartiennent au droit privé, la confiscation est du domaine du droit public, puisqu'elle est la conséquence d'une condamnation pénale.

D'autre part, elle implique toujours une *maxima* ou une *media capitis deminutio*. Au contraire parmi les *successiones* du droit privé, la *manus* et l'adrogation seules impliquent une *capitis deminutio*, et encore celle-ci n'est-elle que *minima*.

On pourrait relever une troisième différence entre la confiscation et quelques-unes au moins des autres causes d'acquisition d'un patrimoine : l'hérédité, les *bonorum possessiones*, l'*in jure cessio* de l'hérédité légitime, la *bonorum addictio libertatum servandarum causa* supposent nécessairement le décès de celui dont les biens font l'objet de la transmission ; la confiscation, comme la *manus*, l'adrogation et la *bonorum venditio*, s'applique aux biens d'une personne vivante.

L'étude détaillée des effets de la confiscation nous permettra de compléter cette comparaison.

La confiscation frappe d'abord tous les biens présents des condamnés, soit les biens corporels, soit les biens incorporels tels que les droits réels et les créances. Bien entendu, les droits dont la transmission à titre universel n'est pas possible, comme le droit d'usufruit et le droit d'usage (1), s'éteignent. Et de ce chef la confiscation présente une ressemblance avec les autres modes d'acquérir *per universitatem*, notamment l'*hereditas* qui ne transfère pas à l'héritier les droits d'usufruit ou d'usage dont le défunt était titulaire ; la *successio per adrogationem* qui ne s'applique pas davantage au droit d'usufruit, au moins avant Justinien, car ce prince décida que la *minima capitis deminutio* (c'était celle que subissait l'adrogé) n'éteindrait plus l'usufruit. On laisse cependant au condamné les vêtements dont il est couvert, la monnaie qu'il a sur lui pour ses besoins, et les menus objets tels que les bagues ou anneaux qu'il peut porter pourvu que leur valeur n'excède pas 5 pièces d'or (2) : c'est ce que l'on appelle la dépouille du condamné, *pannicularia*.

Quant aux biens acquis depuis la condamnation, en principe ils échappent au fisc : « *publicatis bonis, quidquid postea acquiritur non sequitur fiscum* (3) ». Mais ceci suppose que le condamné n'a pas perdu le droit de cité et par conséquent que la confiscation est prononcée seule ou encore avec la relégation ; car la relégation n'entraîne pas de *media capitis deminutio*, le relégué reste citoyen romain, il peut acquérir une nouvelle fortune qui appartient à sa mort à ses héritiers testamentaires ou *ab intestat*. Si au contraire il y a perte du droit de cité,

(1) *Sentences* de Paul, III, 6, 29.
(2) Loi 6, Dig., *de bonis damnatorum*.
(3) Loi 22, § 5, Digeste, *Mandati*, livre 17, titre 1.

cette perte entraîne comme conséquence l'impossibilité d'avoir un héritier et l'attribution au fisc des biens acquis depuis la condamnation. La confiscation comprend alors les biens à venir. C'est le cas du déporté : « *Deportati nec earum quidem rerum quas post pœnam irrogatam habuerint heredem habere possunt, sed et hæ publicabuntur* (1) ».

Les effets de la confiscation s'exercent aussi dans une certaine mesure sur le passé. Les actes que l'accusé, qui, avons-nous vu, conserve jusqu'au jour de la condamnation l'administration de son patrimoine, accomplit pour soustraire ses biens au fisc sont révocables. Le fragment 45, *de jure fisci*, 49, 14, nous apprend que toute aliénation faite par lui en fraude du fisc est annulée : « *In fraudem fisci, non solum per donationem sed quocumque modo, res alienatæ revocantur* ». Le fisc est autorisé également à répéter les sommes payées aux créanciers en fraude de ses droits, alors même que ceux-ci aient agi de bonne foi en recevant le paiement ; s'il y a eu mauvaise foi de leur part, ils sont tenus à la restitution du double ; « *Qui aliquid sciens in fraudem fisci suscepit, non solum rem in qua fraudis ministerium suscepit, sed alterum tantum restituere cogitur* (2) ». Enfin nous voyons dans plusieurs textes, notamment dans la loi 5 au Code, *qui manumittere non possunt*, livre 7, titre 11, que celui qui est frappé de confiscation

(1) Loi 2, Code, livre 9, titre 49.
(2) Loi 46, Dig. *de jure fisci*.

n'a pas pu avant la condamnation affranchir valablement ses esclaves pour frustrer le fisc.

Des règles spéciales avaient été admises pour les militaires : la condamnation à mort prononcée pour un délit militaire n'entraînait pas la confiscation du patrimoine acquis au service (1).

Que deviennent les biens confisqués ?

A l'origine de l'histoire romaine, lorsque la confiscation avait un caractère religieux et était comprise dans la *sacratio capitis*, les biens qu'elle atteignait étaient consacrés aux dieux. Le plus souvent ils étaient vendus au profit du temple de Cérès (2).

Sous la République, le montant des *publicationes* fut versé dans l'*ærarium*. L'*ærarium* était le trésor public de Rome ; il était déposé dans les souterrains du temple de Saturne, d'où la qualification d'*ærarium Saturni* qu'il conserva toujours. Pendant très longtemps il en fut ainsi. L'*ærarium Saturni* était du reste sous la République l'unique caisse de l'État, car l'*ærarium sanctius*, qui existait à côté de lui, n'était qu'un fonds de réserve et n'était alimenté que par l'impôt sur les affranchissements, la *vicesima libertatis*. Auguste introduisit des modifications dans le système financier. Il résolut d'abord d'affecter un fonds particulier pour les troupes et établit un trésor militaire, *ærarium militare*. Mais sur-

____

(1) Fr. 6, § 6, Dig., 28, 3 ; — frag. 11, 29, 1 ; — frag. 1 et 2, Dig., 38, 12 ; — Const. 13, Code, 6, 21.

(2) Tite-Live, II, 41, et III, 55 ; — Cicéron, *Pro domo suá*, 48.

tout il créa à côté de l'ancien trésor public un trésor particulier de l'empereur, qu'il appela *fiscus Cæsaris* ou simplement *fiscus*. La création de cette 3ᵉ caisse se rattache au partage des provinces entre Auguste et le Sénat, qui eut lieu après la bataille d'Actium, lorsqu'Auguste fut nommé *imperator* et *princeps*. Les revenus de l'État qui auparavant étaient réunis dans une seule caisse furent séparés dès lors en 2 parts : une partie seulement continua à échoir à l'*ærarium*, dont l'administration fut conservée pour la forme au moins par le Sénat; ce furent les impôts provenant des provinces du Sénat ; les revenus des provinces impériales tombèrent dans le *fiscus* qui était à la disposition absolue du monarque.

Le produit des confiscations ne fut pas cependant versé immédiatement au fisc. Il continua à appartenir à l'*ærarium*, et à la fin du règne de Tibère on voit encore l'*ærarium* s'emparer des biens de Séjan, puisque Tacite nous apprend que les biens de Séjan furent plus tard enlevés à l'*ærarium* et versés dans le fisc : « *Bona Seiani ablata ærario ut in fiscum cogerentur* » (1).

On conçoit en effet que l'effort des empereurs tendit à attribuer au fisc les *bona damnatorum*. Pour en donner une preuve, il nous suffira de citer ce passage où Spartien nous montre l'empereur Adrien retransportant à l'*ærarium* les droits du fisc sur les biens du condamné,

____

(1) *Annales*, VI, 2.

« *damnatorum bona in fiscum privatum redigi vetuit,
omni summa in ærario publico recepta* » (1) : c'est donc
que l'*ærarium* en avait été dépouillé sous les prédéces-
seurs d'Adrien. Du reste si l'*ærarium* et le fisc poursuivent jusqu'au Bas-Empire une vie indépendante, en fait
l'empereur par ses *Orationes principis* domine dans le
Sénat et par suite règle la disposition de l'*ærarium*. La
distinction entre ces deux caisses s'efface peu à peu, et,
si elle apparaît encore dans les écrits de Paul et d'Ulpien (2), on peut dire qu'elle est devenue purement
théorique. Enfin elle se supprime, et toute différence
venant à disparaître entre les provinces sénatoriales et
les provinces impériales, l'*ærarium* et le *fiscus* se con-
fondent absolument, à tel point que sous Justinien la
loi 8, § 6, Dig., 48, 13, les prend l'un pour l'autre.

La confusion de l'*ærarium* avec le *fiscus* eut pour effet
de multiplier les confiscations. Du jour en effet où les
empereurs eurent ainsi mis la main sur les biens des
condamnés à une peine capitale, ils trouvèrent à leur
disposition un moyen bien commode d'augmenter leurs
revenus et de remplir leur trésor épuisé par les folies et
les dilapidations. Ils firent souvent condamner uniquement pour confisquer les fortunes. C'est ce qui explique
comment les accusations de lèse-majesté ont joué un
rôle si important dans l'établissement du despotisme

____

(1) *In Hardiano*, chap. 7.
(2) *Sentences de Paul*, V, 12. — Ulpien, *Regulæ* 27, 2 et 28, 7.

impérial et sont devenues un instrument si terrible de l'absolutisme.

Sous les rois, de même que pendant tout le cours de la période républicaine, le crime de lèse-majesté ne s'entendait que des actes de trahison et de tous autres qui attentaient à la sûreté du peuple romain : « *Quidquid adversus populum romanum et securitatem ejus commissum fuerat* » dit la loi 1, § 1, Dig., *ad legem Juliam de majestate*. La nouvelle loi *majestatis* rendue sous Auguste s'inspire d'un autre esprit que ses devancières et se pose en protectrice de la majesté du prince plutôt que de celle du peuple romain. Sous Auguste et Tibère on voit les écrits et les discours eux-mêmes qui paraissent faits contre l'empereur ou ses officiers considérés comme des crimes de lèse-majesté : « *Quod crimen non solum facto, sed et verbis impiis ac maledictis maxime exacerbatur* (1) ». C'est ainsi que l'historien Cremutius Cordus fut accusé de ce crime pour avoir dans ses *Annales* appelé Cassius le dernier des Romains (2). L'on rend coupables de ce crime ceux qui jettent par hasard une pierre contre une statue de l'empereur ; ceux qui fondent ces statues, ou commettent quelque action semblable, « *aliudve quid simile admiserint* », ajoute la loi 6, Code, *ad leg. Jul. maj.*, ce qui montre bien quel est l'arbitraire de la législation. Tibère fait accuser un homme pour avoir vendu avec sa maison une statue de

____

(1) *Sentences* de Paul, livre 5, titre 29, § 1.
(2) Tacite, *Annales*, livre 4.

l'empereur, Domitien condamner à mort une femme pour s'être déshabillée devant son image. On applique les châtiments du crime de lèse-majesté, la mort et la confiscation générale des biens, à celui qui vend ou fabrique des étoffes de couleur de pourpre, parce que le port de la pourpre constitue l'un des insignes de la puissance impériale (1), et l'on confond les idées des choses jusqu'à les appliquer aux faux-monnayeurs (2). Le seul fait de la formation d'une société secrète entraîne la peine capitale, « *qui cœtum fecerit, capital esto* », et le simple projet de l'attentat est puni comme sa consommation, « *propter cogitationem dignus est pœna* ».

On se lasse de voir dans l'histoire romaine le nombre infini des citoyens que les empereurs firent condamner par insatiable cupidité, pour s'emparer de leurs richesses. Suétone raconte que le fisc s'accrut de ressources si importantes qu'il se vit en situation de prêter des capitaux à des particuliers : « *Quoties ex damnatorum bonis pecunia superfluerit, usum ejus gratuitum eis qui cavere in duplum possent ad certum tempus indulsit* (3) ». Nous savons par Tacite que sous Tibère tout l'argent monnayé se trouve dans les coffres de l'empereur où l avaient apporté tant de condamnations et de ventes de biens des condamnés : « *Hinc inopia rei numma-*

(1) Loi 1, Code, IV, 40.
(2) Loi 9, Code théodosien, *de falsa moneta*.
(3) Auguste, 41.

*riæ..... quia tot damnatis bonisque eorum divenditis signa-
tum argentum fisco vel ærario attinebatur* (1) ».

« Les lois caducaires, dit Pline le jeune, ont moins
enrichi le trésor que le crime de lèse-majesté, ce crime
de ceux qui n'en ont pas commis (2) ».

Pour mieux assurer leur proie les Empereurs encou-
ragent les délateurs par l'espoir d'une partie de la dépouille des malheureux.

Tant que le bénéfice des *bona damnatorum* fut recueilli
par l'*ærarium*, les questeurs urbains, qui étaient chargés de l'administration de cette caisse, vendaient les
biens parvenus au trésor par voie de confiscation, aux
enchères publiques, sous le symbole quiritaire de la
propriété civile, *sub hasta*. Pour qu'ils puissent procéder à cette vente, le préteur les envoyait en possession
des biens. Ceci nous est affirmé par plusieurs témoignages : Tite-Live nous montre le dictateur envoyant
les questeurs en possession dans un procès criminel (3) :
« *Jubere quæstores vendere bona atque in publicum redi-
gere* ». Ailleurs, à propos d'un procès de péculat, il nous
annonce que « *in bona L. Scipionis possessum publice
quæstores prætor misit* (4) ». Denys d'Halicarnasse nous
dit que les tribuns, en qualité de magistrats obtenant
la confiscation, envoient les questeurs en possession (5).

(1) *Annales*, VI, 17.
(2) *Panégyrique de Trajan*, § 42.
(3) Tite-Live, IV, 15.
(4) Tite-Live, 38, 60.
(5) 11, 46.

La vente en masse faite en pareil cas porte le nom de *sectio bonorum*; l'acheteur, le nom de *sector*, parce que, dit Puchta, il a l'intention de diviser et de vendre en parcelles *(secare)*. L'ensemble de l'opération s'appelle *publice vendere*. Le *sector* est successeur universel, *jure civili*, et acquiert sur le patrimoine qu'il achète un droit analogue dans ses effets à l'*hereditas*. Comme le dit Varron (*De re rustica*, II, 10), c'est le *dominium legitimum* qu'il obtient. Il a le *dominium ex jure quiritium*. Dans la possession des biens, il est protégé par un interdit spécial, l'*interdictum sectorium*. On peut rapprocher de cette *sectio bonorum* la *venditio bonorum* qui est pratiquée comme moyen d'exécution au profit d'un particulier, et qui a lieu aussi lorsqu'un individu décède sans laisser d'héritier, de *bonorum possessor* ou autre successeur universel. Il est du reste probable que l'idée de la *venditio bonorum* fut empruntée à la *sectio bonorum*. Le *bonorum emptor* est encore successeur universel, mais non plus d'après le droit civil, c'est le droit prétorien qui lui donne la propriété bonitaire et les actions utiles : Gaius le met sur la même ligne que le *bonorum possessor* (Comm., 3, § 80). Il a un interdit qui correspond à l'interdit *sectorium*, c'est l'interdit *possessorium* (1). La différence essentielle consiste en ce que la *venditio bonorum*

(1) A ce point de vue la confiscation se distingue encore d'un autre mode d'acquérir *per universitatem* du droit privé : celui au profit duquel est prononcée l'*addictio bonorum libertatis causa* n'est également qu'un successeur prétorien, et Ulpien dit qu'en général les créanciers ont seulement contre lui des actions utiles.

suppose une dette non payée, tandis que la *confiscatio* est l'effet immédiat d'une sentence pénale.

Lorsque, sous Néron, les préfets du Trésor, *præfecti ærarii*, succédèrent aux questeurs, ce furent eux qui firent procéder à la vente en masse du patrimoine confisqué.

L'administration du *fiscus*, d'abord dirigée par un affranchi impérial *a rationibus*, fut confiée sous Adrien à un chevalier avec le titre de *procurator fisci*, qui, au bas-empire, s'appelle *comes sacrarum largitionum* par opposition au *comes rerum privatarum* qui administre les revenus de l'ancien *fiscus*, le *patrimonium Cæsaris*. C'est au *procurator fisci* qu'échut l'office de faire vendre les biens des condamnés, du jour où le fisc se fut emparé de ces biens. Si nous en croyons les historiens, on aurait même été obligé d'instituer un *procurator* spécial (*procurator ad bona damnatorum*) pour administrer cette source si importante de recettes. Quelquefois les empereurs en revendiquèrent la propriété pour leur *patrimonium* et deux lois, dont l'une a été insérée au Code de Justinien, nous montrent les *rationales rei privatæ*, sous le contrôle du *comes rerum privatarum*, chargés d'en prendre possession (1). A cette époque un double exemplaire doit être fait des biens confisqués, l'un par la justice criminelle, l'autre par l'administration du fisc (2).

(1) Code théodosien, livre 9, titre 42, loi 7 ; Code de Justinien, livre 12, titre 50, *de numerariis*.

(2) Loi 7, Code de Justinien, *de bonis proscriptorum*.

CHAPITRE V

DROITS DES TIERS ET DE LA FAMILLE.

Les effets de la confiscation ne peuvent pas nuire aux tiers.

Tout d'abord les droits des créanciers des condamnés sont respectés, ce qui n'est que l'application de ce principe « *bona non intelliguntur, nisi deducto ære alieno* ». Les créanciers poursuivent le fisc comme successeur *in universum jus*, et il ne peut lui être dévolu que ce qui restera après que les créanciers auront été payés. Cette règle est nettement posée par la loi 11, Digeste, *de jure fisci* : « *Non possunt ulla bona ad fiscum pertinere, nisi quæ creditoribus superfutura sunt : id enim bonorum cujusque intelligitur, quod æri alieno superest* ». « *In summa sciendum est*, répète la loi 17 au même titre, *omnium fiscalium pœnarum petitionem creditoribus postponi* ». La loi 5, Code, livre 9, titre 49, consacre ce même principe que les biens des condamnés sont confisqués avec la charge des dettes, et elle en fait l'application suivante : si les biens de celui qui administrait une tutelle ont été dévolus au fisc par la sentence qui l'a condamné, le pupille pourra s'adresser au procureur du fisc qui ne lui refusera pas la justice qu'il trouvera lui être due (1).

Le fisc n'a ainsi rien à demander pour la peine tant que les créanciers n'ont pas reçu leur dû. C'est une exception à la règle « *Fiscus semper habet jus pignoris* ». Le fisc à Rome n'est pas seulement un être moral, c'est encore et surtout un être moral privilégié. Il se meut dans une sphère à part et est soumis à des règles spéciales. Il jouit de quelques exceptions au droit commun en matière de prescription (2) et de compensation (3), il peut réclamer des intérêts de ses débiteurs en retard, il peut faire annuler toute aliénation faite en fraude de ses droits (4), et réclamer les sommes payées par ses débiteurs à leurs créanciers en fraude de ses droits malgré la bonne foi de ceux-ci (5). Mais la plus importante de ses prérogatives est celle de l'hypothèque tacite, générale et privilégiée. Cette hypothèque, ce qui nous intéresse tout spécialement, ne lui sert cependant qu'à recouvrer ses impôts et à obtenir le paiement de ses dettes contractuelles ; elle lui fait défaut lorsqu'il s'agit

---

(1) Loi 5, Code, 9, 49 : « Si (ut proponis), bona ejus qui tuam tutelam administravit, sententiam passi ad fiscum sunt devoluta : procuratorem nostrum adire cura, qui, si quid jure posci animadverterit, non negabit ». Voir également : au Code, la loi unique, livre 10, titre 7 ; au Digeste, la loi 37, *de jure fisci*.

(2) Loi 6, Code, *de præscript.*, livre 37, titre 39.

(3) Loi 46, § 1, Dig., *de jure fisci*.

(4) Loi 45, Dig., *de jure fisci*.

(5) Loi 46, Dig., *de jure fisci*.

de poursuivre le recouvrement de sommes qui lui sont dues à titre de peine.

Il est à peine besoin d'observer, car la chose va de soi, que le fisc n'est tenu de payer les créanciers du condamné que jusqu'à concurrence de son enrichissement. Si donc les biens confisqués sont insuffisants pour acquitter les dettes, le fisc les abandonnera aux créanciers qui les feront vendre. Cette éventualité est prévue par la loi 1, § 1, Digeste, *de jure fisci*. Le fisc n'est ainsi qu'un simple successeur aux biens, tenu de payer les dettes dans les limites de l'actif qu'il prend.

Cette action qui est donnée aux créanciers contre le fisc est pour eux un dédommagement équitable de la perte qu'ils subissent de leur action contre leur débiteur. Si c'est en effet une *maxima capitis deminutio* que celui-ci a encourue, s'il a été frappé d'une condamnation entraînant perte de la liberté (condamnation aux bêtes, aux mines), aucune action ne peut plus être dirigée contre lui. S'il a subi simplement une *media capitis deminutio*, c'est-à-dire s'il a été condamné par exemple à la déportation, une action civile ne peut pas davantage être donnée contre lui. Ulpien nous apprend que c'est seulement lorsque la clémence de l'empereur lui a laissé une partie de ses biens, que les créanciers peuvent le poursuivre sur ces biens, et encore n'est-ce qu'au moyen d'actions utiles (1).

______

(1) Frag. 14, § 3, *de interd. et releg.*, Digeste.

Nous avons supposé jusqu'à présent que la confiscation porte sur l'universalité du patrimoine. Si elle ne porte que sur une quote-part, le condamné est obligé envers ses créanciers pour la partie qui lui reste (1).

Mais, en aucun cas, les créanciers ne peuvent recourir contre les biens acquis par leur débiteur postérieurement à sa condamnation.

C'est par cette idée que la confiscation ne doit pas nuire aux tiers qu'il faut expliquer le fragment 1, § 4, Digeste, livre 15, titre 2. Ce texte suppose la déportation d'un *paterfamilias*, et il décide que le fisc s'empare même du pécule du fils, mais que les créanciers qui auraient pu agir *de peculio* contre le père peuvent agir à ce titre contre le fisc; la durée de leur action est limitée à un an (2).

Le fisc, qui doit respecter les droits des créanciers du condamné, doit respecter aussi les droits du père ou du maître sur le pécule de son fils ou de son esclave.

Quand les biens d'un fils de famille non émancipé sont confisqués, le père conserve le pécule qu'il a constitué à son fils. Cela résulte par *à fortiori* de la loi 3 au Code, *de bonis proscriptorum*, par laquelle l'empereur Julien décide que le pécule *castrense* lui-même ne peut pas être enlevé au père.

(1) Loi 1, Code, *de fidejussoribus et mandat.*
(2) Loi 1, § 4, Dig., 15, 2 : « Sed si morte patris, vel deportatione, sui juris fuerit effectus filius, de peculio intra annum heres patris vel fiscus tenebuntur ».

DEUXIÈME PARTIE

DES POURSUITES.

CHAPITRE III

AUTORITÉ COMPÉTENTE POUR STATUER SUR LES POURSUITES.

Une conséquence très importante et tout à fait particulière a été tirée par beaucoup de législations étrangères de ce peu de gravité morale que présentent aux
yeux du public les infractions aux lois fiscales.

Beaucoup de législations ont craint que les tribunaux
ne se fassent les échos de l'opinion et ne se montrent
d'une indulgence exagérée à l'égard des fraudeurs du
fisc. Elles ont craint que l'absence de réprobation publique, cette peine morale souvent plus cuisante que la
peine matérielle, n'aboutisse ainsi à une absence de réprobation judiciaire.

Cette méfiance s'est traduite par l'attribution aux
autorités administratives elles-mêmes du droit de punir.

C'est ainsi qu'avant la création de l'unité allemande, dans presque tous les États de la Confédération, les fonctionnaires chargés de recouvrer les impôts et les taxes publiques étaient investis du droit de prononcer administrativement des peines contre les infractions.

Le même système a été en vigueur en Portugal jusqu'en 1884, en vertu des articles 36 à 56 d'un décret du 4 janvier 1870 ; et une loi toute récente, du 20 septembre 1890, vient de l'introduire dans le grand-duché de Bade.

Le Code de procédure pénale de l'Empire d'Allemagne, du 1er février 1877, a admis un système mixte, ingénieusement combiné et dont le mérite réel d'originalité et les avantages pratiques nous obligent à lui consacrer quelques développements.

Après avoir édicté des règles générales de procédure communes à toutes les juridictions, le Code allemand organise quelques procédures exceptionnelles, auxquelles il consacre tout un livre, le livre 6. L'une de ces procédures exceptionnelles concerne les infractions aux lois fiscales. Elle fait l'objet de la section 3 du livre 6, intitulée : « *De la procédure en matière de contraventions aux dispositions législatives relatives à la perception des impôts et contributions publics* (1) ».

Les infractions fiscales sont punies par voie administrative. Mais l'autorité administrative n'a le droit de

(1) « Verfahren bei Zuwiderhandlungen gegen die Vorschriften über die Erhebung œffentlicher Abgaben und Gefælle ».

prononcer que des peines ne dépassant pas l'amende et la confiscation (1). Les décisions de l'administration, les sentences pénales (Strafbescheide) pour employer l'expression même du législateur allemand, ont la même valeur qu'un acte émané de l'autorité judiciaire.

Le taux de l'amende que peut prononcer l'administration n'est pas limité. En revanche, l'autorité administrative ne peut jamais prononcer une peine privative de liberté. L'autorité judiciaire redevient compétente lorsqu'il y a lieu de prononcer une peine corporelle.

En ce qui concerne les peines pécuniaires, l'intérêt de l'accusé n'a pas été perdu de vue : il peut faire appel devant l'administration supérieure, ou, s'il le préfère, exiger d'être traduit devant la juridiction ordinaire, c'est-à-dire devant le tribunal des échevins (Schœffengericht) ou le tribunal régional (Landgericht). C'est pourquoi la loi prescrit à l'administration, non seulement d'indiquer dans la sentence pénale le fait punissable, la loi dont il sera fait application, les moyens de preuve, mais encore d'aviser le prévenu, pour le cas où il ne se pourvoirait pas, conformément aux lois, devant l'autorité administrative supérieure, du droit qu'il possède de réclamer une décision judiciaire en faisant dans

____

(1) Article 459 : « Les autorités administratives ne pourront dans les sentences pénales qu'elles rendront, en matière de contraventions aux dispositions législatives relatives à la perception des impôts et contributions publics, prononcer contre les contrevenants d'autre peine que l'amende et la confiscation, dans le cas où celle-ci est encourue » (traduction française).

le délai d'une semaine à partir de la notification de la sentence une déclaration soit devant l'autorité administrative qui a rendu la sentence, soit devant celle qui la lui a notifiée. Les articles 460 à 469 déterminent les formes de ce recours formé devant les tribunaux.

La loi d'Empire du 1er février 1877 sur la mise en vigueur du Code de procédure pénale ayant maintenu dans son article 6 les lois particulières aux différents États en ce qui concerne la procédure en matière d'infractions aux dispositions légales relatives à la perception des impôts, une loi du 3 mars 1879, qui a mis en vigueur dans le grand-duché de Bade les lois judiciaires allemandes, a déclaré que la répression des contraventions aux lois sur les contributions et les douanes serait attribuée à l'administration des finances dans les limites posées par l'article 459 du Code allemand (titre 2, 3e section, art. 136 à 143) (1).

Une loi de la même année 1879 (2), portant la date du 25 août, a déterminé pour le royaume de Wurtemberg les formes de la procédure administrative en cette matière. L'instruction et le jugement de l'affaire sont réservés à l'autorité judiciaire dans les deux cas suivants :

1° S'il y a lieu d'appliquer une autre peine que l'amende ou la confiscation ;

(1) « Gesetz die Einführung der Reichs-Justizgesetze im Grossherzogthum Baden betreffend ».

(2) « Gesetz betreffend das Verfahren der Verwaltungsbehœrde bei Zuwiderhandlungen Gegen die Zoll und Stenergesetze ».

2° Si le fait incriminé constitue non seulement une contravention aux lois fiscales, mais encore un délit tombant sous le coup des lois pénales ordinaires.

C'est donc que l'administration a le droit de prononcer les peines pécuniaires.

Aux termes de l'article 11 de cette loi, lorsque l'affaire est poursuivie administrativement, l'instruction est conduite par les bureaux principaux des douanes ou des contributions (Hauptzoll oder Steueræmter), ou par les bureaux de finances (Kameralæmter). L'affaire est jugée par ces mêmes bureaux lorsque l'amende encourue et la valeur des objets confisqués ne dépassent pas 300 marks ; elle est jugée par les directions (Directionbehœrde) toutes les fois qu'il s'agit d'une valeur supérieure. L'inculpé peut d'ailleurs toujours exiger que l'autorité judiciaire soit saisie de l'affaire, conformément au Code allemand.

Cette poursuite dans la forme administrative de délits qui par leur nature intrinsèque devraient être du ressort exclusif de l'autorité judiciaire n'est pas un cas isolé dans les lois étrangères. A Bade et dans quelques autres États les contraventions contre la loi des chemins de fer peuvent être jugées par l'autorité des chemins de fer. Si nous sortons de l'Europe, nous voyons dans l'Inde les agents des forêts investis du droit de punir les infractions forestières ; et, ce qui nous intéresse tout spécialement, le percepteur peut, au lieu d'intenter une poursuite judiciaire, fixer lui-même une peine pour infraction à la loi fiscale.

En France les tribunaux ordinaires sont seuls compétents pour connaître des délits fiscaux. Et il est à noter que la tendance des législations est à la compétence de ces tribunaux.

Ainsi, en Portugal, où les poursuites avaient lieu autrefois dans la forme administrative, par les soins des employés du fisc, une loi du 21 mai 1884, réformant la législation électorale, mais qui est en réalité une sorte de Code comprenant à la fois des modifications à la loi électorale et des règles de droit public et administratif, décide que les poursuites seront désormais de la compétence des tribunaux de l'ordre judiciaire.

En Belgique la compétence judiciaire est également admise. L'article 247 de la loi du 26 août 1822 proclame que toutes les actions du chef de contraventions aux lois en matière de douanes et accises doivent être portées devant les tribunaux correctionnels.

En Grande-Bretagne c'est le juge de paix, ou plutôt un tribunal composé d'au moins 2 juges de paix, qui prononce. La poursuite a lieu au nom du comité de direction.

Aux États-Unis les condamnations sont prononcées par les tribunaux de l'ordre judiciaire dans chaque État.

Le système de la compétence judiciaire est incontestablement le plus rationnel : il n'est pas conforme aux principes du droit public de faire prononcer des peines par des administrations. Et, tel qu'il fonctionne chez nous, il répond à merveille aux besoins pour les particuliers d'une saine justice, sans méconnaître non plus les intérêts du Trésor ; car nous avons déjà vu comment notre loi a prévenu l'objection qu'on pourrait puiser dans l'indulgence que l'opinion publique professe pour ceux qui fraudent le fisc, et indiqué l'infinité de précautions qu'elle a prises contre la mollesse que les tribunaux pourraient apporter dans la répression : droit de poursuite accordé aux administrations financières, défense faite au juge d'excuser le contrevenant sur l'intention et de tenir compte de sa bonne foi, non admission en principe des circonstances atténuantes, peines très sévères et fixes c'est-à-dire tarifées sans maximum ni minimum entre lesquels les tribunaux pourraient se mouvoir. Au surplus, il n'y a pas tant lieu de craindre que les tribunaux de l'ordre judiciaire sacrifient l'intérêt général à l'intérêt privé et compliquent les difficultés de la perception des impôts par une tendance trop généreuse à faire prédominer l'équité sur le droit, à pencher vers les tempéraments de faveur, les appréciations bienveillantes et les interprétations adoucies. La réalité pratique vient en effet démontrer le peu de fondement d'une pareille crainte. Voyons ce qui se passe même dans un cas où les tribunaux judiciaires sont appelés chez nous à statuer sur des litiges purement administratifs, ceux-ci, en matière de contentieux des contributions indirectes. Il ne paraît pas que l'État ait eu jusqu'à ce jour à se plaindre des décisions de la justice ordinaire ; on pourrait au contraire remarquer dans ses décisions une certaine disposition à étendre plutôt qu'à restreindre les droits du Trésor. Il y a plus. Un auteur qui a écrit sur la juridiction administrative (M. Jacquelin) observe que la Cour de cassation, compétente pour statuer sur les pourvois contre les jugements de police relatifs aux infractions de petite voirie, a à interpréter un ébit de Henri IV de décembre 1607 et un arrêt du Conseil du roi du 27 février 1765 ; et le Conseil d'État a à interpréter les mêmes textes sur l'appel contre les arrêtés des Conseils de préfecture relatifs aux infractions en matière de grande voirie. Eh bien, les solutions les plus favorables à l'intérêt général ne se trouvent pas du côté que l'on peut s'attendre : là où le Conseil d'État ne prononce que l'amende, la Cour de cassation décide que le contrevenant doit être condamné à la fois à l'amende et à la démolition de la besogne mal plantée ; et, là où le Conseil d'État estime qu'aucune peine n'est encourue, la Cour de cassation prononce encore l'amende.

Ce n'est pas à dire pour cela que cette partie de notre législation fiscale ne soit susceptible d'utiles et sages réformes.

Nous serions même assez portés à préférer à notre système celui qui est pratiqué en Allemagne. Donner purement et simplement, et sans aucune restriction, compétence à l'administration pour prononcer des peines contre les délinquants, comme autrefois dans les États de la Confédération allemande et en Portugal, comme aujourd'hui encore dans le duché de Hesse, c'est dangereux. Personne ne doit avoir le droit de se rendre justice à soi-même. Or l'administration est à la fois juge et partie en cause. Elle pourra donc toujours être accusée de prendre le parti du Trésor avec une passion jalouse et de poursuivre la fraude avec une ardeur excessive ; et de fait, il faut avouer qu'elle apportera trop de cœur à la répression. Ce sera sans doute le sentiment de l'intérêt public, par conséquent un très noble sentiment qui l'animera, mais il pourra l'emporter au delà de la juste limite. Un tribunal qui a une tendance marquée à donner raison toujours et quand même à l'un des plaideurs est-il un véritable tribunal ? Mais ce danger n'existe pas avec la procédure organisée par les articles 459 et suivants du Code allemand ; car, grâce au double recours qui lui est ouvert, le recours administratif et principalement le recours judiciaire, l'accusé est suffisamment protégé contre une condamnation arbitraire. Du moment que leurs droits ne sont pas méconnus et que les garanties de bonne justice ne leur font pas défaut, il n'y a aucun inconvénient pour les particuliers à être jugés par l'administration. Ils ont même à cela un avantage très réel : d'abord leur situation se trouve réglée immédiatement, et ils évitent les lenteurs et les ennuis d'une comparution en justice ; ils évitent ensuite une condamnation correctionnelle qui a toujours un certain caractère infamant, quelque indulgente que se montre l'opinion publique pour les délits fiscaux, et qui, en tout cas, grève d'un casier judiciaire, résultat d'autant plus appréciable qu'ils peuvent avoir commis l'infraction de bonne foi ; ils évitent enfin tous les frais qu'entraîne un procès, ils n'ont à supporter que ceux du procès-verbal. Cette méthode, plus expéditive, est surtout très avantageuse pour le fisc, qui a intérêt à ce que l'impôt rentre le plus vite possible.

Aussi, quoiqu'elle ne soit pas très conforme aux principes, la recommanderions-nous assez volontiers à notre législateur, à raison de son utilité pratique. D'ailleurs elle est en somme appliquée chez nous pour les délits de timbre et d'enregistrement, et jusqu'à présent on ne paraît pas s'en être plaint. Les peines de timbre et d'enregistrement sont en effet, nous le verrons, prononcées par l'administration elle-même. Un recours à l'autorité judiciaire est ménagé au délinquant au moyen de l'opposition qu'il peut former à la contrainte et qui rend le tribunal civil juge de la contestation. Indépendamment de ce recours judiciaire, il a un recours administratif, le recours à l'administration en ce qui concerne la légitimité de la réclamation, et même au ministre pour la remise totale ou partielle de la pénalité.

Et, avec un examen attentif, on s'aperçoit que pour les autres délits fiscaux, en réalité c'est l'administration qui juge encore, puisque par suite du fonctionnement du droit de transaction les parties s'en remettent presque toujours à l'administration pour l'application de la peine.

La modification que nous voudrions voir apporter à

notre législation fiscale ne serait donc pas aussi pro-
fonde qu'elle peut le paraître au premier coup d'œil.
Elle ne consisterait qu'à étendre à tous les délits fiscaux
les règles admises aujourd'hui seulement pour les délits
de timbre et d'enregistrement : avec cette seule différence que, sur l'opposition du contribuable à la contrainte décernée contre lui par l'administration pour le
recouvrement de l'amende qu'elle lui aurait infligée, le
recours à l'autorité judiciaire s'exercerait en matière
de douanes, de contributions indirectes et d'octroi devant la juridiction correctionnelle et non point devant
la juridiction civile comme en matière de timbre et d'enregistrement. Si dans cette dernière matière les tribunaux civils sont compétents, c'est pour des raisons qui
lui sont tout à fait spéciales. Il existe entre la législation
de l'enregistrement et la législation civile des liens très
intimes et la solution de bien des difficultés doit être
cherchée autant dans des articles du Code civil que dans
les lois financières. Lorsque le contribuable recourt à
l'autorité judiciaire, ce n'est point pour obtenir une modification de la pénalité, car celle-ci est déterminée par
la loi elle-même pour chaque cas particulier et elle est
fixée d'une manière invariable (c'est une amende fixe
ou une amende de tant pour cent de l'impôt non payé,
ou un droit en sus), à tel point que si le tribunal reconnaît que la contravention existe en effet il ne pourra que
maintenir la décision de l'administration, sans toucher
au chiffre de la pénalité ; c'est parce qu'il soutient qu'il

n'y a pas eu de contravention, qu'il n'avait pas à payer le droit simple, qu'à plus forte raison il ne peut pas devoir le droit en sus. La discussion porte dès lors sur l'acte même, sur la convention qui est le fait générateur de l'impôt, et c'est une question purement civile. Ce n'est qu'indirectement que le tribunal a à statuer sur la pénalité et à faire œuvre de répression. Pour donner un exemple, entre mille autres, d'après la jurisprudence l'administration est admise à prouver par de simples présomptions de fait les omissions dans les déclarations de successions ; mais en cas de contestation, ces présomptions sont nécessairement abandonnées aux lumières et à la prudence des magistrats. La mission du tribunal ici est de rechercher si les présomptions invoquées sont suffisamment graves, précises et concordantes pour établir, dans les termes du droit commun, le fait générateur du droit simple. Si de cet examen résulte pour lui la conviction que les valeurs présumées omises ne faisaient réellement pas partie du patrimoine du défunt, il n'y aura plus de place pour une condamnation pénale. Ce débat rentre exclusivement dans les attributions d'une chambre civile. Nous verrons du reste que les amendes de timbre et d'enregistrement n'ont pas le caractère de peines comme les autres amendes fiscales et sont des réparations civiles du dommage causé.

Cette réforme, outre les services qu'elle rendrait au Trésor et aux contribuables à raison principalement de l'économie de temps et de frais qu'elle permettrait d'obtenir, allégerait le fardeau déjà très lourd des tribunaux. Elle aurait encore pour résultat d'introduire de l'unité dans notre législation fiscale, en faisant disparaître cette distinction, qui n'a pas de raison d'être, de deux catégories de délits fiscaux au point de vue de la détermination de l'autorité compétente pour appliquer la peine.

Mais il y aurait lieu, comme procède l'article 459 du Code de procédure pénale de l'empire d'Allemagne, de maintenir la compétence judiciaire pour l'emprisonnement et d'accorder aux tribunaux seuls le droit d'appliquer cette peine. Non pas que la liberté des citoyens soit mieux garantie devant les tribunaux que devant l'administration, car ce serait alors illogique de permettre à celle-ci de prononcer des amendes, la propriété des personnes devant être protégée aussi bien que leur liberté, mais parce que, dans les hypothèses où la loi commine en matière fiscale la peine de l'emprisonnement, il s'agit d'infractions où la mauvaise foi du délinquant est évidente et qui se rapprochent par leur criminalité des infractions de droit commun (par exemple contrebande, fraudes aux lois sur les boissons par escalade ou au moyen d'engins disposés, etc...).

Puisque, actuellement, ce sont les tribunaux ordinaires qui en France connaissent des délits fiscaux, comme des autres délits, il faut se demander quels sont parmi ces tribunaux ceux qui sont compétents. Nous aurons cette recherche à faire pour chacune des matières fiscales.

§ 1er. — *Compétence en matière de douanes.*

Le principe a toujours été pour les infractions douanières comme pour toutes les autres infractions fiscales que l'autorité administrative ne peut s'en attribuer la connaissance. La compétence de l'autorité judiciaire a toujours été reconnue. Mais il y a eu quelques fluctuations dans le choix des tribunaux appelés à statuer.

Avant la Révolution de 1789, des tribunaux spéciaux, la Cour des aides et des juges inférieurs étaient institués pour prononcer sur toutes les infractions aux lois fiscales. L'Assemblée constituante supprima cette juridiction exceptionnelle.

La loi du 22 août 1791, titre XI, attribua aux *tribunaux de district* la connaissance des fraudes et contraventions aux droits de douane. Les tribunaux de district ont été remplacés par nos tribunaux de première instance.

Les lois du 4 germinal an II, titre VI, articles 12 et 13, et du 14 fructidor an III, article 10, enlevèrent la connaissance des affaires de douanes aux tribunaux d'arrondissement pour la confier aux juges de paix.

Cet état de choses fut maintenu par la loi du 9 floréal an VII qui réglementa la procédure à suivre pour la rédaction des procès-verbaux et la poursuite des infractions.

L'Empire rétablit en 1810 (décret du 18 octobre) une

juridiction spéciale pour les infractions douanières : les *tribunaux ordinaires de douanes*, qui étaient compétents pour juger toutes les infractions ne donnant lieu qu'à la confiscation ou à l'amende ; les *cours prévôtales*, qui étaient chargées de juger les délits et qui statuaient sur les appels des jugements rendus par les tribunaux ordinaires de douanes.

Cette juridiction exceptionnelle tomba de nouveau en 1815. L'article 35 d'une loi du 20 décembre 1815 restitua aux juges de paix leur ancienne compétence que sont venu restreindre en faveur des tribunaux correctionnels les lois du 28 avril 1816 et du 21 avril 1818. Une loi du 2 juin 1875 a encore dépouillé le juge de paix d'une partie de ses attributions et a étendu d'une manière notable la compétence des tribunaux correctionnels.

En l'état actuel de notre législation, le jugement des infractions aux lois de douanes se répartit ainsi qu'il suit :

Le juge de paix connaît, en première instance, de toutes les contraventions de douanes ; et par contraventions il faut entendre, on s'en souvient, les infractions qui ne donnent ouverture qu'à des peines pécuniaires. Toutefois la contravention prévue par l'article 15 de la loi du 7 juin 1820 (fausse déclaration sur la nature ou l'espèce de la marchandise déclarée en vue d'obtenir un passavant, punie d'une amende de 500 francs) est, par une bizarre anomalie, attribuée au tribunal correctionnel. Par anomalie encore les fraudes tombant sous le coup des pénalités édictées par la loi du 17 juin 1840, relative au régime du sel, sont du ressort des tribunaux correctionnels. Il faut noter également que les contraventions à la loi du 24 avril 1806 sur l'impôt du sel et aux lois, ordonnances et décrets qui en sont le corollaire, ne rentrent dans les attributions du juge de paix qu'autant que les contrevenants ne sont ni en état de récidive, ni au nombre de 3 et plus (Loi du 17 décembre 1814, titre IV, art. 29). Il est vrai que lorsque la fraude est commise par une réunion de 3 individus et plus, indépendamment de la confiscation des sels et des moyens de transport et d'une amende individuelle qui ne pourra être moindre de 200 francs, ni excéder 500 francs, il y a un emprisonnement de 15 jours à 2 mois ; et les mêmes peines sont prononcées contre le délinquant coupable de récidive (art. 30 et 31 de la loi).

La règle est, au contraire, que tout délit de douane, c'est-à-dire toute infraction donnant lieu, indépendamment de l'amende ou de la confiscation, à des peines corporelles, est porté en première instance devant les tribunaux correctionnels. Et voici une énumération succincte des infractions dont ces tribunaux connaissent ainsi : nous l'empruntons au *Recueil méthodique des lois et règlements des douanes* publié par le ministère des finances.

Les tribunaux correctionnels connaissent :

1° De toute introduction frauduleuse par terre d'objets

beant, sive non. Si vero neminem prædictarum habeat
qui deliquit, tunc fisco sociari ejus substantiam. In ma-
jestatis vero crimine condemnatis, veteres leges servari
jubemus ».

Mais ces différentes lois qui vinrent atténuer les effets
de la confiscation en faveur des enfants des condamnés
exceptèrent toujours de leurs dispositions le crime de
lèse-majesté. Par un excès de barbarie qui avait déjà
été pratiqué sous Sylla contre les enfants des proscrits,
elles frappèrent sans pitié les enfants des condamnés
pour lèse-majesté. Si on leur faisait grâce de la vie, on
les dépouillait de tous leurs droits héréditaires. On ne
se contentait pas de leur enlever les biens de leur père,
on les déclarait incapables de recueillir les successions
de leur mère ou aïeule et de tous leurs parents, et même
l'hérédité qui leur était déférée par le testament d'un
extraneus. On les condamnait à vivre éternellement in-
digents et pauvres, exclus de tous les honneurs et de
toutes les fonctions. « *Filii vero ejus, quibus vitam im-*
peratoria specialiter lenitate concedimus (paterno enim
deberent ferire supplicio, hoc est hereditarii criminis exem-
pla metuuntur), — dit une loi rapportée au Code de
Justinien, — *a materna vel avita, omnium etiam proxi-*
morum hereditate ac successione habeantur alieni, testa-
mentis extraneorum nihil capiant, sint perpetuo egentes
et pauperes, infamiaeos paterna semper comitetur, ad
nullos prororsus honores, ad nulla sacramenta perve-
niant; sint postremo tales, ut his perpetua egestate sor-

dentibus, sit mors solatium et vita supplicium (1) ». Et une
loi du Code théodosien confirme tout aussi formellement la confiscation au détriment des enfants des condamnés pour lèse-majesté, « *cujus atrocitas nihil reli-
quit heredibus* (2) ».

On s'étonne de voir cette loi vouant les enfants de ces
condamnés à l'infamie et à la pauvreté jusqu'à leur mort,
ressusciter au XIVe et au XVe siècles : « Si cependant la
débonnaireté du prince laisse la vie aux fils du traître,
qu'au moins ils n'aient aucun bien sur la terre, et qu'ils
restent diffamés de sorte que leur vie soit haïe « (Bou-
teillier, *Somme rurale*, livre 1, folios 86 et 87).

Le paragraphe 3 de la constitution du Code de Justinien laisse cependant aux filles la quarte Falcidie dans
les biens de leur mère, pour qu'elles aient plutôt de
quoi fournir médiocrement à leurs aliments que les
avantages et le nom d'héritiers : « *Ad filias sane eorum,
quotlibet numero fuerint, Falcidiam tantum ex bonis matris, sive testata, sive intestata decesserit, volumus perve-
nire ; ut habeant mediocrem potius filiæ alimoniam, quam
integrum emolumentum ac nomen heredis. Mitior enim
circa eas debet esse sententia, quas pro infirmitate sexus
minus ausuras esse confidimus* ».

La dernière phrase de ce texte nous donne la raison
de cette sévérité à l'égard des enfants des condamnés
pour crime de lèse-majesté : on craint que le crime

(1) Const. 5, Code de Justinien, 9, 8, § 1.
(2) Const. 23, Code théodosien, 9, 42.

commis par le père ne devienne héréditaire dans sa famille.

Le crime de lèse-majesté mis à part, la confiscation ne subsiste donc plus sous Justinien que dans les cas où le condamné ne laisse ni descendants, ni ascendants, ni collatéraux.

Après ces atténuations considérables il restait bien peu de chose à faire pour la supprimer complètement. Mais ce dernier progrès ne fut point réalisé. La confiscation générale des biens, quoique singulièrement adoucie, ne fut jamais abolie, et le droit romain la légua aux législations. L'honneur de sa suppression était réservé au droit pénal moderne.

APPENDICE

La confiscation générale est une peine détestable. Elle frappe l'innocent avec le coupable, alors qu'une peine doit avant tout ne frapper que l'auteur du crime. Elle punit toute une famille, la réduit à la misère et au désespoir, comme si elle ne souffre déjà point assez de la honte que le crime d'un de ses membres fait rejaillir sur elle.

Elle présente un second vice, que nous avons pu mettre en relief en étudiant quel fut l'arbitraire de la législation romaine en matière de crime de lèse-majesté : « Elle a pour effet, disait le duc de Broglie en 1828, d'enflammer la cupidité, l'esprit de parti et de corrompre ce qui par lui-même n'est déjà que trop corrupteur ou trop corrompu ». Après avoir confisqué parce qu'on a condamné, on en arrive infailliblement à condamner pour confisquer.

Ce sont là les deux principales raisons qui ont fait supprimer en France la confiscation générale. La Charte de 1814 a même déclaré qu'elle ne pourrait pas être rétablie.

Mais la Charte a laissé subsister la confiscation spéciale. On appelle ainsi celle qui frappe seulement des

objets particuliers, déterminés par la loi, qui ont une
relation directe avec une infraction, dont ils sont les
instruments ou les produits.

La confiscation spéciale a existé aussi à Rome. Elle
avait lieu dans deux ordres d'hypothèses : elle était la
sanction d'infractions fiscales ou de violations de mesures d'ordre public.

Elle était d'abord la sanction d'infractions fiscales.
Un impôt appelé *portorium* était établi sur les marchandises qui circulaient à travers le territoire romain. Il
correspondait à la fois à nos droits de douane et à nos
droits d'octroi, car il était perçu soit à la frontière de
l'Empire ou des provinces qui le composaient, soit à
l'entrée de certaines villes.

Le voyageur était tenu de faire une déclaration des
objets qu'il portait avec lui, comme cela a lieu chez
nous pour les douanes et les octrois, encore que ces
objets soient exempts de droits. Les marchandises qu'il
voulait introduire sans déclaration pour ne pas payer
de droits ou dont il faisait une déclaration inexacte afin
de payer un droit moindre, étaient confisquées. Cette
confiscation avait reçu une qualification particulière :
on l'appelait *commissum* : « *Quod quis per publicanos
improfessum transtulerit commissum sit* » dit Quintilien,
Declam. 341, « *... pœna commissi est* » (Dig., livre 39,
titre 4, fr. 16, § 3, — « *..... res in commissum non ca-
dere* » (Dig., même titre, frag. 16, § 2), etc. Elle était
du reste soumise à des règles particulières. En premier

lieu, elle atteignait non les personnes mais les choses ; et elle était encourue sans que l'on ait besoin de rechercher si la marchandise pour laquelle on avait essayé d'éluder l'impôt appartenait ou non à celui qui la transportait. Ce principe était même si rigoureusement appliqué que lorsqu'une marchandise volée avait été saisie par les publicains on décidait qu'elle ne pouvait plus être revendiquée par son propriétaire (1). Il semble cependant contredit par un fragment de Papinien, qui forme la loi 8 au Digeste, livre 39, titre 4, et où nous lisons que si une chose appartenant à plusieurs héritiers est saisie par les publicains, ceux-ci ne doivent retenir que la portion appartenant à celui des cohéritiers qui a commis la fraude. Mais il est probable que cette loi ne se rapporte pas au *portorium*, qu'elle est plutôt relative à la *vicesima hereditatis*. Ce qui nous le donne à penser, c'est que le jurisconsulte Papinien se sert d'une expression *subripere* absolument inusitée en matière de *portorium* et qui au contraire se retrouve ou a du moins son synonyme dans des textes relatifs à la *vicesima hereditatis*. L'origine de ce texte corrobore cette induction : il est tiré du treizième livre des *Réponses* de Papinien, et ce livre est consacré à la quarte Falcidie ; n'est-il pas naturel de supposer que s'il traite des questions fiscales, ces questions se rapportent plutôt à l'impôt sur les successions qu'à l'impôt des douanes ?

---

(1) Quintilien, *Declam.*, 341.

Une autre règle spéciale à cette peine du *commissum*, c'est que l'objet confisqué étant vendu aux enchères publiques au profit du fisc, l'ancien propriétaire avait le droit de le racheter : « *Eam rem quæ commisso vindicata est, dominus emere non prohibetur, vel per se, vel per alios quibus hoc mandaverit* » (Loi 11, § 4, Dig., 39, 4). Et la loi 16 du même titre nous apprend qu'il n'est pas absolument indispensable que l'objet confisqué soit vendu ; que son propriétaire peut le conserver en payant un certain prix : « *Interdum nec vendendus est is servus qui in commissum cecidit, sed pro eo æstimatio a domino danda est* ». Peut-être pourrait-on voir dans cet arrangement l'origine du droit de transiger avec les délinquants que notre loi a reconnu aux administrations financières !

Nous trouvons dans une autre disposition sur le *commissum* l'équivalent d'une règle propre à notre législation fiscale. L'auteur d'une infraction fiscale, chez nous, ne peut pas pour sa défense arguer de sa bonne foi, se prévaloir de son ignorance de la loi ou des règlements, d'une erreur, de l'absence d'intention frauduleuse. A Rome, celui qui s'était exposé au *commissum* ne pouvait pas non plus l'éviter en prétextant son ignorance : « *Licet quis se ignorasse dicat, nihilominus eum in pœnam vectigalis incidere divus Hadrianus constituit* » (Loi 16, § 5, Dig., 39, 4). Cependant, dans le cas où la déclaration exigée avait été faite, mais avait été après visite reconnue inexacte, s'il pouvait être établi qu'il n'y avait pas eu tentative de fraude, mais simple erreur, la confiscation n'était pas prononcée ; elle était remplacée par un double droit : « *Divi quoque fratres rescripserunt, quum quidam non per fraudem, sed per errorem in causam commissi incidisset, ut duplo vectigali publicani servos restituant* (1) ». Ce double droit n'était même pas exigé lorsque l'erreur avait été commise par un mineur de 25 ans ou par un soldat (2).

La peine du *commissum* n'était pas non plus encourue ni remplacée par un double droit lorsque l'infraction était due à un cas de force majeure. C'est ce que décide la loi 16, § 8, à notre titre ; elle se place dans l'hypothèse où un navire a été obligé par le mauvais temps de débarquer ses marchandises (3).

La confiscation spéciale recevait d'autres applications en matière fiscale en dehors du *portorium*. Une de ces applications nous est indiquée par la loi 11, Code, livre 4, titre 61 : le sel vendu sans l'autorisation des fermiers des salines était confisqué au profit des fermiers avec son prix.

La loi 2, Code, livre 4, titre 40, en signale une autre : la faculté d'importer de la soie était réservée au *comes commerciorum*. Celui qui violait ce monopole se voyait confisquer la soie qu'il avait voulu importer.

Mais si au point de vue du droit strict nous nous trou-

---

(1) Loi 16, § 10, Dig., livre 39, titre 4.
(2) Loi 9, § 5, Dig., livre 4, titre 4. Code de Justinien, 4, LXI, 3.
(3) Loi 16, § 8, Dig., 39, 4.

vons encore en présence d'une infraction fiscale, la confiscation nous apparaît plutôt comme la sanction de la violation d'une mesure d'ordre public dans le cas dont s'occupe la loi 4, Code, livre 4, titre 63. Toute relation commerciale entre l'Empire romain et la Perse étant interdite, ceux qui enfreignaient cette interdiction étaient punis de l'exil perpétuel et de la confiscation de leurs marchandises ou du prix qu'ils en avaient retiré.

En tout cas on ne peut pas voir autre chose que la sanction de violations de mesures d'ordre public dans les autres cas de confiscation spéciale que consacrait la loi romaine et qu'il nous reste encore à citer.

Les maisons où des faux monnayeurs se réunissaient pour se livrer à leur industrie étaient confisquées. Et pour cette confiscation nous retrouvons une règle que nous avons vu appliquer à la confiscation des marchandises que l'on essayait de faire passer par la *statio* sans les déclarer aux publicains : elle avait lieu alors même que la maison n'appartînt pas aux faux monnayeurs. Ici cependant la règle était moins absolue qu'en matière de douanes. Comme il y aurait eu trop d'injustice à dépouiller ainsi un citoyen pour un crime dont il n'était pas l'auteur, on exigeait, pour que la confiscation soit prononcée, que le propriétaire ait eu connaissance du crime, ou, s'il l'ignorait, qu'il habitât assez près pour avoir pu le découvrir et l'empêcher : dans les deux hypothèses, il avait une faute personnelle à se reprocher :

dans la première, celle de ne pas avoir dénoncé les faux monnayeurs et de s'être fait ainsi moralement leur complice ; dans la seconde, une grande négligence. C'est ce qui ressort, en partie au moins, de la loi 1, Code, *de falsa moneta*, livre 9, titre 22 : « *Domus vero vel fundus in quo hæc perpetrata sunt, si dominus in proximo constitutus sit, cujus incuria vel negligentia punienda sit ; etsi ignoret, fisco vindicetur* ».

Une raison analogue faisait confisquer le fonds du citoyen chez lequel des voleurs ou autres criminels s'étaient réfugiés et qui ne les dénonçait pas ou refusait de les livrer (Code, livre 9, titre 39, *De his qui latrones vel aliis criminibus reos occultaverunt*).

Lorsque, pour fuir les charges de l'administration de la cité, un décurion se retirait à la campagne, on confisquait la maison de campagne où il avait voulu chercher le repos (Code, livre 10, titre 37, *si curialis relicta civitate rus habitare maluerit*, loi unique).

L'on confisquait également les biens que l'on aliénait frauduleusement pour échapper aux charges de la cité : « *In fraudem civilium numerum per tacitam fidem prædia translata, fisco vindicantur* » (Loi 15, § 2, Dig., livre 50, titre 1).

Enfin, du jour de l'avènement de la religion chrétienne l'on confisqua au profit de l'Église les maisons où se réunissaient les païens pour offrir des sacrifices aux dieux dont le règne était passé.

De l'examen de ces derniers cas de confiscation spéciale il ressort que cette confiscation à Rome s'étendait même à des immeubles. La confiscation d'un immeuble a été, au contraire, bannie de la pensée du législateur français.

TABLE DES MATIÈRES

DROIT FRANÇAIS

LES DÉLITS FISCAUX

PREMIÈRE PARTIE

IDÉES GÉNÉRALES SUR LES DÉLITS FISCAUX.

CHAPITRE PREMIER

PRINCIPE ET DÉFINITION DU DÉLIT FISCAL ; SES ÉLÉMENTS CONSTITUTIFS.

L'impôt n'est plus dans nos sociétés actuelles ce qu'il a été dans l'antiquité. La marche des temps et les progrès de la civilisation ont entraîné un changement radical dans son caractère, ses tendances et ses effets. Il ne procède pas des mêmes principes, il ne produit pas les mêmes conséquences et ne mérite pas les mêmes critiques.

Dans les États modernes, il apparaît comme un juste concours de tous les citoyens aux besoins collectifs, la contribution de chacun, dans la mesure de ses facultés, aux dépenses publiques. Il n'implique aucune infériorité sociale, et, s'il n'est pas volontaire de la part de l'individu, il est du moins librement consenti par le Parlement. A l'origine des peuples au contraire, sans parler de cet âge primitif où il était une conséquence de la conquête, un tribut imposé par des vainqueurs à des vaincus, il constituait une marque de dépendance, et pendant longtemps il a impliqué une infériorité sociale. Un auteur italien, Vico, a écrit que le cens, à Rome, avant d'être payé à l'État, fut une redevance due par les plébéiens aux nobles. Si cette opinion peut être discutée, on ne peut nier qu'après l'invasion de la Gaule par les Barbares, pendant les périodes mérovingienne et carolingienne, l'impôt ait été dans une certaine mesure une chose privée. Les largesses des chefs de bande et des rois consistaient dans des concessions de portions de l'impôt : témoin ces immunités accordées aux établissements ecclésiastiques, où l'immune devenait propriétaire des impôts qui se percevaient dans ses propriétés ; cette donation, relatée par le *Polyptique* de l'abbé d'Irminon, faite par Charlemagne au monastère de Saint-Germain-des-Près des droits de péage, arrivage, abordage et autres, désignés collectivement sous le nom de *portus*, que le fisc percevait auparavant et qui deviennent la propriété du couvent ; le récit où Grégoire de

Tours nous montre la reine Frédégonde offrant à sa fille
fiancée au roi des Wisigoths des dons magnifiques et
faisant observer au peuple étonné par la vue de ces richesses qu'elles proviennent de son travail, des revenus
de ses terres, et des tributs que le roi lui avait donnés
(livre 4, chap. 2) etc..... Si l'impôt constituait ainsi une
chose domaniale et se donnait comme un bien privé, si
le chef de la tribu ou le monarque avait ainsi le droit
d'en disposer, n'était-ce pas précisément parce que l'impôt était considéré à cette époque comme une obligation
imposée à des inférieurs, une redevance due à un supérieur qui pouvait en faire ce qu'il voulait? En tout cas,
il serait difficile de refuser ce caractère aux impôts de
la féodalité, organisés dans l'intérêt exclusif des sei-
gneurs et pour leur profit personnel.

De même que la notion de l'impôt, et avec elle, la
notion primitive du délit fiscal a dû différer de celle qui
a cours aujourd'hui. A une époque où l'impôt était un
signe de distinction sociale, une charge pesant sur un
inférieur, il était naturel que le seul fait de ne pas le
payer fût considéré comme un délit. Ne pas payer l'impôt c'était en effet apporter un trouble dans l'ordre social, c'était même le mettre en danger, puisque c'était
vouloir s'élever au-dessus de la classe des assujettis.
D'autre part, vis-à-vis d'inférieurs il n'y avait pas de
ménagements à avoir, et il fallait les faire payer quand
même et par tous les moyens précisément pour mar-
quer leur dépendance.

On conçoit même que cette première idée du délit
fiscal se soit maintenue et que, pendant un certain temps
tout au moins, des peines aient été encourues par le
contribuable qui ne payait pas lorsque l'impôt n'a plus
impliqué d'infériorité et est devenu une contribution
payée à l'État pour l'aider à subvenir aux dépenses publiques, établie par conséquent dans l'intérêt général,
pour la satisfaction des besoins collectifs. Il suffit de se
rappeler la dureté des temps anciens dans les rapports
de l'État avec les particuliers, de réfléchir que le droit
social absorbait alors le droit individuel méconnu ou
privé de garanties ; que la puissance publique n'était pas
obligée de respecter la propriété appartenant aux particuliers, qu'elle pouvait s'en emparer à son gré, sans
payer d'indemnité, et que pour cette raison les monu-
ments qui nous restent des législations de l'antiquité
ne contiennent rien ou à peu près rien sur l'expropriation pour cause d'utilité publique. La nécessité de tenir
compte des droits privés et de payer une indemnité au
propriétaire dépossédé dans le cas d'appropriation par
l'État de choses indispensables à l'intérêt public n'est
apparue qu'assez tard dans chaque société, comme fruit
que la civilisation a porté à son heure.

A l'origine, le seul fait de ne pas payer l'impôt a donc
été considéré comme un délit. Nous avons la preuve
certaine qu'il en était encore ainsi à Rome dans le droit
de la dernière époque. Les contribuables acquittaient
les impôts directs en trois termes. Mais ils pouvaient

devancer le terme à échoir et payer en une seule fois. Un passage du panégyrique de Trajan, de Pline, le paragraphe 40, nous apprend qu'en cas de retard dans le paiement les peines du double et même du quadruple droit étaient infligées : « *Alius ut contumacibus irasceretur, tarditatemque solvendi dupli vel quadrupli irrogatione mulctaret* ». L'affirmation de Pline est confirmée par deux lois insérées au Code théodosien : la loi 25, livre 11, titre 1 et la loi 19, livre 11, titre 7. Cette dernière, énumérant les moyens tyranniques inventés par les agents impériaux, indique qu'il s'abstenaient souvent de poursuivre les contribuables dans le délai légal afin de les mettre en défaut et de leur faire payer l'amende. Cette fraude avait même un nom : on l'appelait « exaction prépostère ».

Nous savons d'autre part que l'on ne se bornait pas à condamner les débiteurs récalcitrants, que l'on ordonnait contre eux l'emploi de la prison, des tortures, des coups de verges plomblées, rigueurs que défendit Constantin, mais sans réussir complètement à les abolir puisque son fils Constance dut les supprimer de nouveau (Code théodosien, *De exactionibus*, lois 3 et 7). Ce fut seulement à dater de cet édit de Constance que l'on n'employa plus contre la personne du contribuable que les arrêts forcés dans un lieu ouvert et commode, contre ses biens le séquestre ou au besoin l'expropriation.

Bien que les documents fassent défaut, il est présumable que dans la plupart des législations anciennes les choses ont dû se passer comme dans la législation romaine, et que des peines étaient encourues par le contribuable qui ne payait pas régulièrement l'impôt. La peine de mort prononcée à Athènes pour le seul fait de ne pas payer les contributions de guerre, la vente comme esclave du métèque qui n'acquittait pas la taxe des étrangers, loin de constituer des exceptions motivées par des considérations d'ordre supérieur et politique, n'auraient ainsi été que l'application de la règle commune.

Dans notre ancienne France, pendant la féodalité, le non paiement au seigneur justicier de ses redevances (comprises sous le nom de *justice* dans plusieurs actes des XIIIe, XIVe et XVe siècles, notamment dans le registre des *Olim*) donnait lieu à une amende et à la saisie des fruits.

Vers la même époque, dans le système financier démocratique de la république de Florence, les débiteurs du Trésor encouraient la perte des droits politiques. Leur nom était inscrit sur un livre spécial appelé *il specchio*, le miroir. Les magistratures de la république ne duraient que deux mois, et ceux qui les exerçaient étaient tirés au sort, au lieu d'être élus. Ces tirages étaient faits par devant notaires, qui étaient chargés de les surveiller, de vérifier les noms sortants et de déclarer tous les citoyens inscrits au *specchio* inhabiles à remplir la fonction publique (1).

(1) Léon Say, *Solutions démocratiques de la question des impôts*, t. 1, p. 225.

De nos jours, le seul fait de ne pas payer l'impôt n'est plus considéré nulle part comme un délit. Tout au plus pourrait-on faire une réserve pour une loi promulguée dans le royaume de Saxe à la date du 21 avril 1884, qui permet d'interdire aux contribuables en retard dans le paiement de leurs contributions l'entrée de certains lieux publics de divertissement, des auberges, cabarets, salles de danse. On pourrait peut-être dire, jusqu'à un certain point, que cette loi érige encore en délit le fait de ne pas payer l'impôt. Mais, d'une manière absolue, cette affirmation ne serait pas très exacte; car la loi saxonne exige, pour que l'interdiction puisse être prononcée, un certain nombre de conditions (1).

(1) Il faut : 1° que la somme due n'ait pu être recouvrée au moyen d'une saisie mobilière ou qu'il existe des circonstances pouvant faire présumer qu'une saisie de ce genre resterait infructueuse ; — 2° qu'il existe des circonstances permettant de présumer que le contribuable s'est rendu insolvable de propos délibéré, soit en s'abstenant sans motifs de travailler, soit en menant une vie irrégulière, en se livrant à l'usage immodéré des boissons spiritueuses, en faisant des dépenses exagérées ou en dissipant sa fortune.

D'autre part ces mesures de rigueur cessent de s'appliquer, soit lorsque le contribuable justifie de la nécessité de prendre ses repas dans une auberge ou débit afin de ne pas perdre de temps en s'éloignant du chantier où il travaille, soit lorsqu'il est appelé dans les lieux qui lui sont interdits par une réunion électorale ou toute autre réunion prescrite par la loi.

L'interdiction dont il s'agit est prononcée par arrêté des autorités locales.

Elles peuvent imposer aux aubergistes, débitants...., etc... l'obligation de renvoyer de leurs établissements les personnes contre lesquelles de telles mesures ont été prises ; et ces aubergistes, débitants.... sont autorisés à faire appel, au besoin, à la force publique pour expulser les consommateurs récalcitrants.

Les présidents des corporations, associations ou sociétés peuvent

Sauf cette loi, si l'on veut, on peut poser en principe que dans les législations modernes, et dans la nôtre en particulier, le seul fait de ne pas payer l'impôt ne constitue pas le délit fiscal. C'est surtout frappant en matière de contributions directes. Celui qui refuse de payer un impôt direct s'expose seulement aux voies d'exécution forcée, il n'encourt aucune peine. Il est traité comme un débiteur récalcitrant, non comme un délinquant.

Une peine n'est prononcée chez nous que contre le contribuable qui met obstacle à la perception de l'impôt soit en accomplissant des actes que la loi interdit (en faisant une déclaration fausse ou inexacte), soit en omettant des actes qu'elle prescrit (par exemple en s'abstenant de faire certaines déclarations ou de remplir certaines formalités).

En matière d'impôts indirects, cette condition se trouve toujours réalisée. Ces impôts en effet ne comportent pas l'emploi de rôles nominatifs, dressés par l'autorité administrative et susceptibles de voies d'exécution forcée. Ils n'ont pas pour assiette une matière imposable plus ou moins permanente; ils n'atteignent

aussi être invités à refuser au contribuable en retard l'entrée des réunions tenues par ces associations dans un but de divertissement.

La sanction de ces diverses prescriptions consiste : pour le contribuable qui contrevient à la défense édictée contre lui en un emprisonnement pouvant durer 14 jours ; — pour les aubergistes ou présidents qui ne se conforment pas aux ordres de l'Administration en une amende de 1 à 100 marks ou même en un emprisonnement pouvant s'élever jusqu'à 8 jours.

le contribuable que d'une manière transitoire, à raison
de certains actes ou de certains faits qui n'ont aucune
fixité, au moment où ces faits se produisent, sans aucune
relation avec le nom de la personne. Et par la force
même des choses, pour la prompte expédition des affaires comme dans l'intérêt du service des administrations
financières, la loi a été obligée de s'en remettre pour la
perception des impôts indirects à une déclaration de celui qui y est soumis ou à l'accomplissement par lui d'une
certaine formalité : la douane, par exemple, n'en finirait
pas si elle devait vérifier chaque colis de marchandises
entrant en France ; aussi le législateur a-t-il préféré s'en
rapporter à la bonne foi du conducteur des marchandises, en lui inspirant une crainte salutaire par des pénalités éventuelles dans le cas où une vérification des
marchandises déclarées établirait la fausseté de sa déclaration.

A première vue il pourrait sembler que la loi n'a pas
toujours procédé ainsi, qu'une déclaration du contribuable ou l'accomplissement par lui d'une formalité ne
sont pas exigés pour tous les impôts indirects. Il est
certain que celui qui va acheter du café, du sel, du sucre, etc., acquitte la taxe de douane sur le café, le droit
sur le sucre, sur le sel, qui sont confondus avec le prix
qu'il paie à l'épicier, sans avoir aucune déclaration à
faire. Il les acquitte même sans s'en douter en payant
sa note chez l'épicier, et sans se rendre compte de la
somme qui revient en propre à ce commerçant et de

celle qui est prélevée par le fisc. Mais la contradiction n'est qu'apparente : si le consommateur n'a pas à faire de déclaration, c'est parce qu'elle a déjà été faite par quelqu'un avant lui.

La perception des contributions indirectes proprement dites, des droits de douane et des droits d'octroi s'opère sur une déclaration du contribuable, déclaration obligatoire. On sait que les droits d'enregistrement se distinguent en *droits d'actes*, d'une part, et, d'autre part, en *droits de mutation* : les premiers sont perçus sur la production des actes constatant les faits que la loi y soumet ; pour les mutations par décès de biens meubles et immeubles et pour les mutations entre vifs d'immeubles, il n'est pas besoin d'un acte pour donner lieu à l'impôt et par suite il ne saurait être question de la représentation d'un acte, mais ces mutations sont soumises à des déclarations obligatoires. Et si pour la perception des droits de timbre aucune déclaration n'est exigée du contribuable, cette déclaration a été remplacée par une formalité qu'il doit remplir : l'achat préalable d'un papier timbré sur lequel l'acte sera rédigé, ou l'apposition après la rédaction d'un acte sur du papier qui n'est pas celui de la débite soit d'un timbre mobile, soit du timbrage à l'extraordinaire, soit du visa pour timbre. Le refus de payer l'impôt ne se rencontre donc jamais seul en matière d'impôts indirects. Quel que soit celui de ces impôts que l'on envisage, les deux faits, refus de payer et fraude ou négligence, sont toujours liés. Pour qu'on puisse les concevoir l'un sans l'autre, il faudrait supposer des circonstances tout à fait particulières : cela arriverait par exemple, si on admettait le morcellement de l'impôt sur les successions qui a été proposé afin d'éviter à l'héritier le paiement immédiat d'une somme considérable et la nécessité d'entamer le capital pour faire ce paiement. Du moment qu'il paierait par termes, il pourrait très bien arriver qu'un héritier ait fait la déclaration prescrite par la loi mais ne paie pas ensuite l'un des termes. Dans ce cas le fait de ne pas payer l'impôt se rencontrerait seul.

Mais on peut dire qu'en principe lorsqu'un impôt indirect n'est pas acquitté, il y a en même temps absence de déclaration, dissimulation ou erreur dans la déclaration qui a été faite, inobservation d'une formalité prescrite par la loi. Et ce qui constitue le délit, ce n'est pas tant le défaut de paiement de l'impôt que cet accomplissement d'un acte défendu par la loi ou cette omission d'un acte qu'elle ordonne, qui l'accompagne nécessairement.

Quant aux impôts directs, ils sont exigés en vertu de titres nominatifs, appelés *rôles*, dressés par les directeurs des contributions directes et rendus exécutoires par un arrêté du préfet. Ici, la loi n'exige plus de déclaration du contribuable. Ainsi, aucune déclaration n'est exigée de lui pour fixer et percevoir l'impôt foncier. Cet impôt est établi sur le revenu net des propriétés foncières d'après des évaluations opérées à la suite de la confec-

tion d'un cadastre. La somme totale que doit produire
limpôt foncier est fixée annuellement et répartie entre
les départements par la loi de finances. Le contingent
départemental est divisé entre les arrondissements par
le conseil général. Puis le conseil d'arrondissement répartit entre les communes le contingent mis à la charge
de l'arrondissement. Le dernier degré de répartition,
la distribution du contingent communal entre les contribuables, est fait par un conseil de répartiteurs au pro-
rata des évaluations cadastrales par une division purement mathématique. — Une marche analogue est suivie pour la répartition individuelle de la contribution
personnelle et mobilière et de la contribution des portes et fenêtres, dont le Corps législatif fixe également
chaque année dans la loi du budget la somme totale et
le contingent de chaque département. L'administration
ne demande non plus aucune explication au contribuable pour fixer les deux taxes dont la juxtaposition constitue la contribution personnelle et mobilière. La taxe
personnelle est de la valeur de trois journées de travail
et forme une capitation égale pour tous les habitants
d'une même commune. La taxe mobilière a pour bases
la valeur locative des lieux affectés à l'habitation personnelle du contribuable, et cette évaluation de la valeur
locative est faite par les répartiteurs, assistés du con-
trôleur des contributions directes. La part individuelle
de la contribution des portes et fenêtres est fixée également par les répartiteurs avec le concours des contrô-

leurs. — Pour le quatrième impôt direct, l'impôt des patentes, le recensement des imposables et la formation des matrices sont faits par les contrôleurs.

Aussi n'y a-t-il pas de délit fiscal en matière d'impôts directs. En cas de non paiement, le percepteur envoie d'abord une sommation sans frais d'avoir à payer dans les huit jours. Si elle reste sans effet, il est procédé à une sommation avec frais, qui a été substituée à l'ancienne garnison. Ces poursuites administratives demeurent-elles infructueuses, le percepteur passe aux poursuites judiciaires : il fait, trois jours après la sommation avec frais, un commandement, et finalement il procède à la saisie des meubles ou, à défaut de meubles et avec l'autorisation du ministre des finances, des immeubles. Ce sont, on le voit, les voies d'exécution forcée qui, de droit commun, appartiennent aux créanciers contre leurs débiteurs récalcitrants. Les seules différences, c'est qu'au lieu d'agir en vertu d'un titre exécutoire ordinaire le percepteur procède en vertu de contraintes délivrées par l'administration des contributions directes ; c'est encore que les poursuites ne sont pas exercées par des huissiers, mais par des agents spéciaux.

Cependant, si la proposition d'un impôt sur le revenu, qui n'a cessé depuis plusieurs années d'être à l'ordre du jour, triomphe des défiances de l'opinion et finit par aboutir, une déclaration des contribuables sera nécessaire pour servir de base à la perception : sinon, on devrait avoir recours à la taxation d'office d'après des présomptions ou des constatations directes, et ce serait ou l'arbitraire ou des mesures vexatoires. Il pourra dès lors y avoir un cas de délit fiscal en matière d'impôts directs.

Au même mode de perception que les contributions directes sont soumises certaines taxes, que l'on appelle pour ce motif « taxes assimilées aux contributions directes ». Pour celles de ces taxes que les auteurs groupent ordinairement sous cette qualification de « taxes somptuaires », la loi exige une déclaration du redevable. La taxe municipale sur les chiens, créée par la loi du 2 mai 1855, est imposée d'après la déclaration des parties. Une déclaration est exigée pour l'impôt sur les billards établi par la loi du 16 septembre 1871. Le contribuable doit également faire une déclaration pour la taxe sur les chevaux et les voitures, et pour la taxe nouvelle sur les vélocipèdes. Comme en matière de contributions indirectes, le fait de ne pas payer l'impôt est accompagné ici d'une fraude ou d'une négligence, absence de déclaration ou déclaration inexacte. Aussi peut-il y avoir délit fiscal, conformément au principe que nous avons posé, et une peine est-elle encourue en cas de non paiement : c'est d'ordinaire une double taxe.

Si l'on excepte ces taxes, il ne peut donc y avoir délit fiscal qu'en matière d'impôts indirects. Mais il ne faut pas oublier que les impôts indirects, — soit parce qu'ils cachent plus facilement la main du fisc et que, confondus avec le prix des choses, le contribuable les acquitte sans s'en douter tandis que le rôle nominatif d'un impôt direct rappelle périodiquement le montant de la dette, soit parce qu'ils portent sur des consommations que l'habitude a rendues nécessaires, — sont partout la source la plus abondante du revenu public. Ils figurent à notre budget dans la proportion de 80 pour 100, contre 20 pour 100 seulement représentés par les impôts directs.

Pour faire la part de cette idée qu'un contribuable n'est pas punissable par cela seul qu'il ne paye pas l'impôt, nous définirons le délit fiscal : toute action ou omission, menacée par la loi d'une peine, dont le résultat est de rendre impossible la perception d'un impôt ou d'en diminuer le rendement.

Le délit fiscal a donc pour objet d'échapper aux exigences du fisc, et, pour y parvenir, de dissimuler ou d'amoindrir les valeurs sur lesquelles l'impôt est établi. C'est la seule idée que l'on puisse se faire en France du délit fiscal. Mais ne pourrait-on point concevoir la fraude inverse, un délit fiscal consistant au contraire à exagérer certaines contributions, à vouloir payer plus que sa part d'impôt ? Le fait paraît étrange ; il semble en effet qu'il doive y avoir tendance à échapper aux impôts plutôt qu'à courir au-devant ; il n'est cependant pas impossible, et la meilleure preuve en est qu'il s'est produit en Belgique.

Jusqu'en 1894 le suffrage universel n'existait à aucun degré en Belgique. Un certain cens était exigé des élec-

teurs, ceus d'abord variable, pour l'électorat parlemen-
taire, entre 100 et 20 florins d'après la constitution du
17 février 1831, puis réduit en 1848 à 20 florins (42 fr. 32)
d'impôt direct, soit foncier, soit personnel ou de patente.

Or, pour la contribution personnelle et le droit de
patente, c'est la déclaration du contribuable qui, en
Belgique, sert de base à l'imposition. L'on vit alors une
fraude d'un nouveau genre des contribuables, qui s'in-
géniaient non pas à échapper à l'impôt mais à payer
plus que l'impôt ne leur demandait. Pour se créer une
capacité électorale à laquelle ils n'avaient pas droit, des
contribuables combinaient leurs déclarations de manière à simuler des impôts que régulièrement ils ne
devaient pas, ou à exagérer les impôts qu'ils devaient.
Ainsi, la contribution personnelle ayant pour bases la
valeur locative, les foyers, les portes et fenêtres, le mobilier, les domestiques, les chevaux, ils forçaient la
valeur locative des habitations et celle des mobiliers, ils
déclaraient des foyers qui n'existaient pas, ils transfor-
maient en domestiques imposables des proches parents
ou des personnes chargées de services momentanés et
non soumises à la taxe; ou encore ils déclaraient comme
chevaux de luxe, afin de payer le maximum de la taxe,
des chevaux exemptés de toute taxe parce qu'ils étaient
employés uniquement à l'agriculture ou à l'industrie,
ou des chevaux soumis seulement à une taxe intermédiaire parce que leur emploi agricole ou industriel n'é-
tait pas exclusif.

Souvent même ils simulaient ces impôts ; et l'on voyait ainsi, à chaque élection, apparaître des légions d'électeurs éphémères qui se faisaient inscrire sur les listes pour disparaître le lendemain.

Ces fraudes étaient même devenues une arme redoutable entre les mains des meneurs électoraux qui faisaient agir les contribuables et subvenaient aux frais nécessaires.

Le législateur dut intervenir pour modifier les lois d'impôts dont les partis se servaient ainsi pour frauder les lois électorales. Mais comme pour mettre une fin complète à ces abus il aurait fallu une révision générale des lois fiscales, et que cette besogne était trop délicate et trop longue pour être menée rapidement, on se contenta de pourvoir aux besoins les plus urgents.

La valeur imposable du mobilier fut limitée au quintuple de la valeur locative, et la faculté d'expertise fut donnée à l'administration en cas d'évaluation exagérée de cette valeur locative (article 3 de la loi du 26 juillet 1879). La taxe des foyers, qui était celle des bases de la contribution personnelle qui se prêtait le plus à la fraude, fut supprimée (loi de 1879). Une loi du 26 août 1878 (art. 3) avait déjà procédé ainsi pour la taxe des chevaux, en dispensant de cette taxe tous les individus payant moins de 42 fr. 32, c'est-à-dire qui sans elle ne seraient pas électeurs, à quelque catégorie qu'appartinssent leurs chevaux. Il fut remédié à la fraude puisée dans les déclarations de domestiques supposés en limitant les conditions qui permettent ces déclarations : l'article 4 de la loi de 1879 décida que ces déclarations ne pourraient porter sur des parents jusqu'au 3e degré ni sur des serviteurs de passage. Enfin, pour empêcher que des électeurs éphémères ne vinssent se faire inscrire sur les listes en simulant des impôts qu'ils ne devaient pas du tout, une loi de 1877 avait disposé que les contributions personnelles et les patentes n'entreraient en compte pour le cens électoral qu'autant qu'elles auraient été déclarées lors de l'inscription générale, ou, au plus tard, le 31 mai de chaque année.

Ces mesures sont utiles encore aujourd'hui, malgré l'établissement du suffrage universel en Belgique ; car les fraudes qu'elles ont eu pour but d'empêcher pourraient encore se produire : elles auraient encore un intérêt puisque l'article 47 nouveau de la constitution maintient le cens jusqu'à un certain point, et accorde un vote supplémentaire à l'électeur qui paie un cens déterminé. Il y a donc lieu encore aujourd'hui de prendre des précautions pour garantir la sincérité des déclarations des contribuables et pour assurer la réalité de la possession par le citoyen des bases de l'imposition.

Tout ce qu'il faut retenir de ces explications qu'il était difficile de scinder, c'est que dans cette exagération des bases de l'impôt et dans ces simulations d'impôts en vue d'atteindre le cens électoral, pratiquées en Belgique, il y avait un véritable délit fiscal, mais un délit fiscal inverse de celui que nous avons à constater chez nous et consistant à chercher à payer plus que sa part d'impôt.

Élément moral.

L'agent qui a commis le fait matériel que nous venons d'analyser et qui constitue le délit fiscal ne peut en être responsable que s'il a agi avec *discernement*, c'est-à-dire avec la faculté de comprendre ce qu'il faisait, et avec *liberté*, c'est-à-dire s'il a été libre d'agir ou de ne pas agir.

La réunion de ces deux conditions, l'intelligence et la liberté, constitue la *volonté*. Comment pourrait-on dire qu'il a voulu de celui qui n'a pas pu se rendre compte de la matérialité de l'acte qu'il accomplissait ou qui a été contraint à le commettre soit par un cas de force majeure, soit par une violence physique à laquelle il n'a pu résister ?

La volonté est un élément indispensable de toute infraction, quelle qu'elle soit. Il n'existe pas d'infraction que l'on puisse qualifier exactement d'infraction purement matérielle : tout manquement à la loi pénale comporte un acte ou une abstention volontaire.

L'article 64 du Code pénal fait une application importante de ce grand principe. « Il n'y a ni crime ni délit, dit-il, lorsque le prévenu était en état de démence au temps de l'action..... », caractérisant de cette manière

énergique l'influence de l'absence de discernement sur
l'imputabilité pénale. Il est universellement reconnu
que ce principe de l'irresponsabilité absolue du dément,
qui s'applique aussi aux contraventions bien que le
texte ne le dise pas, s'étend aux infractions prévues par
des lois spéciales, notamment aux infractions aux lois
fiscales, aussi bien qu'aux infractions ordinaires. Cette
disposition dérive de la nature même des choses, c'est
une règle de droit naturel, et les références qu'y feraient
les lois spéciales seraient inutiles.

Comme conséquence de cette même idée qu'un individu ne peut être déclaré responsable d'une infraction
qu'autant qu'il peut distinguer le bien du mal et reconnaître l'importance légale de son acte, l'article 66 du
Code pénal, se basant sur cette donnée scientifique que
l'homme n'acquiert pas immédiatement dès sa naissance
la plénitude de son intelligence, ordonne d'examiner
lorsque le prévenu est un mineur de 16 ans s'il a agi
avec ou sans discernement. Il doit être acquitté s'il est
reconnu avoir agi sans discernement. On admet généralement que l'article 66 s'applique aux infractions prévues
par des lois spéciales. La jurisprudence a eu cependant
des hésitations : elle s'est refusée pendant longtemps à
accepter cette solution. Elle a décidé à plusieurs reprises, en 1825 (12 janvier, Grenoble), en 1833 (28 novembre, Grenoble), en 1836 (11 avril, Cassation), en
1839 (5 juillet), que cet article ne s'appliquait pas aux
délits de chasse : en 1813 (2 juillet, Cass. crim.) qu'il ne

s'appliquait pas aux délits forestiers ; en 1819 (15 avril, Cass. crim.) qu'il ne s'appliquait pas aux délits de douanes. Mais ces hésitations ne se justifiaient pas et la Cour de cassation est revenue sur son opinion première. Elle reconnaît aujourd'hui, avec la doctrine, que la règle de l'article 66 est commune aux infractions prévues par des lois spéciales et à celles dont la sanction est écrite dans le Code pénal. La question de discernement doit donc être examinée lorsqu'il s'agit de délits fiscaux ; et si elle est résolue dans le sens d'absence de discernement la peine d'emprisonnement édictée par les lois fiscales ne peut être prononcée contre le mineur. C'est ce qui a été jugé à propos de l'emprisonnement édicté par l'article 51 de la loi du 28 avril 1816 sur les douanes. Nous verrons plus loin que ce n'est qu'à la peine d'emprisonnement que l'on s'accorde généralement à appliquer l'article 66 en matière fiscale ; on se refuse à l'appliquer en ce qui concerne l'amende et la confiscation. Mais cette restriction provient d'une cause que nous examinerons alors et que nous ne pouvons que mentionner ici : elle tient à ce que l'on est porté à voir dans les peines pécuniaires édictées par nos lois d'impôts la réparation civile d'un préjudice causé, et le mineur déclaré avoir agi sans discernement n'en est pas moins responsable du dommage qu'il a causé.

Lorsque le mineur de 16 ans a agi avec discernement, la loi atténue seulement en sa faveur la peine que le délit dont il s'est rendu coupable eût fait encourir à un majeur. Cette disposition de l'article 69 s'étend, comme celle de l'article 66, aux infractions sur lesquelles ont statué des lois spéciales : elle y est d'autant plus nécessaire que ces lois excluent d'ordinaire les circonstances atténuantes.

La volonté est encore influencée par ce que l'on est convenu d'appeler une contrainte. Ce n'est plus le discernement qui fait ici défaut à l'agent, c'est la liberté. Mais dans les deux cas le résultat est le même : il n'y a pas de volonté. Aussi l'article 64 a-t-il pu assimiler à la démence le cas où le prévenu a été contraint par une force à laquelle il n'a pu résister, et proclamer qu'il ne saurait être déclaré coupable.

Cette seconde disposition de l'article 64 est également applicable aux infractions fiscales, comme elle l'est à toutes les autres infractions. Il est certain que si un bâtiment est jeté par une tempête sur la côte française et que les vagues de la mer poussent sur le rivage des marchandises prohibées, on ne pourra pas poursuivre le capitaine du chef d'introduction de marchandises prohibées, pas plus que l'on ne pourrait appliquer l'article 33 du Code pénal, qui punit la rupture de ban, à un individu frappé de bannissement qu'une tempête aurait surpris et jeté sur notre territoire. Et, pas plus que l'on ne pourrait poursuivre pour outrage public à la pudeur l'individu qui aurait été saisi par des malfaiteurs, dépouillé de ses vêtements et laissé nu sur la voie publique, on ne pourrait déclarer coupable du délit d'importation frauduleuse un voyageur porteur de marchandises qui aurait été saisi par des individus au delà de la frontière et jeté sur le territoire français.

Du reste quelques lois de douanes prévoient expressément le cas de bâtiments de mer obligés par le mauvais temps de se mettre à l'abri dans un port français ou dans les eaux soumises à la surveillance des douanes. Ainsi l'article 7, titre 2, de la loi du 4 germinal an II, qui édicte une amende de 500 livres contre les capitaines de bâtiments ayant à bord des marchandises dont l'entrée ou la sortie est prohibée en France, et la confiscation du bâtiment et de la cargaison, met à part le cas de force majeure. Nous trouvons la même restriction dans l'article 36, titre 6, de la loi du 21 avril 1818, ainsi conçu : « Les maîtres ou capitaines de bâtiments de mer au-dessous du tonnage déterminé par les lois des 28 avril 1816 et 27 mars 1817, qui aborderaient, *hors le cas de relâche forcée*, avec des marchandises désignées par l'article 22 de la loi du 28 avril, encourront une amende de 500 francs, pour sûreté de laquelle les navires et marchandises pourront être retenus. »

La contrainte peut être morale, s'exercer sur notre intelligence et non plus sur notre corps. De même que la contrainte physique, elle exclut toute responsabilité pénale lorsqu'elle a été telle que l'individu qui a commis l'infraction n'ait pu y résister. Mais il ne saurait y avoir de contrainte morale suffisamment pressante dans l'ordre de commettre la fraude qu'un fils aurait reçu de son père, un domestique de son maître.

Avec la *volonté* il ne faut pas confondre l'*intention*. La volonté s'applique à l'action ou à l'abstention qui constitue l'élément matériel de l'infraction, l'intention s'applique à la violation de la loi par le moyen de cette action ou de cette abstention. On peut *vouloir* accomplir un acte et cependant *n'avoir pas l'intention* de faire produire à cet acte les conséquences préjudiciables ou illicites qu'il peut produire. Avec plus de précision encore, on peut vouloir un fait, sans tout de même le vouloir en tant que délit.

Prenons un exemple emprunté à notre matière même.

Un individu passe devant l'octroi d'une ville sans déclarer un objet frappé d'entrée que quelqu'un a glissé à son insu dans sa voiture. Il aura évidemment à faire cette preuve, preuve très difficile il est vrai, qu'il ignorait complètement la présence de cet objet dans sa voiture. Mais s'il parvient à la faire, il ne pourra pas être atteint par une condamnation : il ne le pourra pas parce qu'il sera établi qu'il n'a pas pu se rendre compte de la matérialité de l'acte qu'il accomplissait, qu'il n'a pas pu vouloir transporter cet objet puisqu'il ignorait qu'il se trouvait dans sa voiture, et qu'ainsi la condition essentielle de la culpabilité pénale, la volonté, fait défaut. La Cour de cassation l'a parfaitement compris, et dans un arrêt du 28 février 1839 elle a admis un particulier, chez lequel des marchandises prohibées avaient été trouvées et saisies, à prouver, dans le but de se soustraire à la peine encourue par le fait de cette détention, que ces marchandises avaient été introduites dans sa maison à son insu (1). Bien que ne le dégageant pas par une formule concise, c'est ce même principe qu'a reconnu la Cour de Lyon en acquittant, dans un arrêt du 12 mars 1879, un aubergiste poursuivi par la régie comme détenteur d'une charrette chargée d'alcools transportés en fraude, par ce motif que cette charrette avait été conduite par un inconnu dans la cour de cet aubergiste, sans qu'il en ait été averti et sans son autorisation (2).

Supposons au contraire que cet individu qui arrive devant l'octroi d'une ville a mis lui-même dans sa voiture l'objet soumis au droit d'entrée, et par conséquent n'ignore plus sa présence. Cependant il ne fait point de déclaration, soit par oubli, soit qu'il croie que l'objet ne paye pas d'entrée. Ici nous rencontrons la volonté : l'acte matériel, le transport de l'objet soumis au droit, a été voulu. Mais l'intention fait défaut : notre individu n'a point voulu obtenir les conséquences illégitimes de cet acte, c'est-à-dire frauder le Trésor ; il n'a pas voulu violer la loi. Il n'en sera pas moins condamné parce que nous allons voir que la législation fiscale défend aux juges de tenir compte de l'absence d'intention, de la bonne

(1) Sirey, 1839, 1, 805.
(2) *Moniteur judiciaire* du 15 mai 1879.

foi. Et cette circonstance seule qu'une condamnation sera encourue prouve bien que s'il n'y a pas eu d'intention, il y a eu volonté.

Nous pouvons supposer enfin qu'en ne faisant point de déclaration il a agi dans le dessein d'éviter de payer le droit d'entrée, et non plus par oubli ou ignorance ; il y aura alors et volonté et intention.

Cet exemple met donc en lumière la différence qui sépare l'intention de la volonté ; il montre bien que les deux peuvent faire défaut en même temps, qu'elles peuvent se trouver réunies, que l'une peut exister sans l'autre. (La volonté peut exister sans l'intention, mais il est évident que l'agent qui n'a pas pu se rendre compte de l'acte qu'il commettait ou qui a été contraint à le commettre, qui n'a pas voulu, n'a pas pu, à plus forte raison, avoir l'intention de violer la loi.)

Ce qui obscurcit souvent cette distinction de la volonté et de l'intention, c'est que ces deux mots sont synonymes dans le langage usuel. On les confond même quelquefois dans le langage juridique : par exemple lorsqu'on dit qu'« il n'y a pas de délit sans intention ». Il est si vrai que le mot intention a ici le sens de volonté que cet axiome devient inexact si on donne à ce mot son sens restreint et précis ; il y a en effet un crime sans intention puni par le Code pénal lui-même, celui de l'article 119 ; les délits prévus par le Code et qui existent abstraction faite de l'intention sont assez nombreux, on peut citer ceux des articles 192, 193, 194, 196, 237 à

240, 246, 247, 254, 319 et 320 ; et en matière de contraventions de simple police, il n'est jamais tenu compte de l'intention.

La volonté est une condition essentielle de l'imputabilité pénale, quel que soit le délit. « La loi pénale, dit M. Laborde (1), est un commandement qui s'adresse à des êtres intelligents et libres, capables de vouloir. A la différence de certaines législations de l'antiquité, le droit pénal moderne ne régit ni les choses ni les animaux, mais seulement les personnes ; et parmi les personnes qui transgressent ses ordres, elle ne considère point comme coupables celles qui n'ont pas eu, au moment de l'abstention ou de l'action défendue, l'intelligence pour comprendre le commandement et la liberté pour lui obéir. Toutes les causes qui détruisent l'un de ces deux facteurs de la volonté réduisent la violation de la loi à une violation purement matérielle dont on ne peut demander compte à l'agent pour lui en faire subir les conséquences. L'imputabilité est détruite, l'infraction au sens technique du mot n'existe pas ».

Aussi avons-nous étendu aux infractions fiscales, malgré l'absence de tout texte, les moyens de défense tirés de la démence, du défaut de discernement chez le mineur de 16 ans, de la contrainte.

L'intention au contraire n'est pas un élément indispensable de l'existence d'une infraction. A côté de faits

(1) *Revue critique de législation et de jurisprudence,* année 1885, p. 258.

que nos lois déclarent impunis en l'absence d'intention
coupable, il en est d'autres qu'elles punissent sans avoir
égard à l'intention. C'est dans cette deuxième catégorie
que rentrent les délits fiscaux.

En cette matière, l'absence d'intention de nuire, la
bonne foi du délinquant ne peuvent effacer l'infraction.
Les lois du 9 floréal an VII, titre 5, article 16 et du 12 août
1791, titre 12, article 4, pour les douanes, l'article 13
du décret du 1ᵉʳ germinal an XIII pour les contributions
indirectes défendent même aux juges d'excuser les délinquants en tenant compte de leur bonne foi et de modérer les peines. La même règle existe en matière d'octroi et en matière de timbre et d'enregistrement. Nous
avons vu qu'il pouvait y avoir aussi délit fiscal en matière de taxes assimilées aux impôts directs : il a été jugé
pour le recouvrement de la taxe sur les chevaux et voitures qu'un contribuable ne peut à raison de sa bonne
foi être relevé par le conseil de préfecture de la double
taxe qu'il a encourue pour infraction à la loi du 2 juillet
1862 (1).

L'auteur d'un délit fiscal ne saurait donc arguer de
son erreur, de son ignorance, de sa bonne foi, pour se
soustraire aux peines édictées par la loi. Pourvu, bien
entendu, qu'il soit prouvé que le prévenu a agi volontairement, le délit existe dès que le fait matériel est constaté, parce qu'aux yeux du législateur il implique toujours une faute légère : négligence à s'informer des rè-

(1) Conseil d'État, 21 avril 1862, Dalloz, 64, 3, 38.

glements, oubli de leurs prescriptions. D'ailleurs si l'excuse tirée de la bonne foi avait été admise ici, la porte aurait été ouverte à des discussions sans fin et la répression aurait été compromise. Elle l'aurait été d'autant plus que les délits fiscaux dus à une simple négligence sont très nombreux et qu'à défaut de sanction pénale les intérêts du fisc en seraient gravement atteints .

La jurisprudence a eu à statuer dans des cas très nombreux sur cette particularité de notre législation fiscale et elle en a fait les applications les plus intéressantes (1).

On présente généralement comme constituant une exception à cette règle que le défaut d'intention coupable n'est pas une excuse légale d'un délit fiscal la disposition de l'article 13 de la loi du 21 juin 1873. Cet article déclare que les transporteurs ne seront pas considérés comme contrevenants lorsque, par une désignation exacte et régulière de leurs commettants, ils mettront l'administration des contributions indirectes en mesure d'exercer des poursuites contre les véritables auteurs de la fraude. Il crée ainsi une véritable immunité en faveur du transporteur de bonne foi. Il a été étendu par la Cour de cassation aux contraventions en matière d'octroi (2).

(1) Voir notamment : Cass., 20 juin 1860, Dalloz, 60, 1, 263 ; — Cass., 14 mars 1884, Dalloz, 84, 1, 416 ; — Nancy, 19 août 1873, D. 74, 2, 88 ; — Tribunal de Hazebrouck, 27 novembre 1884, D. 86, 3, 30 ; — Cass., 3 mars 1877, D. 78, 1, 190. — En matière de timbre et d'enregistrement : Cass., 20 juillet 1859, Sirey, 59, 1, 947 ; — Trib. civ. Seine, 26 décembre 1868, *J. E.*, art. 18.639 ; — Orléans, 5 juillet 1872, Dalloz, 73, 2, 11.

(2) Cass., 25 juillet 1891, D. P. 92, 1, 199.

La même immunité est établie par l'article 29, titre 1 de la loi du 22 août 1791, qui exempte de l'amende les voituriers lorsque la feuille de route fournit des indications suffisantes pour mettre l'administration des douanes en mesure d'exercer une poursuite efficace contre les auteurs de la fraude. Cette immunité du transporteur nous paraît être, au contraire, non pas une exception à la règle qui défend de tenir compte de la bonne foi en matière fiscale, mais l'application régulière des principes généraux sur la volonté. Ne peut-on pas dire que le transporteur, dans notre hypothèse, n'a pas *voulu*, qu'il n'a pas su la matérialité de l'acte qu'il accomplissait, qu'il l'a accompli inconsciemment, et qu'ainsi il n'a pas eu l'intelligence quant au délit ? Nous ne voyons pas pourquoi il devrait être distingué de l'individu que nous avons montré fraudant l'octroi sans s'en douter parce qu'on a glissé à son insu dans sa voiture un objet soumis au droit d'entrée. Les deux situations sont absolument identiques.

Les infractions fiscales sont punissables sans que le juge ait à se préoccuper de la bonne foi de celui qui les commet. Elles se rapprochent ainsi des contraventions de police où, à moins d'une exception formellement écrite dans la loi, l'intention n'est pas exigée comme condition de la culpabilité. Mais d'autre part elles sont frappées de peines correctionnelles, car les amendes fiscales sont toujours supérieures à 15 francs, et lorsque l'emprisonnement est prononcé le maximum de sa durée excède toujours 5 jours. Si donc, pour fixer le caractère des infractions aux lois d'impôts, on s'attache uniquement à leur nature, on dira que ce sont des contraventions ; si au contraire on ne prend en considération que la peine qui les sanctionne, on y verra des délits.

Il n'est pas indifférent d'opter entre les deux termes de cette alternative, puisque de la décision qui aura triomphé dépendra l'application à nos infractions ou le rejet d'un certain nombre de règles aussi importantes que celles de la complicité, du non cumul des peines, de la solidarité des amendes, et quelques autres. En effet, l'article 59 du Code pénal qui est le siège de la théorie de la complicité ne parle que des crimes et délits ; le deuxième paragraphe de l'article 365 du Code d'instruction criminelle, qui pose le principe du non cumul, est rédigé de la même manière ; et il résulte de l'article 55 du Code pénal que la solidarité ne peut être appliquée aux amendes prononcées pour simple contravention.

Il faut résoudre la difficulté en ce sens que la peine légale seule qualifie l'infraction ; que pour décider si une infraction constitue un délit ou une contravention, on ne doit pas se préoccuper de sa nature intrinsèque, mais de sa gravité déterminée par la peine dont elle est frappée. La classification de l'article 1er du Code pénal ne comprend pas seulement les infractions prévues par ce Code, elle s'étend aux faits punis par des lois spéciales. Les infractions aux lois fiscales, malgré leur caractère non intentionnel, sont frappées de peines correctionnelles, il faut donc leur appliquer les règles des délits.

La jurisprudence au contraire, suivant en cela quelques criminalistes très autorisés, avait voulu que ce fût l'intention qui constituât le délit, et elle avait dès lors traité comme des contraventions les infractions prévues par des lois spéciales et punies, abstraction faite de l'intention coupable, telles que les infractions aux lois fiscales ; faisant ainsi de ces faits une catégorie à part, créant une classe nouvelle d'infractions sans caractère bien défini, qu'elle avait appelées *délits contraventionnels*.

Cette théorie était inexacte, elle violait l'article 1er du Code pénal, et elle était contredite par cette circonstance même que certains faits qualifiés délits par le Code lui-même sont punis indépendamment de toute intention, pendant que la loi exige l'intention pour quelques contraventions.

Aussi, la Cour de cassation a-t-elle abandonné son ancienne jurisprudence, et s'est-elle ralliée à la doctrine en proclamant dans ses derniers arrêts que lorsqu'un fait a été réprimé par une peine qui n'est pas en rapport avec sa nature, l'article 1er du Code pénal est la seule règle à appliquer pour déterminer le caractère de l'infraction (1).

Elle a tiré de sa théorie nouvelle cette première con-

----

(1) Cass., 13 avril 1883, Sirey, 85, 1, 401.

clusion que les dispositions du Code pénal relatives à la complicité sont applicables aux infractions non intentionnelles prévues par des lois spéciales : elle l'a décidé à plusieurs reprises en matière d'infractions douanières.

De même que la règle de l'article 59 du Code pénal, celle de l'article 365 du Code d'instruction criminelle doit être appliquée aux infractions fiscales. Et il faut également décider que l'amende sera prononcée solidairement contre tous les prévenus, conformément à l'article 55 du Code pénal.

Quelques observations sont cependant nécessaires.

D'abord, en ce qui concerne la complicité, les règles de l'article 59 du Code pénal ne s'appliquent bien entendu qu'autant que les lois fiscales n'en édictent pas de spéciales. Nous trouvons des dispositions de cette nature en matière de douanes. La loi du 28 avril 1816, dans son article 53, prévoit la participation des assureurs ou des intéressés d'une manière quelconque à des faits de contrebande. Indépendamment des peines pécuniaires et corporelles prononcées contre les contrebandiers, ces complices sont déclarés incapables de se présenter à la Bourse, d'exercer les fonctions d'agent de change ou de courtier, de voter dans les assemblées tenues pour l'élection des juges consulaires ou des prud'hommes, et d'être élus pour aucune de ces fonctions. La loi du 4 germinal an II prononce une amende égale à dix fois la valeur des marchandises de fraude contre toute personne qui aura participé à une contravention, alors que les fraudeurs

ne pouvaient être punis à cette époque que d'une amende fixe et de la confiscation des marchandises et des
équipages ayant servi au transport. L'article 15 du décret du 18 octobre 1810 punissait les individus intéressés ou complices dans les entreprises de contrebande
de 10 ans de travaux forcés, alors qu'il permettait de
n'appliquer que des peines correctionnelles aux simples
porteurs qui étaient cependant les auteurs principaux
du délit. Ces diverses dispositions de lois relatives à la
complicité punissent donc les complices d'une peine
plus sévère que les auteurs eux-mêmes de l'infraction
tandis que l'article 59 du Code pénal déclare qu'ils doivent être punis de la même peine.

Toujours en ce qui concerne la complicité et toujours
en matière de douanes, il faut dire quelques mots d'une
distinction que les auteurs font généralement entre les
infractions qui sont de la compétence du juge de paix et
celles qui sont de la compétence correctionnelle. On
prétend qu'il ne saurait être question d'appliquer aux
premières la règle de l'article 59, car cet article ne parle
que des complices d'un crime ou d'un délit, et une infraction sur laquelle statue un juge de paix ne peut être
rangée dans la catégorie des délits (1). Nous préférons
nous rallier à l'opinion soutenue par M. Pabon (2). L'ap-
plicabilité des règles de la complicité ne saurait dépen-

(1) *Répertoire de Pandectes françaises*, Vᵒ *Douanes*, nᵒ 2620. — *Répertoire de Dalloz* ; Thibault, *Traité du Contentieux des douanes*.
(2) Pabon, *Traité des infractions, du Contentieux et du tarif des douanes*, p. 63.

dre de la nature intrinsèque de l'infraction, pourquoi défendrait-elle du caractère de la juridiction appelée à statuer? Les contraventions douanières de la compétence du juge de paix sont punies d'une amende supérieure à 15 francs, on ne peut donc les considérer que comme des délits.

En ce qui concerne maintenant la règle du non cumul des peines, nous verrons dans la troisième partie de notre étude que les peines prononcées par les lois fiscales sont presque exclusivement des peines pécuniaires, des amendes et des confiscations. Pour ces peines, une jurisprudence constante écarte l'application de l'article 365 du Code d'instruction criminelle. Mais il ne faudrait point croire que cette solution découle de cette idée que le principe du non cumul ne s'applique pas aux infractions fiscales. Ce serait inexact, car dans le dernier état de la jurisprudence, nous le répétons, les délits contraventionnels tombent tout comme les autres sous le prescrit de l'article 365. Il a même été jugé que si deux infractions fiscales comportent des peines d'emprisonnement, la peine la plus faible se confondra avec la plus forte. Si les tribunaux se refusent à appliquer l'article 365 aux amendes fiscales, cela tient à une autre raison que nous avons déjà mentionnée : cela tient à ce que ces peines sont considérées d'ordinaire comme représentant surtout des réparations civiles, et chaque infraction doit donner lieu à la réparation qu'elle comporte.

Il y a aussi un grand intérêt au point de vue des délais de la prescription à savoir si les infractions fiscales sont des délits ou des contraventions. Si en effet ce sont des délits, le délai de la prescription sera de 3 ans ; elles se prescriront au contraire par 1 an si ce sont des contraventions. Par application du principe que le caractère des crimes, des délits et des contraventions doit être fixé suivant la gravité de la peine, nous déciderons que c'est la prescription de 3 ans qui est applicable aux infractions fiscales : punies d'une amende supérieure à 15 francs, elles constituent des délits et ne sauraient être rangées parmi les contraventions de simple police (1).

Classification.

Nous venons de voir que la règle de l'article 1er du Code pénal, qui détermine le caractère des infractions d'après la peine légale qui les frappe, s'applique aux infractions prévues par des lois spéciales et que par suite les infractions aux lois d'impôts, étant punies de peines correctionnelles, sont des *délits*.

(1) Toutefois, s'il a été dressé un procès-verbal, la loi du 15 juin 1835 impose à la régie l'obligation d'exercer son action dans les 3 mois de sa date ou dans le mois, suivant que le délinquant est en liberté ou en état d'arrestation. Mais cette règle est spéciale à l'administration des contributions indirectes ; et d'autre part, même en cette matière, la règle de l'article 638 du Code d'instruction criminelle reprend son empire dans tous le cas où le ministère public agit seul.

Cependant on parle souvent, même en matière fiscale, de *contraventions*. C'est que l'on détourne ici ce mot de sa signification ordinaire. Le Code pénal entend par contraventions les infractions punies de peines de simple police, et l'on sait que ces peines sont un emprisonnement n'excédant pas 5 jours et une amende n'excédant pas 15 francs. Or les peines fiscales consistent dans des amendes toujours supérieures à ce chiffre. En notre matière on appelle contraventions les infractions qui sont punies seulement d'une peine pécuniaire, par opposition aux infractions qui sont punies d'une peine pécuniaire et d'une peine corporelle, pour lesquelles l'on réserve le nom de délits. Il y a une terminologie toute spéciale.

Si, à parler un langage bien juridique et le seul conforme au Code pénal, il n'y a pas en matière fiscale de simples contraventions, il n'y a pas non plus de crimes proprement dits. Sans doute le fait de contrebande avec rébellion est de la compétence de la Cour d'assises; mais cela tient, comme le fait observer judicieusement M. Pabon (1), à ce qu'il y a en réalité deux infractions distinctes en pareil cas : un délit de douane, qui est celui d'importation frauduleuse, et un crime, qui est celui de résistance envers l'autorité publique. Cela est si vrai que la douane n'intervient dans les poursuites que pour requérir à son profit les condamnations que com-

(1) Pabon, ouvrage cité, p. 12.

porte le délit d'importation frauduleuse sans résistance. La contrebande n'est un crime que lorsqu'elle se présente dans les conditions prévues par les articles 210 et 211 du Code pénal. Tout ce qu'il peut donc y avoir, ce sont des actes qui constituent, à l'occasion de faits de contrebande, des crimes ordinaires. Mais il n'y a pas de crime fiscal proprement dit, c'est-à-dire entraînant par lui-même des peines afflictives ou infamantes. Si les contrebandiers sont encore aujourd'hui exposés à des peines de cette nature, ce n'est pas pour s'être livrés à la contrebande elle-même, c'est pour s'être mis en état de rébellion contre l'autorité, crime rentrant dans les prescriptions du Code pénal.

Ainsi donc, en matière d'infractions aux lois d'impôts, point de contraventions proprement dites, et point de crimes. On ne retrouve plus la division tripartite en crimes, délits et contraventions. Il n'y a que des délits.

Nous nous servirons néanmoins de la terminologie propre à cette matière, et nous parlerons tout de même de contraventions, désignant par là les infractions qui ne sont punies que d'une simple peine pécuniaire.

Nous avons démontré, d'autre part, que, sauf pour les taxes assimilées aux contributions directes, il ne peut y avoir de délit fiscal qu'en matière d'impôts indirects. Non seulement les contributions indirectes proprement dites, les droits de douane et les droits d'octroi, mais encore les impôts de timbre et d'enregistrement rentrent dans les impôts indirects : car ils sont toujours perçus sur la circulation, non plus sans doute sur la circulation matérielle des marchandises comme les premiers, mais sur la circulation intellectuelle, celle qui résulte de la transmission de droits ; ils ne sont pas inscrits sur des rôles nominatifs et ils visent un acte déterminé. Les délits fiscaux sont donc les délits en matière de contributions indirectes, de douanes, d'octroi, de timbre et d'enregistrement.

Ce sont là des matières spéciales ; elles sont en effet régies par des lois particulières et isolées. A ce point de vue on doit ranger les délits fiscaux parmi les délits *spéciaux*, par opposition aux délits *ordinaires* prévus et punis par le Code pénal, qui constitue la loi commune. De ce que les délits fiscaux sont des délits spéciaux il faut conclure que les dispositions du Code devront être empruntées pour combler les lacunes de la législation fiscale.

CHAPITRE II

« Les peuples divers, — dit quelque part M. Stourm, — ont leur caractère propre, formé d'un contingent variable de faiblesses et de vertus, qui constitue leur originalité. Or la parfaite honnêteté fiscale est une vertu exceptionnelle. Les consciences scrupuleuses au regard de l'impôt sont rares dans tous les pays ».

Les infractions fiscales ont en effet la bonne fortune d'échapper à la réprobation publique. L'instinct populaire ne les condamne point ; il se refuse à y voir de véritables délits ; et tandis qu'une infraction ordinaire fait perdre l'estime et la confiance de ses semblables, tromper le fisc ne déshonore pas aux yeux du public.

L'on est tenté communément de sourire au mot de *fraude* employé pour caractériser le fait d'entrer une bouteille d'eau-de-vie sans payer le droit d'octroi, la dissimulation d'un objet à la douane ou d'une valeur dans une déclaration de succession. L'on se montre même plein d'indulgence pour la contrebande qui est pourtant le délit fiscal le plus grave en même temps que celui qui se renouvelle le plus. Dans les pays-frontières, les menées des contrebandiers ne sont pas toujours flétries, et ceux-ci arrivent parfois à exciter un certain intérêt par l'habileté qu'ils déploient pour tromper la vigilance des préposés des douanes et la hardiesse avec laquelle ils vont au-devant du danger. Le législateur de 1885 a lui-même subi l'influence de cette indulgence passée dans les mœurs en ne faisant pas rentrer le délit de contrebande parmi ceux énumérés aux paragraphes 2 et 4 de l'article 4 de la loi du 27 mai sur les récidivistes. On ne peut cependant contester que les contrebandiers soient aussi dangereux et même plus dangereux que les individus condamnés pour vagabondage.

Pourquoi, dans l'opinion publique, la contrebande ne rend-elle pas indigne celui qui s'y livre ? D'une manière plus générale, pourquoi frauder le fisc est-il tenu assez volontiers pour péché véniel ?

Cela tient à ce que nous sommes portés à écouter de préférence à la voix de l'intérêt général celle de nos intérêts privés. Les délits que nous ne croyons pas pouvoir nous être directement nuisibles ne nous intéressent pas assez pour exciter notre indignation. Nous refusons notre estime à ceux qui commettent un vol contre un particulier parce que nous entrevoyons la possibilité d'avoir nous-mêmes à souffrir d'un pareil vol ; nous la conservons à ceux qui commettent un délit fiscal, parce qu'ils ne nous causent pas directement un dommage. Souvent même nous n'apercevons pas le dommage qui en résulte parce qu'il s'éparpille sur un nombre incalculable d'individus. Il y a là une raison toute humaine qui fait qu'une lésion pécuniaire au détriment d'un individu paraîtra toujours pratiquement et moralement plus nuisible qu'une lésion d'une importance égale au point de vue absolu, mais certainement infime au point de vue de chaque individu, commise au détriment d'une invisible collectivité.

L'idée de personne morale est du reste une idée assez élevée, qui exige pour être bien comprise une certaine culture de l'intelligence, une certaine largeur de vues. On ne se rend pas très facilement compte de l'injustice qu'il y a à dépouiller une abstraction.

On peut encore voir dans ce sentiment populaire une réaction contre la législation de l'ancien régime sur les impôts et particulièrement sur les sels, qui était peut-être le monument le plus effroyable de la fiscalité humaine : en cas de contrebande, ces deux seules peines : le gibet ou les galères. On a donc dû prendre l'habitude de ne pas considérer comme des fraudeurs ces faux-sauniers que l'on ne pouvait plaindre que comme des victimes dès qu'une répression venait les atteindre.

Enfin l'impôt n'a-t-il pas eu, de tous temps, le don d'exciter les récriminations et de provoquer l'antipathie de ceux qui doivent le subir ?

Mais, quelque excuse qu'elle puisse alléguer, on ne peut que condamner cette tendance générale des esprits à croire que « voler l'État, ce n'est pas voler ».

L'impôt est en effet la quote-part de chaque citoyen dans le paiement des dépenses publiques, sa destination légitime est d'être un juste concours aux besoins de l'État. Se refuser à acquitter sa part de contribution, se rendre coupable d'un délit fiscal, cela a donc les conséquences les plus préjudiciables puisque cela prive l'État d'une partie des fonds qui lui sont indispensables pour assurer le fonctionnement des services publics. Et comme il faut bien pourvoir à ces dépenses, l'État et les villes sont obligés de compenser les pertes que les fraudes leur font subir en rehaussant le taux des impôts existants ou en créant des impôts nouveaux. De sorte que les fraudeurs font tort aux bons contribuables et ils se font tort à eux-mêmes puisqu'ils sont obligés finalement de payer les nouveaux impôts établis pour procurer au Trésor les ressources qu'ils lui ont fait perdre.

Au point de vue moral maintenant, il est à peine besoin d'observer que la fraude envers l'État est un vol absolument comme la fraude envers les particuliers.

L'opinion publique devrait donc blâmer ces manœuvres qu'aujourd'hui elle excuse. Il convient de noter qu'une réaction est déjà en train de s'opérer, due au perfectionnement continu et aux progrès indéniables de la perception des impôts en moralité et en régularité. Et à mesure que l'organisation fiscale deviendra meilleure et l'emploi des finances de l'État plus approuvé, on pourra peut-être espérer voir le délit fiscal mis peu à peu au rang des délits privés.

Cette assimilation quant à la sanction morale des délits fiscaux aux délits contre les particuliers est d'autant plus désirable qu'elle rendra réalisables des réformes très utiles et depuis longtemps projetées. Pour ne citer qu'un exemple, le droit de succession se perçoit actuellement sur la valeur intégrale des biens héréditaires sans distraction des dettes ni des charges. C'est là une disposition très rigoureuse : il peut arriver en effet que l'impôt absorbe la totalité d'une succession grevée de dettes. L'abrogation du principe de la non distraction des charges est réclamée avec insistance depuis plusieurs années. L'assemblée nationale de 1871 fut déjà saisie de cette réforme qui aurait déjà abouti si on n'avait craint que par suite du jugement indulgent de l'opinion le fisc ne fût victime de fraudes continuelles : simulation de dettes grâce à une entente avec des tiers complaisants, ou bien suppression de quittances pour faire croire à l'existence actuelle de dettes éteintes. Il est à peine besoin de rappeler, car c'est une question toute d'actualité, que l'une des grandes objections contre le projet d'impôt sur le revenu est précisément tirée de la nécessité d'une déclaration inévitable avec cet impôt et dont la pierre d'achoppement sera la tendance instinctive du contribuable à tricher, tendance favorisée par l'absence de réprobation publique. Comment, a-t-on dit au sein des Chambres, obtiendrez-vous des contribuables un état exact de leur fortune? Comme il est établi en notre pays que voler l'État n'est pas voler, si vous vous contentez de leur parole, vous risquez beaucoup, vous, fisc, d'être victime de fraudes continuelles et de mensonges innombrables.

Y aurait-il trop de témérité à prétendre également que cette indulgence du public pour les infractions aux lois fiscales est peut-être l'une des causes de l'exagération des peines établies par ces lois et maintenues dans leur rigueur primitive malgré l'adoucissement des mœurs et les progrès incontestables des idées d'humanité et de justice? Le législateur aurait pensé qu'à défaut de peine morale, il fallait une peine matérielle sévère.

Nous avons cru devoir mettre en saillie cette tendance générale des esprits à voir les fraudes contre le Trésor sous un jour plus favorable que les fraudes contre les particuliers, parce qu'elle nous a paru être la clef d'une bonne partie des dispositions de notre législation fiscale. Elle seule explique une différence très curieuse et souvent ignorée qui sépare plusieurs lois étrangères de la loi française en ce qui concerne la détermination de l'autorité compétente pour juger les délits fiscaux. Elle explique aussi, à notre avis, la plupart des particularités que présentent chez nous la poursuite et la répression de ces délits.

Certaines lois étrangères ont, en effet, confié le jugement des délits fiscaux non aux juges, mais aux agents de l'administration, de crainte précisément que les juges ne subissent l'influence du jugement par trop indulgent de l'opinion publique sur ces délits.

Notre loi ne les a point suivies dans cette voie, mais elle a éprouvé les mêmes craintes et alors elle a pris un ensemble de précautions contre la mollesse que les tribunaux ordinaires, dont elle proclamait la compétence, auraient pu apporter dans l'application du châtiment. En même temps qu'elle laissait le citoyen, pour le délit fiscal comme pour tout autre délit, sous la juridiction commune, elle a délégué le droit de poursuite aux diverses administrations financières afin d'assurer la répression. D'autre part, et toujours dans le même but, elle n'a appelé les juges à statuer que sur le fait, leur interdisant de tenir compte de l'absence d'intention coupable et d'admettre l'excuse tirée de la bonne foi, de modérer la peine par l'octroi des circonstances atténuantes. Au nombre de ces précautions on peut encore citer la fixation des amendes fiscales sans maximum ni minimum, et leur quotité très élevée.

Mais, comme notre législateur n'eût évité un écueil que pour venir échouer contre un autre si, sous le prétexte d'assurer l'application de la loi fiscale, il avait repoussé les principes les plus essentiels de justice et d'équité et abouti à ce résultat barbare d'une condamnation inflexible pour une simple informalité, pour une infraction commise sans aucune intention de fraude, par simple erreur ou par négligence, comme il fallait rendre à la législation fiscale toute sa moralité, il a dû admettre une nouvelle règle qui constitue une autre particularité de cette législation : il a accordé aux administrations, pour réparer toutes les injustices, la faculté de transiger avec le délinquant soit avant soit même après jugement.

Ces différentes règles sont autant de dérogations intéressantes au droit pénal ordinaire, et forment l'originalité du droit pénal fiscal.

Nous allons les reprendre une à une et les étudier avec détail dans des chapitres distincts (1).

(1) Nous avons déjà étudié dans le chapitre précédent, à propos des éléments constitutifs du délit fiscal, l'une de ces particularités, l'impossibilité pour le juge d'acquitter le contrevenant sur l'absence d'intention.

Le maître ne peut pas non plus être privé du pécule de son esclave condamné à mort. Il peut demander la restitution de tout ce qu'il prouvera avoir appartenu à son esclave. La loi 1, Code, *de bonis proscriptorum*, l'autorise même, dans le cas où il avait confié une administration à son esclave, à faire suspendre l'exécution de la sentence jusqu'à ce que l'esclave ait rendu ses comptes et donné l'état des affaires qui lui avaient été confiées.

Le fisc ne peut pas non plus priver le patron des *jura patronatus* lorsque le condamné est un affranchi. Le patron et ses fils conservent entier le droit de patronage sur les biens de l'affranchi : le fisc n'a rien à prétendre sur la part que ce droit leur accorde dans la succession du condamné (la 1/2), il aura seulement le reste des biens qui ne suit pas la loi de l'affranchissement (1). A l'inverse, si c'est le patron qui est condamné et privé de ses biens par suite de la condamnation, les *jura patronatus* passent à ses enfants, mais ne vont pas au fisc.

Une exception avait été introduite pour le crime de lèse-majesté. Une décision de Pertinax, la loi 1, § 1 au Code, livre 6, titre 4, donne au fisc tous les droits relatifs à la succession de l'affranchi ; ils ne passent pas aux enfants du patron frappé de confiscation. Une controverse existe cependant à cet égard, parce que, à côté de cette loi, nous avons au Digeste trois textes d'où il

_____

(1) Loi 7, § 1 et loi 8, Dig., *de bonis damnatorum*.

résulte que les *jura patronatus* en cas de crime de lèse majesté ne passent au fisc qu'à défaut d'enfants : Paul, frag. 4, § 2, Dig., *de bonis libert.* ; — Marcien, frag. 4, *de jure patron.* ; — Hermogénien, frag. 9, *ad leg. jul. majest.* On peut concilier ces textes en disant que la règle primitive fut l'exclusion des enfants du patron par le fisc, mais que plus tard cette rigueur fut adoucie au profit des enfants et que c'est ce droit nouveau que proclament les trois textes du Digeste. La loi 1 au Code, livre 6, titre 4 est une constitution de Sévère.

La confiscation ne s'étend pas non plus à la dot de la femme.

A cet égard, il faut distinguer trois hypothèses : ce peut être la femme, ou son mari, ou son père qui a été condamné.

Lorsque les biens du mari sont confisqués, la femme obtient la restitution de sa dot, elle conserve même le bénéfice des libéralités qui lui ont été faites par son mari, soit avant, soit pendant le mariage. Les empereurs Dioclétien et Maximien nous rappellent en effet que les femmes ne peuvent pas être inquiétées pour la faute de leurs maris (1).

La confiscation peut frapper la femme elle-même.

Dans cinq cas elle s'étend à la dot. Il s'agit de crimes d'une gravité particulière. Ulpien nous en donne l'énu-

____

(1) Const. 2, Code, *Ne uxor pro marito*, livre 4, titre 12.

mération dans la loi 3, Digeste, *de bonis damnatorum* :
« *Quinque legibus damnatæ mulieris dos publicatur* :
majestatis, vis publicæ, parricidii, veneficii, de sicariis ».
Cujas a relevé dans ce texte une erreur : Ulpien mentionne comme prévus par deux lois différentes le meurtre et l'empoisonnement ; or ces deux crimes font l'objet
d'une seule et même loi, la loi Cornelia *de sicariis*. Le
résultat de ce dédoublement de la loi *de sicariis* est de
faire apparaître cinq cas de confiscation de la dot là où
il n'y en a que quatre en réalité. L'affirmation d'Ulpien
que cinq lois confisquent la dot de la femme n'en de-
meure pas moins exacte, car il a oublié de citer la loi
Julia *de adulteriis*, et nous avons vu en étudiant les causes de la confiscation que cette loi prononce contre la
femme adultère la confiscation de la moitié de sa dot et
du tiers des autres biens (1).

Mais c'est par exception, et à raison de la gravité de
l'acte qui a motivé la condamnation de la femme que ces
5 lois atteignent la dot. En principe la dot échappe à la
confiscation et a ainsi un sort différent de celui des autres biens qui peuvent appartenir à la femme. Cette distinction entre la *dot* et les *bona* s'explique par la destination que la législation romaine et, à sa suite, les législations modernes ont attribuée à la dot. La dot c'est

(1) Cujas, ad lib. II, Papiniani, *de adulteriis* : « Et in ea lege maxime
observandum est Ulpianum legem Corneliam de sicariis et veneficiis
dividere in duas, unam de sicariis scilicet fecerit, alteram de veneficiis, quibus locis usui esse possit optime scio legem Juliam de adulteriis ».

ce que la femme apporte au mari pour l'aider à subvenir aux charges du mariage, a savoir, l'entretien du ménage et des enfants.

Il y a bien un texte qui semble contraire à cette opinion que la confiscation des biens n'entraîne pas celle de la dot. Nous lisons dans la loi 24, § 7, Digeste, livre 24, titre 3 : « *Si bona mulieris pro parte sint publicata, supersit mulieri reliquæ partis dotis exactio* ». Mais si on examine de plus près ce texte et si on poursuit sa lecture, on s'aperçoit qu'il n'y a aucun argument à en tirer et qu'il ne contredit en rien le principe que nous avons posé. On est en effet frappé de lire quelques lignes plus bas : « *Si post litem contestatam publicata sit pro parte dos* ». Le jurisconsulte Ulpien se place donc dans une hypothèse où une partie de la dot peut être confisquée et voilà pourquoi il nous dit « *supersit mulieri reliquæ partis dotis exactio* ». C'est par inadvertance qu'il a dit au début du texte « *si bona mulieris pro parte sint publicata* », il a oublié d'ajouter « *et dos* » : pour avoir sa pensée, il faut lire : « *si bona mulieris et dos pro parte sint publicata* » (1).

Lorsque la femme est ainsi punie par une loi qui confisque sa dot, les droits du mari ne sont pas encore complètement sacrifiés. Il conserve contre le fisc toutes les actions qu'il aurait eues par rapport à la dot : « *Et omnes omnino maritus salvas actiones contra fiscum ha-*

____

(1) Esmein : Le délit d'adultère à Rome, dans les *Mélanges d'histoire du droit et de critique*, page 115.

bet » (1). Par exemple, il pourra opérer une *retentio propter impensas,* ou *propter liberos,* ou *propter res amotas.*

En dehors des cinq lois indiquées par Ulpien la dot n'est pas *publicata* lorsque la femme encourt à la suite d'une condamnation à une peine principale la confiscation de ses biens. Ulpien dans la loi 5 pr. et § 1, *de bonis damnatorum,* développe sa pensée. Il suppose d'abord que la femme subit une condamnation qui la rend esclave de la peine, et il décide que la dot reste au mari absolument comme si la femme était morte *in matrimonio* : « *Verum est dotem mariti lucro cedere, quasi mortua sit* ». Il faut se rappeler pour comprendre cette comparaison « *quasi mortua sit* » que la dot n'est restituable en droit romain qu'autant que le mariage se dissout par le divorce ou par la mort du mari. Le mari la garde si le mariage se dissout par le prédécès de la femme : à moins que la dot ne soit *profectice,* c'est-à-dire à moins qu'elle n'ait été constituée par le *paterfamilias* qui, alors, peut la reprendre après la mort de sa fille *in matrimonio.* Ulpien suppose ensuite que la femme est simplement déportée. Il nous apprend que la déportation ne dissout pas le mariage et nous savons par une constitution d'Alexandre (2) qu'il peut subsister comme mariage du droit des gens. La dot reste encore au mari. Mais si la femme vient à se séparer de son époux et

(1) Loi 4, Dig., *De bonis damnatorum.*
(2) Const. 1, Code, *de repud.*

qu'elle soit *filiafamilias*, son père peut exercer l'action
en répétition de la dot ; si c'est une mère de famille, le
mariage demeurant ensuite en cet état, la dot reste au
mari et si dans la suite il est dissous la femme pourra
la répéter : le jurisconsulte nous dit que c'est par une
considération d'humanité, car régulièrement la dot
devrait aller au fisc puisque la créance dotale est née
avant la condamnation (1).

Nous avons supposé jusqu'ici que la confiscation
frappe le mari ou la femme. Une troisième hypothèse
nous reste à examiner : la confiscation peut être prononcée contre le père de la femme. Cette confiscation
ne peut pas nuire aux époux, à moins qu'il ne soit prouvé que le père a pourvu ses enfants dans la crainte de
la condamnation et pour frauder le fisc (2). A part cette
fraude, si un père qui a constitué une dot pour sa fille
est condamné, le fisc n'a rien à prétendre sur la dot
profectice, quand même la fille viendrait à décéder ensuite pendant le mariage, auquel cas cette dot aurait
dû sans la condamnation revenir au père (3). Elle res-

____

(1) Loi 5, § 1, Dig., *de bonis damnatorum* : « Quod si deportata sit
filiafamilias, Marcellus ait (quæ sententia et vera est) non utique
deportatione dissolvi matrimonium : nam cum libera mulier rema-
neat, nihil prohibet, et virum mariti affectionem, et mulierem uxo-
ris animum retinere. Si igitur eo animo mulier fuerit, ut discedere
a marito velit, ait Marcellus tunc patrem de dote acturum. Sed si
materfamilias sit, et interim constante matrimonio fuerit deportata,
dotem penes maritum remanere : posteà vero dissoluto matrimonio,
posse eam agere, quasi humanitatis intuitu hodie nata actione ».

(2) Loi 9, Dig., *de bonis damnatorum*.

(3) Loi 8, § 4, *eod. tit.* : « Si pater, qui pro filia dotem dedit, dam-

tera au mari. Celui-ci a même une action contre le fisc sur les biens du père, pour réclamer la dot qui lui a été promise et qui ne lui a pas encore été payée (1). Le fisc ne peut pas davantage atteindre la dot lorsque le mariage étant dissous, non plus par le prédécès de la femme, mais par le prédécès du mari ou par le divorce, le père est condamné avant d'avoir obtenu le consentement de sa fille à l'action *rei uxoriæ* : la fille restera seule maîtresse de sa dot (2). Ce serait seulement si le père était condamné après que la fille a consenti qu'il redemandât la dot que le fisc pourrait exercer les droits du père : il le pourrait parce que ces droits auraient alors pris naissance avant la condamnation. Ce même motif conduit à permettre au fisc d'atteindre la dot si la dissolution du mariage par le prédécès de la femme se produit avant la condamnation du père (argument *a contrario* puisé dans la loi 8, § 4).

A voir les scrupules du fisc à l'égard des droits des tiers, son respect pour la dot, il semblerait qu'il ait dû se montrer tendre envers les enfants du condamné. D'après les idées romaines, ceux-ci ont en effet plus

netur, nihil competit fisco, etiamsi in matrimonio postea filia decesserit, quo casu alias dos profectitia rediret ad patrem. Manebit ergo penes virum ».

(1) Loi 10, pr. Dig., *eod. tit.*

(2) Loi 10, § 1er : « Si soluto filiæ matrimonio pater damnatus sit, si quidem postea quam filia ei consensit, ut dotem repeteret, fiscus eam repetet a marito : sin vero antequam consentiret, ipsa filia dotis repetitionem habet ».

qu'une simple espérance, ils ont un véritable droit acquis. Les *sui* sont durant la vie du *paterfamilias* copropriétaires avec lui des biens de la famille ; à tel point qu'à sa mort ils ne sont pas censés recueillir une succession, acquérir une propriété nouvelle, ils acquièrent seulement la libre administration des biens dont ils avaient déjà la copropriété. « *In suis heredibus*, — dit la loi 11, Digeste, livre 28, titre 2, — *apparet continuationem dominii eo rem. perducere, ut nulla videatur hereditas fuisse, quasi olim hi domini essent, qui etiam vivo patre quodammodo domini existimantur…. Itaque post mortem patris non hereditatem percipere videntur : sed magis liberam bonorum administrationem consequuntur* ». Cette conception est tellement enracinée dans les mœurs juridiques de Rome que la loi des XII Tables subordonne la transmission du patrimoine à l'absence de *sui* et semble ne faire commencer la succession qu'aux agnats : « *Si intestato moritur, cui suus hæres nec escit, agnatus proximus familiam habeto* ».

Les enfants étaient cependant dépouillés par la condamnation de leur père de ces biens sur lesquels on proclamait d'une façon si énergique leur droit préexistant, et toute la famille expiait ainsi la faute de son chef.

Pendant longtemps cette doctrine inhumaine fut appliquée dans toute sa rigueur. Mais elle finit par soulever de vives protestations, de la part des poètes d'abord, ensuite de la part des jurisconsultes qui unirent leurs efforts à ceux des poètes pour faire triompher le principe de la personnalité des fautes et proclamèrent ces règles : « *Odio alieno nemo gravari debet — crimen vel pœna paterna nullam maculam filio infligere debet — delicta parentum liberis non nocent, etc... »*.

Les premières modifications qui furent apportées à la règle primitive sous l'empire des idées et des mœurs nouvelles furent des concessions faites à titre purement gracieux dans certaines hypothèses particulièrement favorables. Paul nous apprend que l'on rapporte quelques exemples d'abandon à des enfants nombreux, par faveur spéciale du prince, même de la totalité des biens du condamné ; qu'ainsi l'empereur Adrien décida dans un rescrit « que le nombre des enfants d'un certain Albin les rendait dignes d'intérêt, qu'il aimait mieux augmenter le nombre de ses sujets que les richesses de son royaume et qu'il voulait leur laisser toute la succession de leur père (1) ».

Mais ce n'étaient encore que des grâces personnelles ; la règle ancienne n'était pas encore attaquée de front. Le droit s'empara de cet usage, il fit siennes les solutions décrétées par le pouvoir discrétionnaire des empereurs dans quelques cas isolés, et, les généralisant,

---

(1) Loi 7, § 3, Dig., *de bonis damnatorum* : « Si plures filios damnatus habeat, feruntur exempla, per quæ pluribus liberis omnia bona damnati concessa sunt. Sed et divus Hadrianus in hac sententia rescripsit : favorabilem apud me causam liberorum Albini filiorum numerus facit, cum ampliari imperium hominum adjectione potius quam pecuniarum copia, malim. Ideoque illis paterna sua concedi volo..... ».

il décida qu'on laisserait aux enfants du condamné dont
les biens devaient être confisqués une portion de la succession paternelle qui aurait dû leur appartenir en entier.
Le principe nouveau est exposé dans la loi 7 pr., Dig.,
à notre titre : « Comme la raison naturelle, dit ce texte,
destine aux enfants l'hérédité de leurs ascendants en
les appelant à une succession qui leur est due, et qu'en
conséquence le droit civil leur a donné le nom d'héritiers,
à tel point qu'ils ne peuvent être écartés de la succession
par le jugement de leurs ascendants que pour des causes
justes, il a été regardé comme très équitable que, dans
le cas où pour punir les ascendants la condamnation
confisque leurs biens, on ait égard aux enfants, de peur
que pour le délit qu'ils n'ont pas commis une peine
grave ne frappe des innocents. Aussi a-t-on admis avec
quelque modération que ceux qui par droit de succession étaient appelés à l'universalité en conserveraient
quelque portion (1) ».

Plusieurs textes déterminent à quelles conditions les
enfants avaient droit à cette portion des biens confisqués.

______

(1) « Cum ratio naturalis, quasi lex quædam tacita, liberis parentum hereditatem addiceret, velut ad debitam successionem eos vo-
cando, propter quod et in jure civili suorum heredum nomen eis in-
ditum est ; ac ne judicio quidem parentis, nisi meritis de causis,
summoveri ab ea successione possunt, æquissimum existimatum est,
eo quoque casu, quo propter pœnam parentis aufert bona damnatio,
rationem haberi liberorum, ne alieno admisso graviorem pœnam
luerent, quos nulla contingeret culpa, interdum in summam egesta-
tem devoluti. Quod cum aliqua moderatione definiri placuit : ut qui
ad universitatem venturi erant jure successionis, ex ea portiones con-
cessas haberent ».

D'abord cette concession n'est faite qu'aux enfants d'un père condamné. Rien n'est laissé aux enfants lorsque ce sont les biens de la mère qui sont confisqués (1).

Peut-être a-t-on considéré que dans cette hypothèse ils étaient suffisamment protégés par cette règle que la dot de la femme échappe à la confiscation, et qu'en somme une portion de la fortune de leur mère leur était assurée puisque la dot restait au mari.

En second lieu cette quote-part n'est réservée qu'aux enfants légitimes : les bâtards n'y ont point droit (2). Mais en ce qui concerne les enfants légitimes, peu importe qu'ils soient nés avant la condamnation de leur père ou depuis, pourvu que dans ce dernier cas il aient été conçus au moment où la confiscation a été encourue (3). La loi 10 au Code, 9, 49, qui détermine les droits des enfants à l'époque de Théodose et Valentinien, en l'année 424, rappelle encore qu'on doit observer ses dispositions en ce qui concerne les enfants posthumes.

Une troisième règle posée par le Digeste, c'est que cette quote-part est accordée même aux enfants adoptifs. La loi 7, § 2, *de bonis damnatorum*, fait cependant réserve pour les enfants adoptés en fraude du fisc : l'adoption est réputée frauduleuse lorsqu'un individu mis en accusation, ou même dans la crainte d'une accusation

____

(1) Loi 6, Code, 9, 49 : « De bonis matris deportatæ filiis nil deberi absolutissimi juris est ».

(2) Loi 1, § 2, Dig., *de bonis damnatorum*.

(3) Loi 1, § 1, *eod. tit.*

imminente, adopte afin que sur les biens qu'il sait devoir perdre une partie soit sauvée.

D'après la loi 1, § 3, Dig., les enfants n'ont de part dans les biens confisqués qu'autant que la confiscation porte sur l'universalité des biens : ils ne reçoivent rien lorsque la confiscation ne porte que sur la moitié des biens, plus généralement lorsqu'elle est partielle.

Nous savons enfin que les biens que le condamné a acquis par son crime n'augmentent pas la portion des enfants (1). C'est ce qui se réalise dans le cas par exemple où il a fait tuer son parent et accepté son hérédité : cette hérédité devra être confisquée.

Quant à la quotité de cette portion réservée aux enfants sur les biens confisqués, elle a subi bien des vicissitudes. Sous les triumvirs, nous la voyons fixée au dixième pour les fils et au vingtième pour les filles. Si nous en croyons Spartien (2), Adrien leur accorda le douzième. Cujas (3) nous apprend qu'Antonin le Pieux leur abandonna la totalité, et que Marc-Aurèle limita le droit de revendication du fisc à la moitié seulement des *bona damnatorum*.

La réforme se poursuivit et le Code théodosien nous fait assister à l'évolution chaque jour de plus en plus marquée des principes nouveaux.

Une constitution des empereurs Constance et Julien

---

(1) Loi 7, § 4, *eod. tit.*
(2) Spartien, *Vie d'Adrien*, 18.
(3) *Observations*, VI, 23.

appela à la succession des condamnés à mort les parents
jusqu'au troisième degré, par préférence au fisc (1).
Soit que le progrès accompli ait été trop rapide, soit
que les besoins croissants de l'Empire aient réveillé
l'avidité du fisc, cette constitution ne fut pas maintenue
longtemps. Ses propres auteurs l'abrogèrent deux années plus tard et rétablirent les anciennes lois avec toute
leur dureté, déclarant acquis au fisc tous les biens des
condamnés (2). Ils commandèrent même aux officiers
du domaine de ne laisser aucun délai à ceux qu'ils devaient dépouiller.

La loi 2 est de l'année 356 ; la loi 4 de l'année 358.

Valentinien et Valens fixèrent de nouveau les règles
que Constance et Julien n'avaient établies que pour les
supprimer, et ils accordèrent la totalité de l'héritage
des condamnés à leurs descendants (3). Leur constitution est de l'année 364.

Deux constitutions postérieures, de Gracien, Valentinien et Théodose, réglèrent de la manière suivante le

(1) Const. 2, Code théodosien, livre 9, titre 42 : « Si quem forte
gladius ultor afflixerit, aliave quælibet vitam adimens pœna con-
sumpserit, usque ad tertium gradum generis copulationis ejusdem
successio deferatur, fisco penitus quiescente, ut accipiat hereditatem,
qui eam jure civili vel prætorio poterat vindicare (de numero videli-
cet personarum, quas legis hujus excepit auctoritas)... ».

(2) Const. 4, Code théodosien, *eod. tit.* « Vetueramus, bona capite
damnatorum fiscali dominio vindicari, excepto crimine majestatis
et magicæ, ut ea haberent usque ad gradum tertium successores
eorum, quorum vitam severitas ademisset. Nunc vero bona capite
damnatorum fiscali dominio vindicari decernimus, sanctione illa,
quam certa conditione dederamus, quiescente ».

(3) Loi 6, Code théodosien, *eod. tit.*

partage des biens des condamnés. La constitution 8, Code théodosien, 9, 42, s'occupe des biens du déporté. Si le déporté laisse des enfants ou des petits-enfants, restés sous sa puissance ou émancipés, et pour les petits-enfants qu'ils soient nés d'un fils ou d'une fille, on forme de ses biens deux parts égales : l'une va au fisc, l'autre est abandonnée aux enfants du déporté, et sur cette moitié des enfants on doit prélever pour le déporté lui-même « *ad vitæ afflictæ adminicula* » une portion telle qu'il ait le sixième de ses biens. Si le déporté n'a pas d'enfants ou de petits-enfants, mais laisse son père ou sa mère le fisc ne prend que les deux tiers et le tiers restant est partagé par parts égales entre le déporté et ses parents. A défaut de père ou de mère, le fisc prend les 5/6 et le déporté conserve 1/6.

La deuxième constitution que nous avons annoncée concerne les biens du condamné à mort. La totalité de ses biens est laissée à ses enfants et petits-enfants. S'il n'y a pas de descendants, mais qu'il y ait le père ou la mère du condamné, on leur conservera le tiers. A défaut de père ou de mère, le fisc prend les 3/4 en présence des grand-père ou grand'mère maternels ou de frères et de sœurs.

En 408 une constitution d'Honorius et d'Arcadius maintint cette législation seulement en ce qui concernait les droits des descendants et des ascendants du premier degré (1).

(1) Loi 22, Code théodosien, *eod. tit.*

Mais Théodose et Valentinien la modifièrent considé-
rablement en 426. Ils ne laissèrent plus aux enfants
que la moitié de la succession de leur père et ils suppri-
mèrent complètement le droit des ascendants (1).

C'était un retour en arrière.

Mais les idées d'humanité et de justice qui jusque-là
avaient si avantageusement lutté contre cette fatalité
héréditaire poursuivant impitoyablement dans la personne des enfants innocents les crimes de leurs pères
reprirent, avec Justinien, le dessus sur les exigences
du fisc. Déjà, dans la novelle 17, chapitre 12, Justinien
recommande à ses fonctionnaires de ne pas confisquer
les biens des condamnés et de les laisser à leur famille.
Sur la fin de son règne, par la novelle 134, ce prince
décide que les biens des condamnés à une peine capitale
ne seront plus dévolus au fisc qu'à défaut de descendants ou d'ascendants ou de collatéraux jusqu'au troisième degré. Il convient de noter que le texte de la novelle est muet sur les collatéraux ; mais on peut dire
avec M. Accarias qu'il n'est guère probable que Justinien se soit préoccupé de l'hypothèse presque impossible d'un condamné qui aurait des ascendants au delà
du troisième degré. Lorsque, après avoir parlé des ascendants, il ajoute « *usque ad tertium gradum* » il a en
vue les collatéraux et s'il ne les a pas nommés c'est l'effet d'une simple omission (2).

(1) Loi 24, Code théodosien, *eod. tit.*
(2) Accarias, t. 1, n°ˢ 486 et suiv.

Les droits que les empereurs ont accordés à la concubine et aux enfants naturels sont également maintenus.

La novelle ajoute que les femmes doivent recevoir leur dot et la donation *ante nuptias* ; et que dans le cas où elles n'auraient point apporté de dot elles doivent recevoir sur les biens de leurs maris la portion qu'en pareil cas les lois leur accordent : or Justinien a, par la novelle 53, chapitre 6, assuré à la femme qui n'a ni dot ni autres biens le quart des biens du défunt ; droit que quelques années plus tard la novelle 117, chapitre 5, est venu restreindre pour l'hypothèse où la femme se trouve en concours avec plus de trois enfants : elle n'a alors qu'une part virile.

La novelle 134 est trop importante pour que nous ne reproduisions pas ses propres termes en entier : « *Ut autem non solum corporales pœnæ, sed etiam pecuniariæ mediocres fiant, sancimus eos, qui in criminibus accusantur, in quibus leges mortem aut proscriptionem definiunt: si convincantur, aut condemnentur, eorum substantias non fieri lucrum judicibus aut eorum officiis, neque secundum veteres leges fisco eas applicari, sed si quidem habeant descendentes et ascendentes usque ad tertium gradum, eos habere. Si vero mulieres habeant qui condemnati sunt : omnibus modis jubemus istas et dotem et antenuptialem donationem accipere. Si vero sine dote talibus personæ conjunctæ fuerint: a legibus definitam partem de tota substantia condemnati eas accipere : sive filios ha-*

prohibés, d'objets tarifés dont le droit serait de 20 francs et plus les 100 kilogrammes, ou dont la prohibition a été remplacée par des droits postérieurement à la loi du 24 mai 1834 ;

2° De toute importation sans déclaration, par les bureaux de terre ou de mer, de marchandises prohibées à quelque titre que ce soit, ou imposées à plus de 20 francs les 100 kilogrammes, ou passibles de taxes de consommation intérieure (art. 1er de la loi du 2 juin 1875) ;

3° De tout versement frauduleux, ou de toute tentative de versement frauduleux des mêmes marchandises effectués soit dans l'enceinte des ports, soit sur les côtes (Loi du 2 juin 1875, art. 2) ;

4° De tout transport ou dépôt des marchandises précitées suivies à vue sans interruption ;

5° De tout entrepôt dans les lieux dont la population agglomérée est de moins de 2.000 âmes et en l'absence d'expéditions valables d'extraction, de marchandises prohibées à l'entrée ou dont la prohibition a été remplacée par des droits postérieurement à la loi du 24 mai 1834 ;

6° De toute participation, comme assureurs, comme ayant fait assurer, ou comme intéressés d'une manière quelconque, soit à un fait de contrebande proprement dite, soit à un fait d'importation sans déclaration par les bureaux de terre ou de mer, de marchandises prohibées, imposées à plus de 20 francs les 100 kilogram-

mes, ou soumises à des taxes de consommation intérieure (Loi du 28 avril 1816, art. 53 ; loi du 21 avril
1818, art. 37 ; loi du 2 juin 1875, art. 1ᵉʳ) ;

7° De toute exportation en contrebande de chiens de
force race (Loi du 7 mai 1881, art. 1ᵉʳ, et loi du 28 avril
1816, titre 5);

8° Des infractions aux lois sur l'impôt du sel lorsque
le délinquant est en récidive ou si la fraude est commise
par une réunion de trois individus et plus (Loi du 17 décembre 1814, art. 30 et 31);

9° Des oppositions à l'exercice des fonctions des préposés quand elles seront accompagnées de violences et
voies de fait (art. 209 à 212 et art. 214 du Code pénal).

Nous avons vu, en étudiant la compétence du juge
de paix, que les tribunaux correctionnels connaissent
aussi, mais alors à titre d'exception et en vertu d'une
attribution spéciale de la loi, de certaines infractions
qui n'entraînent pas de peines corporelles, certaines
contraventions proprement dites : c'est ainsi qu'ils sont
compétents pour statuer sur la fraude prévue par l'article 15 de la loi du 7 juin 1820, et sur les fraudes prévues
par la loi du 17 juin 1840 sur le régime du sel.

Il peut arriver que les Cours d'assises aient à se prononcer sur une infraction douanière. Ce n'est pas qu'il
existe de crimes proprement dits en matière de douanes (1). Mais un délit de douane peut accompagner un

____

(1) Voir à la page 37.

crime de droit commun, et alors le crime et le délit peuvent être poursuivis ensemble devant la Cour d'assises.

§ 2. — *Compétence en matière de contributions indirectes.*

En matière de contributions indirectes, il n'y a plus à distinguer comme en matière de douanes, au point de vue de la compétence des tribunaux, entre les contraventions et les délits, entre les cas où il n'y a à prononcer que des peines pécuniaires et les cas où une peine corporelle vient se joindre à l'amende et à la confiscation.

Les tribunaux correctionnels connaissent et des délits et des contraventions.

L'article 90 de la loi du 5 ventôse an XII décide en effet que « les contraventions qui, en vertu de la présente loi, entraînent la confiscation ou l'amende, seront poursuivies par devant les tribunaux de police correctionnelle, qui prononceront les condamnations ».

Ce texte n'est pas la seule disposition de loi qui saisisse les tribunaux correctionnels de la connaissance des infractions aux lois sur les contributions indirectes. Ces tribunaux sont encore saisis par les articles 102, 103 et 107 de la loi du 19 brumaire an VI (chapitre de la garantie), par l'article 21 de la loi du 9 juillet 1836 (chapitre de la navigation), par l'article 4 du décret du 16 mars 1813 (chapitre des poudres à feu), etc.....

§ 3. — *Compétence en matière d'octroi.*

L'article 78 de l'Ordonnance du 9 décembre 1814 porte : « L'action résultant des procès-verbaux en matière d'octroi, et les questions qui peuvent naître de la défense du prévenu, seront de la compétence exclusive soit du tribunal de simple police, soit du tribunal correctionnel du lieu de la rédaction du procès-verbal, suivant la quotité de l'amende encourue ».

Mais, depuis cette loi, le chiffre des amendes d'octroi a été élevé. Il l'a d'abord été pour l'octroi de Paris : une loi du 29 mars 1832 (art. 8) a déclaré applicables à la fraude sur toutes les denrées sujettes aux droits d'octroi à l'entrée dans Paris les dispositions des articles 27 et 46 de la loi du 28 avril 1816. Or l'article 27 de la loi de 1816 ordonne la saisie de toute boisson introduite sans déclaration dans un lieu sujet aux droits d'entrée, et l'article 46 punit les infractions d'une amende de 100 à 200 francs.

L'article 8 de la loi de 1832 a été étendu en 1834 (loi du 24 mai, art. 9) à toutes les communes du royaume ayant un octroi.

Depuis 1834, les infractions en matière d'octroi entraînent l'application d'une amende de 100 à 200 francs. Il n'y a donc plus à parler de la juridiction de simple police, qui était saisie autrefois quand l'amende encourue, alors égale à la valeur de l'objet introduit, était au-dessous de 16 francs. Le tribunal de paix est incompétent, et s'il se trouve saisi de l'affaire il doit d'office décliner sa compétence sous peine de commettre un excès de pouvoir (1).

§ 4. — *Compétence en matière de timbre*
et d'enregistrement.

En ce qui concerne les règles de la compétence, les infractions aux lois sur le timbre et l'enregistrement méritent une place bien à part.

On peut en effet relever, à ce seul point de vue, trois différences importantes entre ces infractions et les infractions de douanes, contributions indirectes et octrois :

(1) *Observations* :

a) Les principes que nous venons d'établir sur la compétence en matière de délits fiscaux s'appliquent lors même que ces délits sont constatés à la charge de militaires sous les drapeaux. Les conseils de guerre ou les tribunaux maritimes ne peuvent pas en connaître. Ce sont les tribunaux ordinaires qui sont compétents : les tribunaux correctionnels ou les juges de paix, suivant les cas, en matière de douanes ; les tribunaux correctionnels seuls en matière de contributions indirectes et d'octroi.

Ces infractions devraient régulièrement être jugées par les tribunaux militaires. Il y a donc là une particularité de notre législation fiscale qui méritait d'être signalée.

b) Sauf en matière d'octroi, où un seul tribunal est compétent, celui dans le ressort duquel le procès-verbal a été dressé, il y a lieu de s'en référer aux règles posées par les articles 23, 63 et 69 du Code d'instruction criminelle et de décider que la compétence est déterminée soit par le lieu du délit, soit par le lieu de la résidence, soit par celui de l'arrestation.

1° Elles ne sont du ressort des tribunaux que d'une manière indirecte ;

2o Lorsqu'elles sont déférées à la justice, ce n'est plus la même juridiction qui est appelée à statuer ;

3° Il y a des règles de procédure spéciales.

Première particularité. — C'est l'administration elle-même qui prononce les amendes, et pour leur rentrée elle décerne une contrainte contre les redevables. Les peines sont donc encourues sans jugement préalable de condamnation, et elles sont recouvrées par voie de contrainte, absolument comme les droits eux-mêmes dont elles garantissent la perception.

L'article 64 de la loi du 22 frimaire an VII, qui est la loi organique en matière d'enregistrement, porte en effet en termes exprès que « le premier acte de poursuite pour le recouvrement des droits d'enregistrement et le paiement des peines et amendes prononcées par la présente sera une contrainte ». Cette disposition a été étendue aux amendes de timbre par l'article 76 de la loi du 28 avril 1816 : « Le recouvrement des droits de timbre et des amendes de contravention y relatives sera poursuivi par voie de contrainte, etc... ».

Mais le délinquant a le droit de former opposition à la contrainte. Cette opposition produit un double effet :

a) Elle arrête l'exécution de la contrainte ;

b) Elle rend nécessaire une condamnation judiciaire.

Nous avions donc raison de dire que cette pratique est en somme identique à celle qui est organisée par les articles 459 et suivants du Code de procédure pénale de l'empire d'Allemagne, et nous l'avons déjà jugée en donnant notre opinion sur le système allemand. Nous constaterons seulement ici que la loi allemande est plus logique que la loi française puisqu'elle a appliqué le même principe à tous les délits fiscaux tandis que la nôtre a fait sans motifs une catégorie à part des délits de timbre et d'enregistrement.

Deuxième particularité. — Sur l'opposition, l'instance s'introduit devant les tribunaux civils (art. 65 de la loi du 22 frimaire an VII et loi du 27 ventôse an XI, pour l'enregistrement ; loi du 28 avril 1816, art. 76, pour le timbre). Nous avons expliqué pourquoi.

Les tribunaux correctionnels sont incompétents (1) : ils doivent se dessaisir d'office de la cause ; et si, contrairement à la loi, ils en retenaient la connaissance, quand

(1) Une loi du 8 juillet 1852 avait soumis les affiches peintes à un droit d'affichage. Les infractions à cette loi étaient punies d'une amende de 100 à 500 francs, ainsi que des peines portées à l'article 464 du Code pénal. L'administration, dans ce cas, n'avait qu'un droit : celui de constater la contravention et de transmettre le procès-verbal au parquet. Le tribunal correctionnel statuait.

Il y avait donc une double exception aux principes ordinaires en matière de timbre et d'enregistrement :

1° La peine était prononcée par le tribunal, non par l'administration.

2° Le tribunal compétent était le tribunal correctionnel, non le tribunal civil.

Mais le droit d'affichage a été converti en un droit de timbre par deux lois du 26 décembre 1890 et du 26 juillet 1893. Ces lois n'ayant édicté aucune pénalité correctionnelle, il s'ensuit que la procédure devant les tribunaux correctionnels est abolie (Décret du 18 fév. 1891, art. 18).

même la partie condamnée ne réclamerait pas, le jugement devrait être réformé. Il y a là un cas d'incompétence *ratione materiæ*. Cette incompétence est donc
essentiellement d'ordre public, puisqu'elle se rattache
directement à la distribution du pouvoir juridictionnel
entre les divers ordres de tribunaux.

Les tribunaux civils compétents sont les tribunaux de
première instance. Il y a cependant une exception :
l'article 13 de la loi du 23 août 1871 a attribué compétence au juge de paix pour statuer sur les réclamations
de l'administration relatives aux dissimulations commises dans le prix d'une vente, la soulte d'un échange
ou d'un partage d'immeubles, lorsque le chiffre de la
demande n'excède pas les attributions de ce juge. Ou
plutôt il faut faire une distinction, pour déterminer dans
ce cas le tribunal compétent :

Si l'administration n'est pas obligée, pour établir la
dissimulation, de recourir aux modes de preuve édic-
tés par la loi de 1871, c'est-à-dire si la dissimulation
est prouvée par des actes émanés des parties ou des
jugements qui leur sont opposables, une contrainte est
décernée, et, en cas d'opposition, l'affaire est suivie
comme en matière ordinaire devant les tribunaux civils (1). C'est seulement lorsque cette preuve manque
qu'on suit la procédure spéciale organisée par la loi de
1871.

____

(1) Cass., 15 juillet 1878, Sirey, 79, 1, 85.

Troisième particularité. — La loi fiscale a réglé la forme des instances. C'est sur la production respective de simples mémoires, sans plaidoiries, que les affaires doivent être jugées. Un rapport est fait par un juge en audience publique et le ministère public donne ses conclusions. Les parties ne sont pas obligées d'employer le ministère des avoués.

Les jugements sont sans appel (1) et ne peuvent être attaqués que par voie de recours en cassation (Loi du 22 frimaire an VII, art. 65 ; loi du 27 ventôse an IX, art. 17 ; loi du 28 avril 1816, art. 76).

(1) Par exception, dans le cas prévu par l'article 13 de la loi du 23 août 1871, que nous avons analysé au texte, il y a lieu à appel si la demande formée devant le juge de paix dépasse 100 francs ou si celle portée devant le tribunal civil dépasse 1.500 francs.

CHAPITRE IV

Les droits de la partie lésée par une infraction, absolus et exclusifs à l'origine des peuples, ont été progressivement réduits à mesure que la notion de l'État s'est développée et que l'intervention de la force sociale s'est manifestée par la poursuite d'office.

Son rôle se borne aujourd'hui, à part certains vestiges de l'ancien état de choses que nous retrouvons, par exemple, dans la faculté de mettre en mouvement l'action publique soit par une citation directe du prévenu devant le tribunal correctionnel ou de simple police, soit par le dépôt d'une plainte avec constitution de partie civile devant le juge d'instruction, dans la nécessité d'une plainte ou d'une dénonciation préalable pour la poursuite de certains délits, son rôle se borne à ne plus conclure qu'à des dommages-intérêts.

L'exercice de l'action destinée à obtenir la punition du coupable, l'application d'une peine, a été confiée à des fonctionnaires spéciaux, désignés collectivement sous le nom de ministère public.

Par dérogation à ce grand principe, nos grandes administrations financières ont reçu une véritable délégation de l'action publique pour les infractions qui lèsent les intérêts placés sous leur surveillance.

Notre législateur n'a point voulu d'une juridiction exceptionnelle pour les délits fiscaux. Il a tenu à conserver au citoyen les garanties et les bienfaits de la justice commune. Mais, en présence du jugement de l'opinion publique sur ces délits, il a cru devoir prendre une première précaution : il y avait lieu de craindre que le ministère public ne subisse cette influence de l'opinion et n'apportât quelque mollesse dans la poursuite d'infractions communément considérées comme d'une importance minime, comme de simples lésions à un intérêt pécuniaire et ne touchant en rien à l'ordre public. D'autre part, les peines fiscales sont souvent exorbitantes et on a pu se dire que le ministère public éprouverait peut-être des scrupules à en requérir l'application.

Telle est la raison d'être du droit accordé aux administrations des douanes, des contributions indirectes et des octrois. Par suite de leurs fonctions, ces administrations seront plus à portée que le ministère public d'apprécier la gravité des faits et la nécessité de la répression. Et si elles jugent que la lésion éprouvée par le Trésor est assez importante pour justifier une poursuite, elles apporteront dans cette poursuite toute la fermeté voulue, ayant plutôt une tendance à pécher par excès de fiscalité.

A côté des administrations des douanes, des contributions indirectes et des octrois, une autre grande administration, celle des forêts, est en possession de l'exercice de l'action publique. Les principes qui la régissent ont été nettement définis : la loi lui a attribué par des textes formels le droit de poursuite ; elle le lui a attribué d'une manière complète, sans égard à la peine à prononcer, et elle a pris soin de spécifier qu'elle n'entendait pas remplacer le ministère public et lui enlever ses prérogatives. Cette précision fait défaut dans notre législation fiscale et il en est résulté quelques difficultés.

Pour chacune de nos administrations financières nous aurons trois questions à examiner :

1° Quels sont les textes qui consacrent en sa faveur cette importante prérogative ?

2° Son droit de poursuite exclut-il celui du ministère public ou s'exerce-t-il concurremment avec lui ?

3° N'y a-t-il pas des cas où le ministère public peut poursuivre à l'exclusion de l'administration ?

§ 1ᵉʳ. — *Droit de poursuite de l'administration des contributions indirectes.*

L'attribution à l'administration des contributions indirectes de l'exercice de l'action publique pour les infractions aux lois qu'elle est chargée de faire exécuter ne fait l'objet d'aucune disposition législative impérative. Mais on déduit avec raison ce droit de la faculté de transiger que les articles 23 de l'arrêté du 5 germinal an XII et 10 de l'ordonnance du 3 janvier 1821 reconnaissent à cette administration. Le droit de transaction arrête le droit de poursuite, il le suppose donc. Le décret du 1er germinal an XIII confirme cette conclusion : l'article 21 donne aux commis le droit de verbaliser ; l'article 34 déclare que la confiscation pourra être prononcée *sur les conclusions du poursuivant* ou du procureur impérial, qualifiant ainsi l'administration de partie poursuivante, et l'article 36 ajoute que l'administration n'est pas tenue de mettre en cause les propriétaires des objets saisis pour en prononcer la confiscation.

Ces différents textes confèrent donc implicitement à la régie l'exercice de l'action publique.

Une loi bien postérieure, puisqu'elle date seulement du 21 juin 1873, ne laisse subsister aucun doute sur ce droit.

Quelle est l'étendue de cette dérogation aussi grave apportée à l'article 1er du Code d'instruction criminelle ? Avant 1873, il était admis que l'administration des contributions indirectes pouvait requérir l'application de toutes peines, des peines corporelles comme des peines pécuniaires (1). La loi du 21 juin 1873 a condamné cette pratique. Elle ordonne (art. 15) de transmettre au ministère public les procès-verbaux constatant les contraventions dans les cas prévus par les articles 12 et 14, et dans ceux prévus par l'article 48 de la loi du 28 avril 1816. Ces divers textes prononcent la

(1) Voir notamment : Besançon, 14 février 1872, Sirey, 72, 2, 267.

peine de l'emprisonnement. Le droit du ministère public se trouve ainsi proclamé pour les infractions passibles d'emprisonnement ; et il est exclusif puisque la loi ne parle point du droit qui appartiendrait pour ces infractions à l'administration.

Depuis la loi de 1873, la jurisprudence décide d'une manière constante que le ministère public a, seul, le droit de requérir la peine de l'emprisonnement. Si d'ailleurs l'administration avait le droit de poursuivre tous les délits, il faudrait lui reconnaître le droit d'appeler relativement aux peines corporelles comme aux peines pécuniaires, l'appel étant une conséquence du droit d'action. Or son droit d'appel ne peut être exercé que pour l'amende et la confiscation.

L'action de la régie n'est donc plus illimitée comme elle l'a été longtemps et comme l'est encore aujourd'hui l'action de l'administration des forêts : elle est restreinte aux peines pécuniaires.

Mais dans cette limite est-elle exclusive de l'action du ministère public ou lui est-elle simplement parallèle ?

Cette nouvelle question a suscité quelques dissidences dans la doctrine ; mais la jurisprudence n'a jamais varié ; elle a toujours admis que la régie a seule le droit de poursuivre les infractions punies simplement de peines pécuniaires (1). Sans doute les différents textes

(1) Cass., 12 décembre 1853, Sirey, 53, 1, 788 ; 11 décembre 1875, Sirey, 76, 1, 93 ; Dijon, 29 janvier 1877, Sirey, 77, 2, 74 ;

d'où l'on a pu induire le droit de poursuite de l'administration ne contiennent rien qui permette d'exclure le ministère public. Mais la solution qui a toujours été appliquée sans discussion en pratique a reçu en 1873 une consécration législative : l'article 15 de la loi du 21 juin, à laquelle nous avons déjà fait plusieurs fois allusion, n'assimile les infractions en matière de contributions indirectes aux infractions de droit commun, au point de vue de la poursuite, qu'autant qu'elles sont passibles d'emprisonnement. Le rapporteur a reconnu en dehors de ce cas particulier le droit exclusif de l'administration (Voir le rapport dans Sirey, *Lois annotées de* 1873, p. 421). En présence de la lettre et de l'esprit de cette loi nouvelle les objections faites à la doctrine de la Cour de cassation par Faustin-Hélie (1) perdent toute leur valeur : peu importe que les lois antérieures qui supposent le droit de poursuite de cette administration ne renferment aucune disposition d'où résulte clairement cette exception aux attributions ordinaires du ministère public ; peu importe même que l'article 34 du décret du 1er germinal an XIII s'exprime en ces termes : « Dans le cas où le procès-verbal portant saisie d'objets prohibés serait annulé pour vice de forme, la confiscation des objets sera néanmoins prononcée, sans amende, *sur les conclusions du poursuivant ou du pro-*

Cass., 10 juin 1882, Sirey, 84, 1, 246 ; Cass., 12 décembre 1885, Sirey, 87, 1, 86 ; Pau, 27 novembre 1873, Dalloz, 74, 2, 71 ; Agen, 7 janvier 1880, Sirey, 80, 2, 136.

(1) *Traité de l'instruction criminelle*, n° 505.

cureur impérial ». La Cour de cassation se serait-elle trompée, sa jurisprudence ne peut plus être discutée aujourd'hui puisque le législateur se l'est formellement appropriée.

La régie ayant seule le droit de requérir les amendes et confiscations, il en résulte ces conséquences :

a) Si, contrairement aux règles particulières de notre législation fiscale, le ministère public dirige les poursuites, le tribunal doit le déclarer non recevable dans son action ;

b) En admettant que le tribunal n'ait pas déclaré son action irrecevable et ait acquitté le prévenu sur ses poursuites, la décision intervenue est sans autorité au regard de la régie. Celle-ci peut actionner de nouveau le contrevenant sans violer la règle *non bis in idem*.

Quelques arrêts ont cependant décidé que si le ministère public ne peut pas poursuivre, sa poursuite est régularisée du moment que la régie est intervenue dans l'instance (1).

Ainsi donc, au point de vue de la poursuite, une distinction s'impose entre les infractions aux lois sur les contributions indirectes passibles seulement de peines pécuniaires et celles qui sont passibles d'emprisonnement : pour les premières la délégation spéciale accordée à la régie entraîne le retrait de la délégation ordinaire consentie au ministère public, pour les secondes

(1) Dijon, 29 janvier 1877 et 31 janvier 1877, Dalloz périodique, 1877, 2, 102.

l'exercice de l'action publique appartient au ministère public seul.

Si une infraction entraîne, à la fois, amende ou confiscation et emprisonnement, les droits du ministère public et de la régie se départissent de la manière suivante : la régie n'a d'action que pour les condamnations pécuniaires et c'est au ministère public qu'il appartient de faire prononcer l'emprisonnement. Mais il est admis par tous que dans ces sortes d'affaires le ministère public n'a point l'initiative des poursuites et ne peut agir que comme partie jointe. Il n'en est autrement que dans les cas prévus par les articles 12 et 14 de la loi du 21 juin 1873 et par l'article 46 de la loi de 1816. Cela nous semble résulter de la disposition nouvelle qui est l'objet de l'article 15 de la loi de 1873 : cet article ne permet à la régie de transiger dans les cas que nous venons d'énumérer que sur le montant des peines pécuniaires et surtout qu'après le jugement correctionnel intervenu ; cette dernière restriction nous paraît enlever à la régie pour ces infractions particulières l'initiative des poursuites. Les choses se passeront alors ainsi : le ministère public avertira l'administration du jour où l'affaire sera appelée, pour que celle-ci puisse intervenir pour prendre des conclusions quant aux peines pécuniaires. Mais, si le ministère public ne croit pas devoir poursuivre, la régie peut saisir directement le tribunal par une assignation donnée au prévenu ; il est évident qu'elle n'aura d'action et qu'elle n'obtiendra de condamnation que relativement aux amendes et confiscations.

Les règles que nous venons d'exposer sur l'exercice
de l'action publique en matière de contributions indirectes reçoivent toutefois une exception : l'article 102
de la loi du 19 brumaire an XI donne à la régie et au
ministère public concurremment le droit d'agir en matière de contraventions aux lois relatives à la surveillance du titre et à la perception de garantie des matières
d'or et d'argent.

§ 2. — Action publique en matière d'octroi.

Les octrois sont rattachés à bon droit aux contributions indirectes par le titre 2 de la loi du 28 avril 1816.
On ne saurait donc s'étonner de ce que les règles de
procédure suivies en matière de contributions indirectes pour la poursuite des infractions soient applicables
aux octrois.

Comme la régie des contributions indirectes, le maire
a le droit d'action si l'octroi est en régie simple. S'il est
affermé, la poursuite est exercée à la requête du fermier
et régisseur, qui ne peut toutefois introduire l'instance
qu'avec l'autorisation du maire (art. 124 et 125 du décret du 17 mai 1809). Il arrive souvent que l'infraction,
au lieu de concerner uniquement l'octroi, constitue en
même temps une contravention aux droits d'entrée et
aux droits d'octroi : la poursuite appartient alors à l'administration des contributions indirectes, qui dirige l'ac-

tion au nom de l'une et de l'autre administrations (décision du ministre des finances du 10 février 1807).

Les principes qui régissent le droit de poursuite en matière d'octroi sont les mêmes qu'en matière de contributions indirectes. Quand le fait n'est pas passible d'emprisonnement, l'octroi seul a qualité pour agir. Après quelques hésitations remontant à une époque assez ancienne, la jurisprudence a reconnu à plusieurs reprises ce droit exclusif de l'administration de l'octroi. Elle l'a consacré pour la première fois le 12 août 1853 (1) ; elle a jugé dans le même sens le 18 janvier 1861 (2) ; le 26 juillet 1866 elle a admis implicitement cette même règle que l'octroi seul peut agir pour les infractions passibles simplement d'amendes, car elle a déclaré que si le ministère public a pu agir dans l'espèce prévue par cet arrêt c'est parce qu'il a poursuivi un délit indépendant de la contravention ; le 10 juin 1882 la Cour de cassation a jugé que les maires seuls ont qualité pour poursuivre les contraventions qui sont punies de simples peines d'amendes, et, comme conséquence, que le ministère public est irrecevable à former appel contre les jugements qui ont statué sur ces infractions (3). Un arrêt récent, du 30 janvier 1890 (4), a décidé de même que le ministère public est sans qualité pour former un pourvoi en cas de simples contraventions d'octroi.

(1) D. P. 54, 1, 48.
(2) D. P. 61, 1, 143.
(3) D. P. 82, 1, 481.
(4) D. P. 90, 1, 493.

Si, du reste, quelques doutes sur l'exactitude de cette solution pouvaient encore subsister dans les esprits, la loi du 21 juin 1873 devrait les dissiper. L'article 15, qui ne rend au ministère public son droit de poursuite que pour les faits passibles d'emprisonnement, s'applique en matière d'octroi comme en matière de contributions indirectes. La meilleure preuve en est qu'il prévoit le cas de l'article 12 qui dispose expressément en faveur de l'octroi, et celui de l'article 46 de la loi du 28 avril 1816 qui s'étend également à l'octroi.

Depuis cette loi de 1873, il n'est plus permis non plus d'hésiter à reconnaître au ministère public seul le droit de requérir la peine de l'emprisonnement en matière d'octroi comme en matière de contributions indirectes.

§ 3. — *Droit de poursuite de l'administration des douanes.*

De même que l'administration des contributions indirectes et celle de l'octroi, l'administration des douanes est investie à l'égard des infractions aux lois dont elle surveille l'exécution d'un droit de poursuite incontestable.

Ce droit est écrit dans plusieurs textes.

Le premier de ces textes est l'article 1er du titre 12 du décret des 6-22 août 1791. Il porte que « la confiscation des marchandises saisies *pourra être poursuivie et prononcée* contre les préposés à leur conduite, *sans que la*

régie soit tenue de mettre en cause le propriétaire, etc. »
N'est-ce pas lui reconnaître, quoique incidemment, la
faculté d'exercer l'action publique ?

L'article 3 de la loi du 15 août 1793, relative aux
denrées et marchandises qu'il est défendu de faire sortir
de France, est peut-être plus explicite ; il décide, *in fine*,
que « ..... la confiscation des marchandises et autres
effets ainsi saisis *sera poursuivie à la requête des régis-*
seurs des douanes, etc. ».

Même langage dans l'article 4 de cette même loi :
« ....., il est enjoint au commissaire national de *requérir*
sur le champ la confiscation ».

Ce droit résulte encore des articles 12 et 18, titre 6,
de la loi du 4 germinal an II ; des articles 5 et 6 de la
loi du 14 fructidor an III ; de l'article 6, titre 4, de la
loi du 9 floréal an VII.

Il résulte enfin des différents textes qui accordent à
l'administration des douanes le droit de transiger avec
le délinquant.

Mais l'administration des douanes n'est pas investie
de l'action publique entière comme celle des eaux et
forêts ; elle n'a reçu, comme l'administration des contributions indirectes, qu'une délégation partielle. On ne
lui reconnaît le droit de poursuite que pour les condamnations pécuniaires. Son action ne s'étend pas aux condamnations à l'emprisonnement : cette peine ne peut
être requise que par le ministère public. On peut en
effet constater que les divers textes qui font allusion à

l'action de l'administration ne parlent que des peines
pécuniaires.

Quant à cette poursuite des condamnations pécuniaires, a-t-elle lieu à la requête exclusive de l'administration, ou bien le ministère public a-t-il un droit parallèle ?

Il ne saurait y avoir de difficultés pour une première
catégorie d'infractions douanières, celles dont la connaissance est attribuée aux juges de paix. Les lois des
6-22 août 1791 et du 4 germinal an II n'ont donné à leur
égard aucune action au ministère public. L'administration seule a qualité pour poursuivre la répression.

Les lois des 28 avril 1816 et 21 avril 1818 se sont, au
contraire, expliquées sur les droits du procureur de la
République. L'objet de ces lois a été de régler la poursuite des infractions douanières autrefois de la compétence des cours prévôtales, qui venaient d'être abolies
en 1815, et désormais de la compétence des tribunaux
correctionnels. L'article 37 de la loi de 1818, trop important pour que nous ne le citions pas en entier, est
ainsi conçu : « Les tribunaux correctionnels connaîtront
des faits de contrebande dont la connaissance était attribuée aux cours prévôtales par l'article 48, titre 5, section des douanes, de la loi du 28 avril 1816, et applique-
ront les peines prononcées par l'article 51, soit que la
contrebande ait été faite ou tentée par les frontières de
terre ou sur les côtes maritimes. Les procureurs du roi
près lesdits tribunaux correctionnels sont substitués

aux prévôts pour exercer d'office les poursuites prescrites par l'article 52 et requérir, s'il y a lieu, l'application
de l'article 53 ».

Les procureurs de la République héritent donc des
droits qui appartenaient aux anciens prévôts. Ils sont
chargés expressément de requérir les peines prononcées par les articles 51, 52 et 53 de la loi du 28 avril
1816. Or ces peines sont : la confiscation des marchandises et moyens de transport ; une amende ; un emprisonnement de 6 mois à 3 ans. Les voilà investis formellement du droit de poursuivre l'application non seulement de la peine corporelle de l'emprisonnement, mais
aussi des peines pécuniaires d'amende et de confiscation pour des infractions de la compétence des tribunaux
correctionnels. Il n'est pas permis de douter de cette
action du ministère public, car elle a été rappelée et confirmée par une loi du 2 juin 1875 (art. 2).

Cette règle que le ministère public a qualité pour
procéder par voie d'action dans toutes les affaires de
douanes de la compétence des tribunaux correctionnels
s'applique non seulement dans le cas d'une infraction
punissable à la fois d'emprisonnement et de peines pécuniaires, d'un délit, pour employer la terminologie
spéciale de notre matière ; mais aussi dans le cas d'une
infraction de la compétence des tribunaux correctionnels qui ne constitue qu'une simple contravention, c'est-
à-dire qui n'entraîne que l'amende et la confiscation.

Une autre opinion a cependant été soutenue. M. Thibault reconnaît que s'il s'agit de délits punis d'emprisonnement, le ministère public, qui a seul qualité pour requérir l'application de la peine d'emprisonnement, peut conclure aussi à toutes les condamnations pécuniaires qui sont susceptibles d'être prononcées au profit de la régie. Mais, s'il s'agit de contraventions de la compétence des tribunaux correctionnels mais qui n'entraînent que l'amende et la confiscation, cet auteur enseigne que la question doit être résolue de la même manière qu'en matière de contributions indirectes et qu'il faut refuser au ministère public le droit de poursuivre (1).

Pourquoi cette distinction? Pourquoi, lorsque dans les deux cas on se trouve devant les mêmes tribunaux, lorsque dans les deux cas les peines à prononcer sont identiquement les mêmes, accorder ou refuser le droit d'agir au ministère public suivant que l'emprisonnement vient s'ajouter ou non à l'amende et à la confiscation? Si, pour les délits proprement dits, à côté du droit de poursuite accordé à l'administration se trouve le droit du ministère public, il doit en être de même pour les simples contraventions qui sont de la compétence des tribunaux correctionnels.

L'action de l'administration des douanes n'est donc pas exclusive de celle du ministère public. En cela, elle se sépare de celle de l'administration des contributions

______

(1) Thibault, *Traité du contentieux des douanes*, p. 189.

indirectes. Sans doute ces deux administrations défendent également l'intérêt fiscal, mais cette différence n'est pas inconcevable : les affaires de douanes présentent très souvent un caractère de gravité que n'ont pas les affaires des droits réunis. Mangin, pour bien faire ressortir cette différence, emploie cette expression heureuse : « l'administration des douanes *participe* à l'exercice de l'action publique ».

Si l'action de l'administration des douanes se sépare ainsi de celle de l'administration des contributions indirectes, elle se rapproche par cela même de celle de l'administration des forêts. L'analogie n'est cependant pas complète : car on ne peut pas dire qu'en matière d'infractions douanières le rôle du ministère public doive se borner, comme en matière d'infractions forestières, à une simple surveillance, soit pour empêcher les fausses applications de la loi, soit pour suppléer à la négligence des agents.

La jurisprudence ne se borne pas à reconnaître au ministère public un droit parallèle à celui de l'administration pour requérir contre les prévenus des amendes et des confiscations ; elle le considère, lorsqu'il requiert ces peines, comme représentant dans l'instance l'administration. Elle en conclut que l'administration, bien qu'ayant laissé le ministère public agir seul en première instance, n'en conserve pas moins le droit d'interjeter appel d'un jugement qui préjudicie à ses droits : on ne peut point repousser son appel sous le prétexte que l'on ne peut interjeter appel que d'un jugement où l'on a été partie (Cassation, 5 octobre 1832, et Bordeaux, 16 mars 1888) (1).

Droit d'appel.

Comme conséquence de l'exercice de l'action publique qui est conféré par la loi aux administrations financières, le droit d'appel leur est reconnu. On induit ce droit des textes qui leur attribuent le droit de poursuite, et, par analogie, de l'article 202 du Code d'instruction criminelle qui, énumérant les personnes auxquelles le droit d'appel est dévolu, mentionne spécialement l'administration forestière.

(1) Nous n'avons pas à parler, pour le droit de poursuite, de l'administration de l'enregistrement parce qu'il ne saurait y avoir concurrence entre le ministère public et cette administration puisqu'elle est en même temps partie poursuivante et juridiction. Les amendes d'enregistrement et de timbre sont encourues sans jugement préalable de condamnation, l'administration elle-même les prononce et elle les recouvre par voie de contrainte.

Deux observations sont encore nécessaires sur le droit de poursuite de nos administrations financières :

Il importe d'abord de remarquer qu'il y a dans ce droit une véritable délégation de l'exercice de l'action publique et que les règles applicables au ministère public doivent être observées en l'absence d'un texte formel qui y déroge.

Il faut noter également que les amendes fiscales étant considérées par la jurisprudence comme des réparations civiles plutôt que comme des peines, et les diverses administrations n'ayant pas l'habitude de conclure à des dommages-intérêts, la répression des délits fiscaux ne fait naître qu'une seule action. Il n'y a pas à distinguer, comme pour les délits ordinaires, entre l'action publique et l'action civile.

Bien entendu, les administrations des contributions indirectes, des douanes, des octrois, ne peuvent appeler que dans la mesure où elles peuvent exercer l'action publique. Elles ne peuvent point poursuivre l'application des peines corporelles, elles ne pourraient donc pas appeler d'un jugement par cela seul qu'il n'aurait pas prononcé une pareille condamnation ; ou appeler d'un jugement rendu à l'occasion d'une infraction punissable seulement d'emprisonnement ; ou se pourvoir en cassation contre un pareil jugement. Réciproquement, le ministère public ne peut point interjeter appel d'un jugement qui, sur la poursuite de l'administration, aurait acquitté le prévenu dans le cas d'une infraction qui n'est passible que de peines pécuniaires ; ou former un pourvoi en cassation. Il eût été sans qualité pour requérir la condamnation, il n'est pas plus recevable à attaquer par voie d'appel ou de cassation le jugement qui l'a prononcée.

Dans ces limites, l'appel des administrations financières produit les mêmes effets que celui du ministère public.

Législation comparée.

Dans les divers pays où, comme chez nous, la compétence judiciaire a été admise en matière de délits fiscaux, le droit de poursuite est dévolu aux administrations financières.

Il en est ainsi notamment en Belgique et en Italie. Si

nous citons plus particulièrement ces deux législations étrangères, c'est parce qu'elles consacrent des principes un peu différents des nôtres.

En Belgique, ces principes sont renfermés dans l'article 247 de la loi du 26 août 1822 sur les douanes et accises, et dans l'article 29 de la loi du 6 avril 1843 sur la répression de la fraude en matière de douanes. Comme chez nous, le ministère public peut seul conclure à l'emprisonnement. Mais, pour agir, il doit attendre que l'administration ait porté plainte ou intenté l'action tendant à l'application d'amendes ou de confiscations. Il ne peut jamais prendre l'initiative des poursuites : l'administration décide seule et souverainement si celles-ci doivent être entamées ou non. De sorte que l'on peut dire qu'elle est essentiellement partie poursuivante.

Si le ministère public peut seul requérir l'emprisonnement, quoique ne pouvant intervenir même dans ce cas que comme partie jointe, c'est l'administration qui doit requérir les peines pécuniaires. Toutefois les tribunaux ne peuvent statuer qu'après avoir entendu les conclusions du ministère public. Celui-ci intervient donc comme partie jointe dans tous les cas, et dans tous les cas il doit donner ses conclusions.

Le ministère public ne peut ni interjeter appel, ni se pourvoir en cassation si l'administration n'use pas de cette faculté.

L'administration générale des recettes a, elle aussi, le droit de poursuivre l'application des amendes dues pour contravention à la loi du 28 juin 1822 sur la contribution personnelle. Son action est soumise aux mêmes règles que celle de l'administration des douanes et accises.

Entre la législation française et la législation belge la différence n'est pas très marquée. Ce qu'il y a surtout de particulier en Belgique, c'est que le ministère public doit toujours intervenir et donner ses conclusions, même lorsque des amendes et confiscations sont la seule sanction de l'infraction.

Le système italien, au contraire, tranche complètement avec le nôtre.

En France, les administrations financières ont reçu une véritable délégation, quoique partielle, de l'exercice de l'action publique. Elles *requièrent* l'application de la peine. En Italie, on a reculé devant la création d'une exception aussi exorbitante aux règles du droit commun sur la répression des infractions à la loi pénale. On a refusé aux administrations financières, comme du reste à toutes les administrations publiques, le droit de requérir l'application de la peine. Ce principe découle de l'article 1er du Code de procédure pénale. L'article 2 de notre Code d'instruction criminelle est conçu ainsi : « L'action pour l'application des peines n'appartient qu'aux fonctionnaires auxquels elle est confiée par la loi ». Cette expression *fonctionnaires* est employée à dessein pour montrer qu'il n'y a pas que les magistrats qui puissent exercer l'action publique. La rédaction de

l'article 2 du Code de procédure pénale italien n'est plus
la même : « l'action pénale sera exercée par les officiers
du ministère public près les Cours d'appel, les Cours
d'assises, les tribunaux et les préteurs ». C'est donc aux
officiers du ministère public seuls qu'il appartient de
requérir l'application de la peine. La comparaison des
deux Codes fait bien ressortir la différence qui sépare
le système italien du système français : en Italie, les
administrations financières ont le droit de mettre en
mouvement l'action publique; mais lorsqu'elles ont
ainsi mis l'action en mouvement, le ministère public
est, de droit, partie jointe au procès et requiert seul la
pénalité encourue.

Probablement, le législateur italien a pensé qu'il
était préférable de laisser le soin de réquisitions souvent
délicates à des magistrats ; et il a considéré que l'inconvénient qui pourrait résulter de ce que des magistrats seraient peu versés dans l'étude des législations
spéciales disparaîtrait par suite de la présence aux débats d'un agent de l'administration.

Nous ne méconnaissons pas la valeur de ces considérations. Il est très vrai que des magistrats, par suite
de leurs fonctions et de leur habitude des discussions
judiciaires, seront mieux à même que les administrations de requérir l'application de la peine. Il est très
vrai que l'on peut sauvegarder par la présence d'un
agent de l'administration la partie technique des débats. Et du reste les tribunaux ne sont-ils pas appelés

journellement à appliquer des lois spéciales, voire même des lois étrangères, qu'ils connaissent souvent imparfaitement. Mais notre pratique nous paraît préférable à cause du préjugé populaire sur la gravité du délit fiscal : le ministère public s'affranchira assez difficilement de son influence, et il pourra apporter trop d'indifférence dans la défense des intérêts du Trésor.

CHAPITRE V

En vertu des principes généraux du droit criminel,
l'article 463 du Code pénal relatif aux circonstances
atténuantes n'est applicable en matière correctionnelle
et de police qu'aux infractions prévues par le Code. Il
ne s'applique aux délits prévus par des lois spéciales
qu'autant qu'un texte exprès de ces lois l'autorise.

Non seulement cette mention particulière, nécessaire
pour permettre aux juges d'apprécier les circonstances
qui rendraient les infractions plus ou moins excusables,
fait défaut dans nos lois fiscales, sauf, depuis une époque récente, dans celles qui sont relatives aux contributions indirectes ; mais l'exclusion de l'article 463 est
prononcée en termes formels.

La loi du 1er germinal an XIII sur les contributions
indirectes, aujourd'hui réformée sur ce point, déclarait
expressément que les juges « ne pourront, à peine d'en
répondre en leur propre et privé nom, modérer les
amendes et confiscations ». Formule textuellement reproduite par la loi du 22 août 1791 (art. 4 du titre 12)
pour les douanes et par la loi du 22 frimaire an VII

(art. 59) pour l'enregistrement, qui, elles, n'ont subi aucune modification. La règle est la même en matière de timbre et en matière d'octroi.

Le juge se trouve donc réduit, comme on l'a dit si justement, au rôle de « juge enregistreur ». Il ne peut se dispenser d'appliquer dans toute sa rigueur la peine édictée par la loi qui le lie. Dans l'impossibilité d'acquitter le prévenu qui n'a pas eu d'intention frauduleuse, il ne peut même pas atténuer la condamnation de celui qui lui paraît digne d'indulgence.

De toutes les particularités qui spécialisent notre législation fiscale, celle-ci est peut-être celle qui porte en elle-même le plus de traces de la méfiance qu'on a éprouvée vis-à-vis du juge. En ordonnant cette rigueur, on a surtout voulu prendre une précaution contre l'indulgence des tribunaux qu'on pouvait craindre de voir provoquée par le sentiment bienveillant de l'opinion publique sur le délit fiscal. C'est là, il faut bien le dire, la seule origine de cette sévérité excessive que ne justifie plus l'état de nos mœurs.

Il nous paraît en effet contraire à l'équité de refuser aux tribunaux un moyen de proportionner, dans l'application de la loi fiscale, la peine à la culpabilité individuelle, de la modérer lorsque les circonstances du fait soumis à leur appréciation sont particulièrement favorables, et d'éviter qu'un très honnête homme qui n'a péché que par erreur, ou qui n'a aucune négligence à se reprocher à lui-même mais dont l'employé a commis

une erreur, ne soit traité aussi durement qu'un fraudeur
d'habitude et n'encourre une condamnation correctionnelle qui le chargera d'un casier judiciaire ? N'est-ce
déjà point assez qu'il ne puisse arguer de sa bonne foi ?
Faut-il encore que pour une infraction non intention-
nelle il encourre une amende formidable ? Cette disposition est en effet d'autant plus grave que les prescriptions des lois fiscales sont très multipliées et que, par
suite, les infractions sont aussi souvent l'effet de l'ignorance que de la mauvaise foi.

Aussi, dans un amendement à la loi du budget présenté le 28 mars 1887, MM. Cunéo d'Ornano, Laroche-
Joubert, Ganivet, de Champvallier, Arnoux et Boreau-
Lajanadie demandèrent-ils que l'article 463 du Code
pénal fût déclaré applicable à tous les délits et contraventions en matière de boissons.

L'idée fut reprise au début de l'année 1888 et fit
l'objet d'une proposition présentée le 23 janvier par
M. Boreau-Lajanadie et plusieurs de ses collègues. Elle
échoua devant le Sénat. Non pas que le Sénat ait voulu
condamner le principe de la réforme : il reconnut au
contraire qu'il y avait quelque chose à faire. Mais il re-
jeta la proposition parce qu'il « estimait que ce n'était
pas au dernier jour de la discussion du budget que l'on
pouvait aborder et faire aboutir avec succès une étude
aussi complexe, dans laquelle étaient engagées d'aussi
grandes responsabilités ».

Lorsque le projet revint devant la Chambre, la disposition relative aux circonstances atténuantes fut de nouveau proposée. Cette fois, elle aboutit. Elle forme l'objet de l'article 42 de la loi du 30 mars 1888 « portant fixation du budget général pour l'exercice 1888 ». Cet article dispose que « l'article 463 du Code pénal est applicable aux délits et contraventions prévus par les lois sur les contributions indirectes ».

Quelques esprits, se faisant les interprètes de l'opinion publique, ont essayé de soutenir que cet article 42 s'appliquait aux contrevenants en matière de douanes et d'octroi aussi bien qu'aux contrevenants en matière de contributions indirectes. Ils se sont appuyés d'abord sur les motifs qui ont été invoqués dans les travaux préparatoires de la loi pour faire admettre le bénéfice des circonstances atténuantes ; ensuite sur l'expression de *contributions indirectes* employée par la loi et qui, d'après eux, embrasserait par sa généralité les douanes et les octrois. Cette opinion a même été consacrée par quelques décisions de la jurisprudence.

La Cour suprême a mis fin au débat. Elle juge invariablement que l'article 42 de la loi du 30 mars 1888 n'est applicable ni en matière de douanes, ni en matière d'octroi (1).

(1) Cass. crim., 22 décembre 1888, D. P. 89, 1, 83 ; 29 juin 1889, D. P. 90, 1, 236 ; 21 janvier 1890, D. P. 91, 1, 407. — Voir également : Bordeaux, 12 décembre 1888, *Journal des arrêts de la Cour de Bordeaux*, 89, 1, 50 ; Trib. corr. d'Orthez, 4 février 1890, *La Loi*, 3 mai 1890 ; Grenoble, 7 février 1889, *Recueil de Grenoble*, 89, 1, 76.

Cette solution est absolument juridique. Puisque l'article 463 ne s'applique, en principe, qu'aux infractions prévues par le Code, toute disposition de la loi spéciale autorisant l'admission des circonstances atténuantes constitue une exception et doit être interprétée d'une manière restrictive ; elle ne doit pas être étendue à d'autres délits que ceux qui rentrent dans la catégorie déterminée qu'elle a expressément prévue. Les lois fiscales doivent, d'ailleurs, plus peut-être que toutes autres, être appliquées à la lettre, et la loi de 1888 ne parle que des contributions indirectes.

Quant à dire que ces termes de *contributions indirectes* sont très généraux, c'est une affirmation qui est contredite par le langage usuel et le langage juridique ; qui n'ont jamais confondu les contributions indirectes avec les douanes et les octrois et les ont toujours considérées comme des matières absolument distinctes. Il n'est donc pas permis d'étendre des unes aux autres les dispositions légales qui les régissent.

Au surplus, les débats parlementaires qui ont eu lieu lors de la discussion de l'article 42 établissent d'une façon indiscutable que son application est restreinte aux délits et contraventions en matière de contributions indirectes.

L'amélioration apportée par la loi de 1888 dans notre législation fiscale n'est donc que partielle ; il est encore exact de dire que cette législation oblige, en principe, les juges à se montrer également sévères pour les contrevenants de bonne foi et pour les fraudeurs.

Il est vrai qu'il y a une atténuation à cette rigueur de la loi. Les conséquences injustes d'une pareille législation frappant toute infraction avec une rigueur implacable sans s'occuper ni de la proportionnalité qui doit exister entre la gravité de l'infraction et la sévérité de la peine, ni de la bonne ou mauvaise foi du délinquant, ces conséquences injustes sont atténuées par la faculté de transiger qui a été accordée aux administrations.

Ce droit permet d'adoucir la sévérité des peines pour les infractions où la bonne foi des délinquants ne saurait être mise en doute ; et il sert ainsi de palliatif à cette disposition de nos lois fiscales qui interdit aux juges d'apprécier les circonstances atténuantes et de modérer ou de remettre les peines encourues.

Du moment que l'on refusait aux juges le droit d'avoir égard aux circonstances de la cause et d'apprécier les faits d'atténuation, on était obligé, si on ne voulait pas aboutir aux plus iniques résultats, de reconnaître ce droit à l'autorité administrative. Car, comme le dit l'arrêté du 14 fructidor an X, « s'il importe à l'intérêt public de réprimer sévèrement les fraudeurs, il est aussi de l'équité de ne pas appliquer rigoureusement les peines de la fraude à ceux auxquels on ne peut reprocher qu'une erreur ou l'ignorance des règlements ». C'est là une des raisons qui ont fait admettre une institution qui constitue une grave dérogation au droit commun. La loi, en effet, en accordant le droit de transaction aux administrations financières, consacre un mode particulier d'extinction de l'action publique et déroge au principe en vertu duquel cette action s'éteint seulement par le décès de l'inculpé, par l'exception de la chose jugée, par la prescription ou l'amnistie. Le ministère public n'a pas le droit de transiger sur l'infraction, ni avant, ni après les poursuites commencées, et moins encore après la condamnation prononcée. Les droits des administrations financières sur l'action publique sont ainsi plus étendus que ceux du ministère public. Nous verrons en son lieu, à propos de la preuve, qu'il y a une deuxième cause d'extinction particulière aux délits fiscaux, la déchéance de l'action qui résulte de l'absence ou de la nullité du procès-verbal, base nécessaire des poursuites. La dérogation aux règles du droit commun est surtout grave lorsque le droit de transaction est exercé après le jugement de condamnation : il constitue alors un véritable démembrement du droit de grâce, qui est, en principe, un attribut de la souveraineté.

Mais ce serait une erreur de croire que le droit de transaction n'a été admis que dans un but d'humanité, que comme un moyen de réparer des injustices ou d'adoucir dans des hypothèses favorables la sévérité de la répression. Le droit de transaction se présente sous un autre aspect : il nous apparaît aussi comme moyen fiscal. Et c'est peut-être même de ce second point de vue que le législateur s'est le plus préoccupé.

Le but essentiel des poursuites dirigées contre l'auteur d'un délit fiscal est en effet de faire rentrer l'impôt. Or, il importe à l'État que l'impôt rentre le plus vite possible. La transaction permet d'atteindre plus facilement ce résultat ; elle fera rentrer l'impôt plus vite que la poursuite, car un procès absorbe toujours du temps, sans compter qu'il ne s'arrête pas toujours au premier degré de juridiction, qu'il peut aller en appel, même en cassation.

Il est si vrai que la transaction n'a pas été considérée seulement comme un moyen de réparer des injustices, qu'elle a été admise d'une manière absolue. Elle est possible pour des récidivistes tout aussi bien que pour des délinquants primaires. Assurément elle aurait été déclarée impossible dans ce cas, si elle n'avait été permise que dans un but d'humanité : ceux qui ont déjà commis plusieurs infractions et qui sont des délinquants de profession ne sauraient avoir droit à de l'indulgence.

La première question qui se pose sur ce droit de transaction est la recherche des différents textes qui le proclament.

Pour les contributions indirectes, ces textes sont l'article 23 de l'arrêté du 5 germinal an XII et l'article 10 de l'ordonnance du 3 janvier 1821.

En matière d'octroi, l'ordonnance du 9 décembre 1814 (art. 83) autorise le maire, sauf l'approbation du préfet, à ne pas intenter de poursuite ou à faire remise totale ou partielle des condamnations prononcées.

Les textes sont beaucoup plus nombreux en matière
de douanes, et cela s'explique par les vicissitudes qu'a
subies en cette matière le droit de transaction. L'article 4 du titre 12 de la loi du 22 août 1791 conféra à la
régie des douanes le droit de transiger, mais sous certaines restrictions : il ne fallait pas qu'il y ait eu de
jugement en dernier ressort ou ayant acquis force de
chose jugée. La loi du 4 germinal an II défendit toute
espèce de transaction, soit avant, soit après jugement.
Mais ce nouveau système suscita des plaintes, même de
la part de l'administration, à qui ne tarda pas à peser
l'obligation de traduire devant les tribunaux des individus dont elle ne pouvait suspecter la bonne foi. Et le
législateur dut revenir sur sa décision. Ce fut la loi du
23 brumaire an III qui rétablit le droit de transaction,
toutefois sans revenir complètement à la loi de 1791
puisqu'elle permettait de transiger en tout état de cause.
Il est à noter que la faculté de transiger est déléguée,
non plus à l'administration des douanes, mais au gouvernement lui-même représenté par la commission des
revenus nationaux. Nous ne sommes pas encore au bout
de l'énumération des textes relatifs à la transaction en
matière de douanes : nous rencontrons encore l'article 17 de la loi du 9 floréal an VII qui interdit de transiger, d'abord avec tout prévenu d'introduction prohibée ou frauduleuse, ensuite avec celui qui aurait contre
lui un jugement définitif; enfin un arrêté des consuls
du 14 fructidor an X, dont la Cour de cassation n'a

jamais contesté la légalité bien qu'il n'ait pas été inséré au *Bulletin des lois*, et qui est en vigueur encore aujourd'hui, attribue à l'administration des douanes le droit de transiger avec les délinquants soit avant, soit après jugement. Ce droit vient d'être réglementé tout récemment par un décret du 8 août 1890.

Quant au droit de transaction de l'administration de l'enregistrement et des domaines, il ne s'appuie sur aucun texte. Bien au contraire l'article 59 de la loi du 22 frimaire an VII dispose que « aucune autorité publique, ni l'administration ni ses préposés, ne peuvent accorder de remise ou modération des droits d'enregistrement et des peines encourues, ni en suspendre ou faire suspendre le recouvrement, sans en devenir personnellement responsable ». Mais on a invoqué cette raison que l'article 59 a été rendu sous l'empire de la Constitution du 5 fructidor an III qui n'attribuait à aucun pouvoir le droit de remettre les peines ; or le droit de grâce a été rétabli par le sénatus-consulte du 16 thermidor an X et maintenu par les chartes et constitutions suivantes. Et on en a déduit le droit pour le chef de l'État de faire, à titre de grâce, remise totale ou partielle des pénalités encourues en matière de timbre et d'enregistrement ; droit que le ministre des finances aurait par suite d'une délégation du droit de grâce en sa faveur et qu'il déléguerait lui-même au directeur général de l'Enregistrement. Dans la pratique, l'administration, au moment même où elle avertit le contrevenant qu'il encourt une amende ou un droit en sus, lui fait signer presque toujours une demande en remise ou modération : pratique qui s'explique par le chiffre exagéré des amendes.

Ce droit d'apprécier les faits d'atténuation, que nous venons d'établir, dans quelles limites peut-il être exercé ?

Il est d'abord certain que la transaction ne peut jamais couvrir les crimes et délits ordinaires qui sont connexes à des infractions fiscales (par exemple rébellion et voies de fait contre les employés). Il est également certain qu'elle ne peut jamais porter que sur le montant des condamnations et non point sur les droits dus au Trésor ; c'est en effet un principe de droit public que l'impôt légalement voté ne peut éprouver aucune extension, aucun retranchement qu'en vertu d'une loi. Il faut faire une troisième restriction : il y a quelques délits fiscaux, très rares il est vrai, pour lesquels le droit de transaction ne peut pas être exercé. Ainsi aucune transaction n'est possible pour les infractions relatives à la garantie des matières d'or et d'argent (décret du 28 floréal an XIII). Une autre catégorie d'infractions pour lesquelles aucune transaction ne devrait régulièrement avoir lieu, ce sont les contraventions aux lois d'enregistrement commises par les officiers publics ou ministériels. Après la réduction des amendes encourues pour ces contraventions par l'article 10 de la loi du 16 juin 1824, il fut décidé qu'elles ne seraient susceptibles d'aucune nouvelle réduction, et qu'en conséquence aucune demande en modération ne pourrait être admise (Délibération de l'administration de l'Enregistrement, du 5 juin 1833). Mais cette décision a paru trop rigoureuse et ses dispositions ne sont pas exécutées.

Est-ce tout, et le droit de transaction est-il indépendant de la nature de la peine encourue? Plus exactement, s'applique-t-il également aux peines pécuniaires et aux peines corporelles?

Il est universellement admis en jurisprudence que les administrations peuvent faire remise même des peines corporelles. Cette opinion est partagée, dans la doctrine, par Mangin (1) et Trolley (2). Elle est combattue au contraire par Faustin-Hélie (3), par Legraverend (4) et par Le Seyllier (5). Il semble cependant qu'il ne devrait point y avoir d'hésitation.

La tradition historique nous apprend d'abord que la faculté de transiger qui était reconnue aux fermiers ne s'appliquait qu'aux condamnations pécuniaires. Elle cessait de leur appartenir, aux termes de l'article 19, titre 15, de l'ordonnance de 1670 lorsque les fraudeurs avaient encouru non pas une simple amende mais une peine afflictive.

Les lois actuellement en vigueur n'ont pas étendu ce pouvoir.

(1) *Traité de l'action publique*, nᵒˢ 41, 47, 48.
(2) *Hiérarchie administrative*, II, p. 554.
(3) *Traité de l'instruction criminelle*, t. 2, nᵒ 1098.
(4) *Législation criminelle*, t. 1, p. 615 et suiv.
(5) Nᵒ 2194.

Nous avons trois textes principaux sur les transactions en matière de contributions indirectes. Tous les trois supposent que la peine dont il s'agit de faire remise totale ou partielle est une peine pécuniaire. L'article 23 de l'arrêté du 5 germinal an XII porte : « Les transactions sur procès-verbaux seront définitives : 1° avec l'approbation du directeur du département lorsque, sur les procès-verbaux de contravention et saisie, les condamnations de *confiscations* et d'*amendes* à obtenir ne s'élèveront pas à plus de 500 francs ; 2° avec l'approbation du directeur général lorsque lesdites condamnations s'élèveront de 500 à 3.000 francs ; 3° avec l'approbation du ministre des finances dans les autres cas ». L'article 10 de l'ordonnance du 3 janvier 1821 reproduit littéralement l'article 23 avec cette seule modification : « .... 3° avec l'approbation du Ministre des finances lorsqu'il y aura eu dissentiment entre le directeur général et le conseil d'administration, et dans tous les cas où le montant des condamnations excèdera 3.000 fr. ». Enfin l'article 6 de l'ordonnance du 4 décembre 1822 décide que « les transactions que les directeurs d'arrondissement sont autorisés à conclure par suite des contraventions dont les *amendes et confiscations* ne s'élèveraient pas au delà de 500 francs ne sont définitives que par le consentement du directeur de département ».

Si nous examinons maintenant les différents textes relatifs aux transactions en matière de douanes, nous ne trouvons pas davantage un seul mot d'où l'on puisse induire que la transaction est applicable à d'autres condamnations que les condamnations pécuniaires. Nous nous permettons aussi de les citer en entier. La loi du 22 août 1791 stipule, dans l'article 4 du titre 12 : « Les juges ne pourront, à peine d'en répondre en leur propre et privé nom, modérer les *confiscations* et *amendes*, ni en ordonner l'emploi au préjudice de la régie qui ne pourra transiger sur les *confiscations* et *amendes* lorsqu'elles auront été prononcées par un jugement en dernier ressort ou ayant force de chose jugée ». La loi du 4 germinal an II prohiba les transactions : défense est faite aux juges, dit l'article 4, « de modérer la *confiscation* et l'*amende* sous peine d'en répondre personnellement ». Le décret du 23 brumaire an III rétablit le droit de transaction, mais au profit non plus de la régie mais de la commission des revenus nationaux qu'elle autorise à faire « sur la *confiscation* et l'*amende* telle remise qu'elle jugera convenable » (art. 1er). L'article 17 de la loi du 9 floréal an VII défend de faire aucune remise « sur les *confiscations* et *amendes*, etc., etc. ». Il n'y a qu'un seul texte de notre législation douanière qui s'exprime en termes généraux, sans spécifier la nature de la peine ; c'est l'arrêté des consuls du 15 fructidor an X. Il s'exprime ainsi : « L'administration des douanes est autorisée à transiger sur les procès relatifs aux contraventions aux lois qui régissent cette partie des revenus publics, soit avant, soit après jugement ». Cette généralité ne peut pas cependant être considérée

comme exprimant que le législateur a voulu innover et
accorder le droit de transaction quelle que soit la condamnation encourue. Car si telle avait été sa volonté, il
eût été obligé de l'indiquer, à raison de la portée de son
innovation. D'autre part, le décret du 8 août 1890, qui
est venu réglementer le droit de transaction consacré
par l'arrêté de l'an X, se base, pour fixer quelle autorité
sera compétente pour approuver la transaction, sur la
quotité, le *chiffre*, le *montant* des condamnations encourues, et ces mots supposent des peines pécuniaires.

Une pareille distinction, pour la transaction, entre les
condamnations pécuniaires et les condamnations corporelles n'a rien qui doive étonner. D'une part, le droit
de transiger découle du droit de poursuivre qui est reconnu aux administrations financières et nous avons
démontré que le droit de poursuivre est limité aux
condamnations pécuniaires. D'autre part, on conçoit
que le législateur n'ait pas voulu livrer à l'arbitraire des
administrations la répression des délits, qui supposent
d'ordinaire une fraude accompagnée de circonstances
qui en font un véritable délit moral ; tandis que les
contraventions, c'est-à-dire les infractions punies seulement d'amendes et de confiscations, proviennent souvent d'une erreur ou de l'ignorance des règlements et
intéressent moins l'ordre public.

La Cour de cassation n'en a pas moins décidé que la
faculté de transiger existe non seulement pour les condamnations pécuniaires, mais encore pour les condam-

nations corporelles. Elle se fonde : 1° sur ce que l'arrêté
de l'an X ne fait aucune distinction et autorise d'une
manière générale l'administration à transiger ; 2° qu'un
des motifs de l'arrêté est qu'il serait dans certains cas
contre l'équité d'appliquer les peines de la fraude ; que
ce n'est pas à l'autorité judiciaire qu'il pourrait appartenir d'apprécier les circonstances qui rendraient une
infraction plus ou moins excusable puisqu'il n'est pas
permis aux juges d'excuser le contrevenant sur l'intention et que, lorsque le fait matériel de la contravention a été constaté, ils ne peuvent se dispenser d'appliquer dans toute leur rigueur les peines portées par la
loi ; que le vœu de cet arrêté ne serait donc pas rempli
si, lorsqu'il y a eu transaction, l'action du ministère
public pouvait encore être intentée ou suivie devant les
tribunaux. Nous reproduisons les considérants d'un
arrêt de la Chambre criminelle du 30 juin 1820.

C'est cette doctrine de la Cour de cassation qui a
triomphé dans la pratique.

La jurisprudence et les administrations n'assimilent
cependant pas complètement les condamnations pécuniaires et les condamnations corporelles au point de
vue de la transaction. Il est en effet admis que la transaction, lorsqu'elle précède le jugement, arrête l'action,
quelle que soit la nature de la peine applicable à l'infraction. Lorsque, au contraire, elle n'intervient qu'a-
près jugement, l'amende et la confiscation peuvent
encore être remises en tout ou en partie, et cela alors

même que le jugement de condamnation serait devenu
définitif ; mais, après jugement définitif, l'administration ne peut plus remettre ou réduire la peine de l'emprisonnement : ce droit appartient au chef de l'État seul.
L'administration a bien essayé de le revendiquer, mais
elle a renoncé à cette prétention depuis 1844 (circulaire
du ministre de la justice du 1er janvier 1844, et circulaire de l'administration des douanes du 24 janvier
1844).

Une légère modification à ces principes a été introduite par l'article 15 de la loi du 21 juin 1873 sur les
boissons. Lorsque l'infraction est passible d'emprisonnement en vertu de l'article 46 de la loi du 28 avril 1816
et des articles 12 et 14 de celle du 21 juin 1873 (fraude
par escalade et par souterrain), le droit de transaction
ne peut jamais être exercé qu'après jugement et seulement sur le montant des condamnations pécuniaires. On
a voulu maintenir l'effet salutaire que doit inspirer la
crainte de la prison.

Quelques membres de la commission qui prépara
cette loi demandèrent même que l'on supprimât définitivement et dans toutes les circonstances le droit de transaction. La proposition fut repoussée, et voici les raisons de ce rejet que nous trouvons développées dans le
rapport sur cette loi : « C'eût été dépasser la mesure.
La transaction est tout autant dans l'intérêt du contrevenant que dans celui du Trésor. Combien de contraventions en effet sont dues à l'ignorance, à l'erreur, à

la légèreté. Déférés aux tribunaux, les délinquants seront condamnés, quoi qu'il arrive, à une amende dont le chiffre sera fort élevé, tandis que dans les mêmes circonstances l'administration ne se refusera jamais à transiger avec eux et pour une somme la plupart du temps insignifiante ».

Bien que la commission ne l'ait pas indiqué, si le droit de transaction n'a pas été supprimé, c'est encore et surtout parce qu'il a été établi, comme nous l'avons déjà remarqué, dans un but fiscal tout autant que dans un but d'humanité. Car à la raison qu'a donnée la commission pour justifier le maintien du droit de transaction, il y a réponse : Sans doute, peut-on dire, le droit de transaction est indispensable pour empêcher les injustices et servir de palliatif à ces textes inflexibles édictant des peines souvent draconiennes qu'il n'est pas permis aux magistrats de modérer malgré toutes les circonstances favorables du fait soumis à leur appréciation. Mais ce n'est qu'un pis-aller. Ne vaudrait-il pas mieux couper le mal par la racine, supprimer précisément de nos lois fiscales cette disposition qui interdit aux juges de modérer les peines, en un mot admettre les circonstances atténuantes pour tous les délits fiscaux ? Il ne serait plus nécessaire alors de transiger : la transaction se ferait devant un tribunal qui apprécierait le fait et appliquerait la peine que dans sa conscience il croirait devoir appliquer. Il y aurait à cela un double avantage : d'abord ce serait un retour au droit commun, chose toujours désirable, car une législation ne peut que gagner à compter le moins possible d'exceptions à la règle habituelle. Et ici l'exception au droit commun est d'autant plus grave que le droit de transaction des administrations financières est un véritable démembrement du droit de grâce, et qu'il est dès lors en opposition avec la règle constitutionnelle qui attribue au chef de l'État seul le pouvoir de remettre ou de modérer les peines prononcées par les tribunaux. Ensuite, avec l'application de l'article 463, une satisfaction beaucoup plus complète qu'avec le droit de transaction serait donnée à l'équité : l'on pourrait alors voir la peine réellement proportionnée au plus ou moins de moralité de l'agent. Car le droit de transaction est susceptible de dégénérer en régime du bon plaisir et de l'arbitraire, et peut ne plus répondre ainsi au but que lui a assigné le législateur. Il y aurait, certes, mauvaise grâce à renchérir sur cet inconvénient, puisque jusqu'à présent le droit de transaction a fonctionné sans aucun froissement, grâce à la modération et au tact des préposés des diverses administrations. Mais ne suffit-il pas que l'on puisse éprouver cette crainte, ne suffit-il pas que cette éventualité que nous signalons puisse se produire dans un cas même isolé, pour que l'on fasse disparaître au plus tôt de nos lois une institution capable de faire naître le plus léger soupçon sur l'impartialité des représentants de nos grandes administrations ? En tout cas, l'on ne peut nier que le droit de transaction présente au moins un inconvénient : celui de créer une certaine inégalité entre les personnes qui, soit par erreur ou par négligence, soit avec intention coupable, se rendent passibles d'une condamnation. Celles qui sont placées dans une certaine condition de fortune peuvent demander à transiger ou accepter une transaction offerte par l'administration ; tandis qu'une transaction sera rarement à la portée de la bourse des pauvres gens, que l'on peut même supposer faisant la fraude pour le compte d'autres et moyennant salaire. Si donc la question ne se présentait que sous cet aspect, il semble qu'il ne devrait pas y avoir d'hésitation et que le droit de transaction devrait disparaître de nos lois d'impôts. Mais la question est plus complexe. Et si l'extension aux délits fiscaux de l'article 463 du Code pénal sur les circonstances atténuantes remplacerait avantageusement la transaction moyen de réparer des injustices ou d'adoucir la sévérité de la répression, elle ne pourrait certainement pas remplacer la transaction moyen fiscal. De sorte qu'il y a lieu de se demander si cette réforme, malgré ses avantages incontestables, ne serait point trop préjudiciable aux intérêts du fisc, et l'on conçoit jusqu'à un certain point que le législateur hésite à la faire.

Observation. — Pour en finir avec les transactions, nous devons faire remarquer que nos lois fiscales n'ont pas réglementé la transaction, soit au point de vue de la forme, soit au point de vue du fond.

Il faut en conclure qu'elle est soumise aux règles de droit commun énumérées dans les articles 2044 et suivants du Code civil. Par exemple, s'il y a plusieurs inculpés, il devra être fait un original pour l'administration et autant d'originaux qu'il y a d'inculpés. Il faudra également appliquer pour la capacité du contrevenant la règle de l'article 2045.

Comme toute transaction ordinaire, la transaction consentie entre l'une des administrations financières et le délinquant a entre les parties l'autorité de la chose jugée en dernier ressort, et elle ne peut être attaquée que pour les causes énumérées au Code civil.

Nous devons aussi dire quelques mots d'un arrangement que dans la pratique l'administration de l'enregistrement conclut avec le délinquant, en matière d'insuffisance de prix ou de revenu, et qui porte le nom de *soumission*. Lorsque des insuffisances ou des dissimulations ont été commises dans des actes ou dans des déclarations, l'administration peut faire la preuve de l'insuffisance ou de la dissimulation et obtenir du tribunal de première instance, seul compétent pour connaître du débat qui s'élève entre elle et le contribuable, une augmentation de la valeur imposable fournie par l'acte ou la déclaration des parties. Par esprit de conciliation, elle conclut avec le délinquant un accord appelé soumission, par lequel celui-ci reconnaît l'insuffisance et s'engage à payer un supplément de droits simples et en sus sur l'augmentation de valeur qu'il a reconnue.

Moyennant cet engagement, l'administration le tient quitte de l'amende dont il est passible, et il évite aussi les frais d'expertise.

Il existe sur la nature de la soumission une contro- verse très délicate : constitue-t-elle une véritable tran- saction?L'administration l'a toujours considérée comme telle, mais aujourd'hui elle tend avec la jurisprudence à y voir seulement un aveu extrajudiciaire du délinquant emportant acquiescement à la demande de l'adminis- tration. La question n'est pas sans intérêt, puisque si ce n'est pas une transaction, la soumission ne doit pas être rédigée en double, un seul exemplaire suffit ; d'au- tre part l'administration, malgré la soumission, si elle ne constitue pas une transaction, peut élever de nou- velles réclamations fondées sur des documents arrivés depuis lors à sa connaissance.

TROISIÈME PARTIE

DE LA PEINE

CHAPITRE VI

DES PEINES FISCALES DANS L'ANCIEN DROIT.

Tandis que nos lois civiles sont la reproduction plus ou moins exacte de principes admis autrefois, on peut dire, d'une manière générale, que le système de pénalité du droit moderne ne ressemble en rien au système de pénalité du droit ancien.

Cette observation se vérifie particulièrement pour les peines fiscales, et il ne peut manquer d'intérêt de retracer à grands traits les diverses phases de leur évolution.

Nous ne possédons pas de documents sur le mode de répression des fraudes en matière d'impôts qui était usité à Athènes. Tout ce que nous savons, c'est que la confiscation était l'une des peines encourues. Elle s'appliquait notamment aux marchandises que l'on avait

voulu soustraire aux taxes légales : Démosthènes
(C. Midias, 133) fait allusion aux coupes, aux vases, aux
vêtements délicats de Midias saisis par les douaniers du
Pirée. Mais nous ne savons pas quelles étaient les autres
peines que la confiscation qui atteignaient les fraudeurs.
M. Thonissen présume qu'elles devaient être très rigoureuses. « Dans un pays, dit-il, où les débiteurs du
Trésor étaient frappés de dégradation civique, où le
métèque qui ne payait pas la taxe des étrangers était
vendu comme esclave, où l'exploitation irrégulière des
mines était parfois punie de mort, les violateurs des
lois fiscales ne pouvaient être traités avec indulgence (1) ».

L'ancien droit romain punissait les délits fiscaux avec
son habituelle rigueur de fer. Tite-Live (I, 44) nous
apprend que « Servius Tullius, une fois qu'il eût achevé
les opérations du cens, — dont il avait hâté la fin par
des menaces de peines corporelles et de mort contre
ceux qui ne se seraient pas soumis au recensement,
— ordonna à tous les citoyens de se réunir au Champ
de Mars à la première heure. Là, il célébra les sacrifices
expiatoires (2) ». Cicéron (*Pro Cæcina*, 34) dit que celui
qui n'obéissait pas au cens perdait la liberté et le patri-

(1) Thonissen, *Le droit pénal de la République athénienne*, p. 361.
(2) « Censu perfecto, quem maturaverat metu legis de incensis
latæ cum vinculorum minis mortisque, edixit, ut omnes cives ro-
mani....... in Campo Martio prima luce adessent. Ibi instructum
exercitium omnem suovetaurilibus lustravit. Idque conditum lus-
trum adpellatum, quia is censendo finis factus est ».

moine : « Quand le peuple vend un citoyen qui s'est
soustrait au service militaire, il ne lui ôte pas sa liberté,
mais il juge qu'il n'en est plus en possession parce que,
pour la conserver, il n'a pas voulu affronter les périls
de la guerre. Et lorsque le peuple vend celui qui ne s'est
pas fait inscrire par les censeurs, il juge que, l'inscription sur ce rôle affranchissant un esclave légitime, tout
homme libre qui n'a pas voulu réclamer a de soi-même
renoncé à la liberté (1) ». La loi romaine ordonnait
ainsi de vendre ceux qui ne se faisaient pas inscrire sur
le rôle des censeurs. Leurs biens étaient également
vendus. De même que l'on vendait, avec tous ses biens,
celui qui ne se rendait pas à l'armée après avoir été
inscrit sur le rôle des soldats. Denis d'Halicarnasse
(*Antiquitatum romanorum*, livre 4, 15 et livre 5, 75)
reproduit la même affirmation, qu'il complète en nous
disant que l'*incensus* était en outre frappé de verges.
Il ajoute que cette loi resta longtemps en vigueur
chez les Romains (2). Le Code théodosien contient la
preuve que la fausse *professio censualis* d'un contribuable était punie encore à la fin de l'empire ro-

____

(1) « Jam populus, quum eum vendidit, qui miles factus non est,
non adimit ei libertatem ; sed judicat, non esse eum liberum, qui,
ut liber sit, adire periculum noluit. Quum autem incensum vendit,
hoc judicat : quum is, qui in servitute justa fuerit, censu liberetur,
eum, qui, quum liber esset, censeri noluerit, ipsum sibi libertatem
abjudicasse ».

(2) « Ei vero qui census non fuisset hanc pœnam proposuit, ut
bonis spoliaretur, et vergis cœsus sub hasta veniret. Atque lex ista
diu apud Romanos duravit » (livre 4, 15).

main de mort et de la confiscation des biens (XIII, XI, leg. I) (1).

Les fraudes qui sont aujourd'hui frappées d'une amende entraînaient donc à Rome les peines les plus graves.

Si de la législation romaine on passe à la législation de notre ancienne France, on est tenté de dire que la civilisation s'est immobilisée et n'a fait aucun progrès. Lorsqu'on lit la partie de nos anciens textes relative aux infractions fiscales, on est en effet frappé de ce qu'ils ont de dur et d'inexorable. Il est vrai qu'à une époque où le fond du système de répression était la peine de mort et les supplices les plus atroces, où l'on considérait que la mort n'aurait pas été une expiation suffisante à elle seule et si elle n'eût pas été précédée de tortures et de mutilations corporelles prodiguées, le droit pénal fiscal ne pouvait qu'être d'une sévérité excessive.

Pour croire à cette rigueur, il faut avoir sous les yeux les ordonnances qui édictaient des peines contre ceux qui s'exposaient à vendre du faux sel :

Ordonnance des Gabelles de 1680 (titre 17, art. 3) : « Voulons que ceux qui se trouveront saisis de faux sel et convaincus d'en faire le trafic soient condamnés, savoir : les faux-saulniers attroupés en armes aux galè-

______

(1) « Si quis declinet fidem censuum et mentiatur callide paupertatis ingenium, mox detectus, capitale subibit exitium, et bona ejus in fisci jus migrabunt ».

res, et les pourvoyeurs à 500 livres d'amende ; en cas de récidive, pendus et étranglés ; les faux-saulniers sans armes, pour la première fois à 300 livres d'amende, en cas de récidive aux galères pour 9 ans ».

Déclaration du 5 juillet 1704 :

« Voulons que les faux-saulniers attroupés au nombre de 5 et au-dessus, armés de fusils, baïonnettes, pistolets, épées, bâtons ferrés ou autres armes offensives, soient punis de mort ; ceux qui seront en moindre nombre que de 5, avec armes, soient condamnés pour la première fois aux galères, et en cas de récidive à la mort ».

Déclaration du 22 juin 1722 (art. 6) :

« Faisons très expresse prohibition et défense, même à nos cours supérieures, en cas d'appel, de réduire ni modérer les peines et amendes..... pour quelque cause et sous quelque prétexte que ce puisse être ».

D'après une *déclaration du 27 janvier* 1733, qui punit de mort la contrebande par attroupements et à main armée, « trois personnes marchant ensemble constitue un attroupement ». La même peine est appliquée à ceux qui escortent les transports frauduleux s'ils sont en nombre de 5 et armés, et la déclaration décide que « le crime d'escorte est constaté par cela seul que l'accusé a été vu à un endroit et à un moment quelconque suivant le convoi ».

Les ordonnances étaient moins sévères pour les femmes. Elles reconnaissaient la nécessité de les traiter avec un peu de douceur, si toutefois on peut appeler ceci de la douceur : la peine des galères était remplacée par celle du fouet, à laquelle venaient se joindre souvent la flétrissure et le bannissement. 100 livres d'amende pour un premier crime ; le fouet, nues sur la place publique, et 300 livres d'amende pour la récidive ; une nouvelle rechute entraînait le bannissement perpétuel (art. 5 et 8, titre 17, de l'ordonnance de 1680).

L'article 10, titre 17 de la même ordonnance et l'article 10 d'un édit d'octobre 1726 punissaient de mort les commis et autres préposés coupables de contrebande, tandis que pour la même infraction les autres sujets du royaume n'encouraient qu'une peine afflictive ou une amende.

Voilà quelques-uns des principaux textes. Pour bien les comprendre, il faut savoir que l'impôt du sel, *la gabelle du sel* pour employer l'expression propre, était doublé d'un monopole. Les particuliers ne pouvaient acheter du sel que dans les greniers de l'État. On les obligeait même à prendre une certaine quantité, et s'ils ne l'achetaient pas ils étaient présumés acheter leur provision de contrebande. L'approvisionnement dans les greniers publics était tellement obligatoire qu'il était interdit de puiser de l'eau de mer à peine de 40 livres d'amende.

Une autre observation nécessaire pour l'intelligence des textes que nous nous sommes contenté de citer, car ils n'ont pas besoin de commentaire, nous est fournie par Denisart, procureur au Châtelet. Denisart nous apprend que l'on n'entendait pas seulement par faux sel celui qui provenait d'ailleurs que des greniers de la ferme générale, mais encore celui qui avait été pris dans un grenier de la ferme mais autre que celui du ressort.

Quant au commerce du sel étranger, il était interdit à peine des galères à perpétuité.

Si jusqu'à présent nous n'avons parlé que de la gabelle du sel, c'est parce que le sel était à cette époque considéré par le fisc comme le fondement de l'impôt indirect. Il semble même que nos anciens financiers l'aient regardé comme l'impôt par excellence : on peut l'induire du nom de *gabelle* qui, par son étymologie, est applicable à tous les impôts, mais que l'on réservait plus spécialement pour celui-ci ; on disait communément « la gabelle » pour désigner l'impôt sur le sel. Si, du reste, on veut avoir une idée de son importance, il suffit de se reporter au compte général des revenus et dépenses fixé au 1er mai 1789 et présenté par Necker à l'Assemblée nationale : le produit net des gabelles y est évalué 60 millions.

Mais la contrebande sur le tabac était punie tout aussi sévèrement, et l'on peut dire que jusqu'à la loi du 27 mars 1791 il était défendu sous peine des galères de fumer d'autre tabac que celui de la France.

Il en était de la contrebande sur les toiles peintes comme de la contrebande sur le sel et de la contrebande sur le tabac.

Ce n'est pas tout. Les amendes encourues pour contrebande sur le sel, le tabac, les toiles peintes, si elles n'étaient pas payées au moins jusqu'à concurrence de 300 francs dans le mois qui suivait le jugement de condamnation, pouvaient être converties en peines afflictives. La conversion avait lieu sur simple requête du fermier, sans instruction nouvelle. En matière de faux-saunage et de contrebande sur les toiles peintes, l'amende de 200 livres était remplacée par le fouet, et celle de 300 livres par la peine des galères pour 3 ans à l'égard des hommes, le fouet et le bannissement à l'égard des femmes (Ordonnance de 1680, titre 17, art. 8 et édit d'octobre 1726, art. 4). L'amende de 1000 livres encourue pour contrebande sur le tabac était remplacée par la peine des galères pour les hommes, celle du fouet suivie du bannissement pendant 5 ans pour les femmes (déclaration du 6 décembre 1707, art. 1er).

Une ordonnance royale, portant la date du 15 février 1744, établissait cependant une distinction entre les contrebandiers qui avaient été dès le principe condamnés à la peine des galères pour leurs délits et ceux qui n'y avaient été envoyés que pour non paiement de leurs amendes. Les uns et les autres vont au bagne, mais les premiers seuls doivent être marqués au fer rouge, sur l'épaule, des lettres G. A. L.

Cette conversion de l'amende en une peine afflictive avait très souvent lieu sur la demande même des contrebandiers. La contrainte par corps étant perpétuelle, ils préféraient encore les galères à temps ou le fouet à une amende pour laquelle ils auraient pu être maintenus indéfiniment sous les verrous.

Ce devait être en effet, à cette époque, une perspective bien affreuse que celle d'un emprisonnement dont on ne pouvait prévoir la fin ! Laissons parler l'intendant de Soissons Le Vayer : après avoir raconté qu'il trouva dans les prisons de Guise 11 prisonniers, 7 pour le sel et 4 pour le tabac ; que 5 d'entr'eux n'étaient que des enfants de 10 à 13 ans qu'il mit en liberté, il ajoute : « Ils étaient 11, tant hommes, femmes que filles, dans une espèce de cachot qui n'a pas 12 pieds en carré, sans avoir la liberté de la cour. A Vervins, les prisonniers des gabelles sont gardés dans le fond d'un puits sec où on les fait descendre par une échelle et où le jour ne paraît jamais ».

Jusqu'à son dernier jour le fisc de l'ancien régime a ainsi fait usage du gibet et des galères. Pendant la période révolutionnaire, nous trouvons des restes de ces habitudes barbares dans le décret de la Convention du 1er mars 1792 punissant de 20 ans de fer l'importation des marchandises anglaises ; dans ces bûchers où Napoléon se vantait d'entasser les marchandises provenant de cette nation ; dans la loi de floréal an XI qui, comme nous aurons occasion de le constater plus loin, replaça la contrebande au rang des crimes et prononça contre elle des peines afflictives et infamantes.

Ce caractère exorbitant des peines infligées aux fraudeurs, surtout si l'on y joint les exactions dont les collecteurs se rendaient coupables et dont Jean-Jacques Rousseau nous a laissé, dans ses *Confessions*, un tableau qui peut paraître exagéré mais qui n'est pourtant que la reproduction trop exacte de ce qui se passait, explique les séditions qui éclataient à chaque instant sous l'ancien régime et les pillages qui leur servaient d'escorte. Il explique ce cri de haine qui, d'un bout à l'autre de la France, s'élevait contre les « *gabelous* » et les « *maltôtiers* ».

Il n'empêchait point cependant les fraudes. Il est même très curieux de parcourir à cet égard les mémoires de nos anciens contrôleurs généraux des finances.

Le Comte Mollien (1), qui, avant d'être ministre du Trésor sous Napoléon Ier, avait été un des principaux commis des finances sous Louis XVI, dit que dans la seule année 1783 il y eut plus de 200 condamnations aux galères pour la contrebande des sels et que sur les 6.000 forçats que renfermaient les bagnes un tiers était composé de contrebandiers.

Necker (2) constate, d'après les dépouillements faits en vertu d'un ordre du roi, que par année commune le faux-saunage occasionnait en France 3.700 saisies dans l'intérieur des maisons ; qu'on arrêtait sur les grands chemins et dans les lieux de passage 2.300 hommes,

(1) *Mémoires d'un ministre du Trésor public.*
(2) *Traité de l'administration des finances de la France*, t. 2, p. 57, en note.

1.800 femmes, 6.000 enfants, 1.100 chevaux et 50 voitures ; que le nombre d'hommes envoyés annuellement
aux galères pour la contrebande du sel et du tabac dé-
passait 300, et que cette contrebande y maintenait constamment 1.700 à 1.800 hommes : c'était à peu près le
tiers des forçats.

Calonne (1) nous apprend que l'impôt sur le sel « fait
condamner tous les ans à la chaîne et à la prison plus
de 500 chefs de famille et occasionne plus de 4.000 saisies ».

Au reste, en dehors même de ces assertions, qui ont
le plus grand poids puisqu'elles émanent d'hommes du
métier et d'hommes aussi compétents, le nombre des
surveillants permettrait, à lui seul, de juger du nombre
des délinquants : 1.200 lieues de douanes intérieures
sont gardées par 50.000 hommes, dont 23.000 soldats
sans uniforme.

Et si l'on veut savoir comment la contrebande atteignait une proportion aussi forte et bravait des pénalités
aussi atroces, on trouvera l'explication dans les inégali-
tés qui existaient dans la répartition des impôts. Les
droits auxquels étaient soumises les différentes provinces du royaume n'étaient pas les mêmes. Pour ne citer
que cet exemple, sans parler de la division du royaume
en pays de grandes gabelles, pays de petites gabelles,
pays rédimés et pays exempts, le prix du sel variait de

(1) *Mémoire remis aux notables concernant la gabelle*, le 12 mars
1787.

province à province, subitement, sans transition, dans une proportion considérable. Le muid de sel, qui valait 59 livres dans le Maine, n'en coûtait que 2 ou 3 à quelques lieues de là ; de 9 livres dans le Limousin et l'Auvergne, il s'élevait dans le Berry et le Bourbonnais jusqu'à 61 livres. Ce qui avait fait dire à un de nos anciens auteurs : « Un seul État en forme plusieurs dans la régie et perception des droits (1) ». Il en résultait l'appât pour les fraudeurs d'un gain considérable. Or, plus l'avantage de faire la contrebande était grand, plus la tentation était forte.

(1) Mémoires rédigés par Moreau de Beaumont d'après les ordres du roi et publiés en 1769.

Bibliographie : Clamageran, *Histoire de l'impôt en France* ; Fournier de Flaix, *La réforme de l'impôt en France* ; Noël, *Etude historique sur l'organisation financière de la France* ; Stourm, *Les impôts et l'ancien régime.*

CHAPITRE VII

DES PEINES FISCALES DANS LE DROIT MODERNE.

SECTION I. — Généralités.

Aujourd'hui nous n'avons plus aux galères ces milliers de pauvres gens qu'y envoyait le faux-saunage. Les temps modernes ont apporté un adoucissement dans le châtiment.

A la suite de la période révolutionnaire, la contrebande fut bien considérée de nouveau comme un crime et on avait cru devoir la frapper des peines les plus graves. La loi du 13 floréal an XI (3 mai 1803), dans son article 4, prononçait la peine de mort contre les contrebandiers avec attroupement et port d'armes, et contre leurs complices. Toutefois la peine des complices n'était que les fers de 5 à 10 ans lorsqu'ils avaient ignoré que la contrebande était faite avec attroupement et port d'armes. L'article 5 permettait aux juges de faire bénéficier de cet adoucissement du châtiment les contrebandiers eux-mêmes lorsqu'ils n'avaient pas fait usage de leurs armes. Mais la loi du 28 avril 1816 (art. 41 à 47 du titre 5, qui ont été maintenus par la loi du 21 avril 1818) a modifié la criminalité des faits de contrebande et n'a prononcé

que des peines correctionnelles : confiscation des marchandises et moyens de transport ; amende solidaire de
1.000 francs ou du double de la valeur des objets confisqués ; emprisonnement de 6 mois à 3 ans.

Il n'y a donc plus de peines afflictives ou infamantes
en matière fiscale.

Quant à la peine correctionnelle de l'emprisonnement,
elle est devenue elle-même très rare et exceptionnelle.
Les peines fiscales sont aujourd'hui presque exclusivement des peines pécuniaires. Une certaine concordance
a ainsi été établie entre la nature du délit commis et sa
répression. En frappant le coupable dans sa fortune, on
le punit en effet par où il a péché : il a eu en vue lorsqu'il
a commis le délit la réalisation d'un bénéfice pécuniaire
au détriment du Trésor; c'est une perte pécuniaire qu'on
lui fait subir ; c'est la cupidité qui l'a porté à l'infraction,
c'est la cupidité que l'on punit chez lui, et le droit atteint par la peine se trouve analogue au droit lésé par le
délit, ce qui est toujours désirable.

Ces raisons qui ont poussé le législateur à édicter surtout des peines pécuniaires en matière fiscale, convien-
nent plus particulièrement à l'amende. Mais la confiscation se justifie tout aussi aisément. Si on laissait en la
possession des fraudeurs les objets qu'ils ont voulu introduire en fraude et les moyens de transport, ce serait
les encourager à commettre un nouveau délit. D'autre
part, la confiscation est souvent le seul moyen d'atteindre les principaux auteurs de l'infraction qui savent

d'ordinaire rester dans l'ombre et faire agir des agents secondaires qui se font d'autant mieux leurs complices qu'ils sont la plupart du temps insolvables et n'exposent rien. A défaut de confiscation, ces auteurs véritables de l'infraction seraient trop assurés de s'enrichir sans courir aucun danger.

L'amende et la confiscation, telle est donc la répression qui convient le mieux au délit fiscal, sa répression naturelle, si nous osons nous exprimer ainsi.

Quelques auteurs ont cependant fait observer que les amendes punissent à peine le contribuable s'il est riche, et que s'il est pauvre elles le frappent avec une sévérité excessive. Et ils ont proposé de prononcer contre les riches la peine de l'emprisonnement qui serait pour eux plus efficace ; les amendes au contraire seraient réservées pour les plus pauvres, sur lesquels elles auraient plus d'effet qu'une peine corporelle. Cette proposition repose peut-être sur une observation vraie. Mais il est à peine besoin de dire qu'elle est inacceptable. Sans parler des incertitudes auxquelles donnerait lieu l'application d'un pareil système, des difficultés que l'on éprouverait lorsqu'il s'agirait de déterminer la quotité de fortune au-dessus de laquelle l'amende serait remplacée par l'emprisonnement, nous nous bornerons à lui adresser une critique qui le ruine en entier : il constitue une violation par trop manifeste de ce principe écrit au frontispice de notre Constitution « la loi doit être égale pour tous ».

SECTION II. — **Exposé des différentes peines.**

Ayant ainsi caractérisé le système des peines fiscales du droit actuel, nous pouvons maintenant aborder les détails. Nous allons les répartir en deux paragraphes :

Dans le premier nous indiquerons les peines édictées en matière de douanes, contributions indirectes et octrois ;

Dans le second, les peines de timbre et d'enregistrement.

§ 1er. — *Des peines en matière de douanes, contributions indirectes et octrois.*

La *législation pénale douanière* prononce l'emprisonnement, l'amende, la confiscation spéciale, la privation de certains droits.

L'emprisonnement a été maintenu en matière de douanes à cause du trouble social, des désordres que peut causer la contrebande, qui est une menace pour la paix publique et pas seulement pour la rentrée de l'impôt.

Il n'est cependant prononcé que dans des cas d'une gravité particulière. Les seules lois qui l'édictent sont celles relatives à la contrebande du sel ; à l'importation frauduleuse de marchandises prohibées, taxées à 20 fr. et plus les 100 kilos ou soumises à des taxes de consommation intérieure ; à l'exportation des chiens de forte race.

Sa durée varie entre trois jours et trois ans. Mais ce serait une erreur de croire que le juge est libre de se mouvoir entre ces deux limites. La loi fixe pour chaque catégorie de faits délictueux un maximum et un minimum spécial. Dans un seul cas elle n'a pas procédé de cette manière : l'article 42 de la loi du 28 avril 1816, titre 5, ne fixe pas le maximum ni le minimum de la peine. Il a été jugé par la Cour de cassation (1), et depuis la question ne soulève plus de doutes, qu'il faut appliquer dans ce cas la règle de l'article 40 du Code pénal qui est générale : le minimum doit être fixé à 6 jours et le maximum serait de 5 années.

L'amende et la confiscation sont les peines usuelles.

L'*amende* en matière de douanes, comme dans toutes les autres matières fiscales, a ceci de particulier qu'elle est généralement fixe. Elle diffère donc de l'amende prononcée pour les délits ordinaires, qui doit se renfermer dans un maximum et un minimum entre lesquels le juge a la faculté de se mouvoir, prononçant tantôt le maximum, tantôt le minimum, tantôt un chiffre intermédiaire. Ici, au contraire, le juge n'a plus cette latitude. Et lorsque la loi fiscale n'a pas fixé l'amende à une certaine somme invariable, elle supprime encore le pouvoir d'appréciation du juge : elle prescrit par exemple que

(1) Cass., 11 octobre 1855, D. P. 55, 1, 447.

l'amende sera du « double du droit » qu'il fallait acquitter, « égale à la valeur de la marchandise » introduite en fraude. Par exception les tribunaux peuvent se mouvoir entre un maximum et un minimum dans le cas de l'article 30 de la loi du 17 décembre 1814 et 10 de la loi du 17 juin 1840, et dans le cas de l'article 15 de la loi du 8 floréal an XI.

La *confiscation* s'applique à tous les délits de douane. C'est du reste en matière fiscale que nous rencontrons les applications les plus nombreuses de cette peine qui est, comme l'amende, une peine pécuniaire puisqu'elle se résout en la perte d'une valeur quelconque. Elle porte sur le corps du délit (objets prohibés, ou introduits sans paiement des droits), et sur les instruments du délit (moyens de transport). La première chose que les employés doivent faire lorsqu'un objet leur paraît suspect de fraude est de le saisir. Mais il peut arriver que, soit par suite de la disparition de la marchandise frauduleuse, soit pour toute autre cause, il soit impossible d'opérer la mainmise réelle. On peut se demander si cette circonstance empêchera les juges de prononcer la confiscation. De très nombreux arrêts ont posé en principe que la confiscation peut être ordonnée bien que les objets n'aient pas été saisis : il suffit qu'ils aient été décrits dans le procès-verbal de manière qu'il n'y ait point de doute sur leur identité (1).

(1) Cass., 6 février 1836 ; Cass., 19 août 1858, D. P. 58, 1, 475 ;

Les lois douanières prononcent une autre peine que nous ne retrouverons pas dans les autres lois d'impôts : la *privation de certains droits*. Le fait d'avoir participé comme assureur, comme assuré, ou comme intéressé à un titre quelconque à la contrebande de marchandises prohibées ou taxées à 20 francs et plus par 100 kilogrammes entraîne l'incapacité de se présenter à la Bourse, d'exercer les fonctions d'agent de change ou de courtier, de voter pour l'élection des juges consulaires ou des conseillers prud'hommes et d'être élu pour aucune de ces fonctions. Nous citerons encore la privation du droit de recevoir du sel en franchise pour les salaisons en cas de certaines infractions aux règlements sur les salaisons.

Ces deux privations de droits sont prononcées avec la peine principale par le juge qui statue sur l'infraction. Voici au contraire une privation de droit qui est prononcée par les autorités administratives : les négociants reconnus coupables d'avoir importé ou exporté des marchandises en fraude à la faveur du transit ou de l'entrepôt peuvent, indépendamment des peines portées par les lois, être privés par un arrêté spécial du gouvernement de la faculté d'entrepôt et du transit ainsi que de tout crédit de droits.

Telles sont les peines édictées par les lois douanières.

Cass., 12 janvier 1877, *Bulletin des arrêts de la Cour de cassation en matière criminelle*, n° 10. — Dans le même sens : Haus, n° 785 ; Garraud, t. 1, n° 366.

Pour les CONTRIBUTIONS INDIRECTES il est encore plus vrai que pour les douanes de dire que les peines fiscales sont surtout des peines pécuniaires. On ne peut citer en effet que de rares infractions en matière de contributions indirectes qui entraînent une peine corporelle :

Deux de ces infractions appartiennent à la législation des boissons, qui forment, on le sait, le principal objet de l'impôt indirect. La première, c'est l'introduction de boissons dans un lieu sujet par escalade, par souterrain ou à main armée. Outre une amende et la confiscation des boissons saisies, l'article 46 de la loi du 28 avril 1816 prononce une peine corporelle de 6 mois de prison. Avant 1873 cette seule fraude en matière de boissons entraînait l'emprisonnement. L'article 12 de la loi du 21 juin 1873 a étendu cette peine aux fraudes sur l'alcool lorsqu'elles sont dissimulées sous vêtements, ou lorsqu'elles sont tentées au moyen d'engins disposés pour l'introduction ou le transport frauduleux d'alcools ou de spiritueux. Sont passibles d'emprisonnement non seulement les principaux auteurs de la fraude, mais encore ceux qui s'en rendent complices en fournissant les engins de transport ou en recélant les alcools.

Le colportage, la distribution, la vente de cartes à jouer sans autorisation, l'usage de cartes prohibées dans les maisons où le public est admis, sont punis, outre de la confiscation des objets de fraude et d'une amende de 1.000 à 3.000 francs, d'un mois d'emprisonnement (loi sur les finances du 28 avril 1816, titre 3, art. 166 et 167).

La fraude au moyen d'engins disposés, en matière d'huiles végétales, est punie, outre la confiscation et l'amende, d'un emprisonnement de 6 jours à 6 mois ; celle par escalade, souterrain ou à main armée d'un emprisonnement d'un mois à un an (art. 6 de la loi des 31 décembre 1873-17 janvier 1874).

La peine d'emprisonnement est encore prononcée dans le cas de récidive. Ainsi l'article 2 de la loi du 28 juillet 1875 relative à la répression de la fraude dans la fabrication et la vente des allumettes chimiques, qui pour une première infraction punit d'une amende de 300 à 1.000 francs et de la confiscation des allumettes fabriquées et des divers instruments et matières servant à la fabrication, édicte contre le contrevenant en cas de récidive un emprisonnement de 6 jours à 6 mois.

En matière d'OCTROI, les peines consistaient d'après la loi du 27 vendémiaire an VII sur l'octroi de Paris en une amende du double droit, puis en une amende égale à la valeur de l'objet soumis au droit d'octroi, en vertu de l'article 14 de la loi du 27 frimaire an VIII. Plus rigoureuses, deux lois du 29 mars 1832 (art. 8) et du 24 mai 1834 (art. 9) ont rendu applicables à la fraude en matière d'octroi les dispositions de la loi du 25 avril 1816 sur les fraudes commises contre les droits d'entrée du Trésor, mais avec cette restriction que l'amende n'est que de 100 à 200 francs pour la fraude dans les voitures particulières suspendues.

En outre, tout objet qui est introduit sans avoir été déclaré malgré l'interpellation faite par le préposé ou sur une déclaration fausse ou inexacte est saisi et la confiscation en est prononcée.

Comme en matière de contributions indirectes, la fraude par escalade, par souterrain ou à main armée est punie d'un emprisonnement de 6 mois.

§ 2. — *Des peines en matière de timbre et d'enregistrement.*

Si l'emprisonnement, quoique devenu très rare, figure tout de même parmi les pénalités édictées par les lois sur les douanes, les contributions indirectes et les octrois, il n'y a jamais d'emprisonnement en matière de timbre et d'enregistrement.

EN MATIÈRE DE TIMBRE, la principale sanction édictée par le législateur est la condamnation à une amende. Mais ce n'est point la seule.

A côté de cette sanction pénale, de cette peine dépouillant le contribuable au profit de l'État, nous rencontrons, en ce qui concerne les effets de commerce une sanction plutôt civile, une peine consistant à appauvrir le contribuable au profit, non plus du Trésor, mais d'un particulier, ou simplement le gênant dans l'exercice de ses droits sans l'appauvrir au profit d'un autre.

Les lettres de change et les billets à ordre sont soumis à la formalité du timbre. La loi du 5 juin 1850, pour assurer le respect de cette disposition, a pris des mesures énergiques. Elle prononce d'abord une amende solidaire de 6 0/0 contre le souscripteur, l'accepteur, le bénéficiaire ou premier endosseur de l'effet non timbré. Elle ne s'est pas contentée de cette amende, elle a prononcé des déchéances contre le porteur de l'effet non timbré : elle a restreint son recours et décidé qu'il n'aurait d'action, en cas de non acceptation, que contre le tireur, et, en cas d'acceptation, seulement contre l'accepteur et le tireur, si ce dernier ne justifie pas qu'il y avait provision à l'échéance. En principe donc, le porteur d'un effet de commerce non timbré est considéré comme un porteur négligent (art. 5 de la loi de 1850).

L'article 8 de la même loi prononce en outre la nullité des mentions « retour sans frais » qui peuvent être apposées sur des effets non timbrés.

Indépendamment de l'amende et de la sanction spéciale édictée par l'article 5 de la loi de 1850 en matière d'effets de commerce, il est des cas où la loi a refusé aux contrevenants certains concours : la mesure la plus grave à cet égard est renfermée dans l'article 24 de la loi du 13 brumaire an VII. C'est la défense faite aux officiers publics ou ministériels de rédiger aucun acte en conséquence d'un autre non timbré. Cet acte restera ainsi sans exécution. Et pour arriver à la dénonciation indirecte de la contravention, l'article 49 de la loi de 1850 prescrit à ces officiers, lorsquils doivent mentionner dans un acte un titre sujet au timbre, de déclarer expressément dans l'acte si le titre est ou non timbré et d'énoncer la quotité du timbre (1).

C'est ainsi encore qu'il est défendu à tout établissement public d'encaisser des effets de commerce non timbrés.

De même les statuts de la Banque de France lui interdisent d'admettre ces effets à l'escompte.

Ce sont ces sanctions que nous avions surtout en vue en parlant de peines qui n'appauvrissent le contribuable ni au profit du fisc ni au profit d'un autre, mais qui gênent l'exercice de ses droits.

Constatons, pour être complet sur le système de répression des infractions aux lois sur le timbre, que la jurisprudence du Conseil d'État considère le défaut de rédaction sur timbre comme rendant irrecevables la demande en dégrèvement d'une contribution directe, la soumission d'un adjudicataire, alors surtout que le cahier des charges rappelle que la soumission doit être sur timbre.

Sous l'ancien régime, le timbre avait une influence essentielle sur la validité des actes. Les actes assujettis au timbre et non timbrés étaient d'abord dépourvus de l'authenticité attachée aux actes reçus par des officiers publics. En outre un règlement du 20 mars 1655, un

____

(1) Nous donnons ici au mot *titre* sa portée la plus large, puisque la Cour de cassation a reconnu que cet article 49 ne s'applique pas seulement aux mentions d'effets de commerce, qu'il concerne les actes civils sujets au timbre aussi bien que les actes commerciaux.

règlement du 3 avril 1674 et un édit d'août 1674 en prononçaient la nullité. Lors de la rédaction de la loi de brumaire, la question se posa de savoir si on édicterait la même sanction. Cette prétention fut rejetée et le système des amendes préféré. L'on peut donc tenir pour certain que le défaut de rédaction d'un acte sur papier timbré, lorsque l'emploi de ce papier est obligatoire, n'entraîne plus la nullité de l'acte.

C'est une mesure très sage : il est très grave d'annuler, pour des raisons purement fiscales, les conventions licites des parties ; d'encourager la mauvaise foi pour assurer les intérêts du fisc. Et pour cette même raison l'on s'accorde à critiquer les déchéances prononcées par la loi du 5 juin 1850, qui sans doute ne va pas jusqu'à édicter la nullité (sauf pour la clause de retour sans frais), mais modifie profondément les rapports des parties.

En matière d'enregistrement nous retrouvons ces deux catégories de peines que nous avons distinguées en matière de timbre, les unes appauvrissant le contribuable au profit du Trésor, les autres l'appauvrissant au profit d'un particulier ou le gênant dans l'exercice de ses droits.

Dans la première catégorie rentrent les *amendes* et les *droits en sus*.

La différence qui existe entre les amendes et les droits en sus c'est que les amendes sont des sommes fixes dont le quantum est unique et déterminé d'une manière pré-

cise, tandis que les droits en sus consistent dans une
pénalité égale au droit simple, à un multiple du droit
simple ou à une fraction du droit simple. Les droits en
sus sont donc des amendes établies sur le pied de la
taxe à acquitter : ce sont des amendes, non plus fixes,
mais proportionnelles au principal de l'impôt. En définitive, il n'y a là qu'une manière de s'exprimer, sans
autre conséquence. Il faut reconnaître cependant que la
distinction n'est pas toujours aussi nette ; elle a été
compliquée par les lois récentes : ainsi les droits en sus
dus en cas de défaut d'enregistrement ou de déclaration
des mutations d'immeubles, des mutations de fonds de
commerce, des baux et locations ont pour minimum
une somme déterminée, et à ce point de vue constituent
des amendes ; d'autre part l'amende due en cas de dissimulation dans le prix d'une vente et la soulte d'un
échange de biens immeubles est du quart de la somme
dissimulée, elle se confond avec le droit en sus puisqu'elle est proportionnelle (1).

Il convient du reste d'observer qu'à côté des amendes
fixes qui constituent la règle, il y a des amendes *progres-
sives*. La loi du 23 juin 1857, qui a établi un droit de
transmission sur les cessions de titres ou promesses
d'actions et d'obligations dans les sociétés et compa-

(1) Comme exemples de droits en sus, citons : le droit en sus dû
pour omission ou insuffisance de revenu dans les déclarations de
mutation par décès ; le triple droit dû en cas de contre-lettre de
mutation immobilière ; le demi-droit en sus dû en cas de défaut de
déclaration de succession... etc.

gnies diverses, punit toute contravention à ses dispositions d'une amende de 100 à 5.000 francs (art. 10).
Même pénalité pour les contraventions à la loi du 29 juin
1872 relative à l'impôt sur le revenu des valeurs mobi-
lières. L'article 22 de la loi du 23 août 1871 punit également d'une amende de 100 à 1.000 francs les sociétés,
compagnies et autres assujettis aux vérifications des
agents de l'Enregistrement, qui refusent de communi-
quer à ces agents leurs livres de comptabilité. Il y a
entre cette catégorie d'amendes et les autres amendes
d'enregistrement cette différence que, s'il y a opposition, il appartient au tribunal de fixer, en se tenant dans
les limites du minimum (100 fr.) et du maximum (1.000
ou 5.000 fr.) établis par la loi, la somme qui sera
payée par le contrevenant.

Dans la catégorie des peines d'enregistrement tendant à appauvrir le contribuable, non plus au profit du
Trésor, mais au profit d'un particulier, nous rangerons
la défense faite aux officiers publics et aux tribunaux
de faire usage d'actes non enregistrés, et les dispositions de nos lois relatives aux contre-lettres.

Sur la défense de faire usage d'actes non enregistrés
nous rencontrons plusieurs textes : les articles 23, 41,
42, 47 de la loi du 22 frimaire an VII, l'article 16 de la
loi du 23 août 1871. L'article 23 de la loi de frimaire
défend de faire, avant leur enregistrement, usage des
actes sous-seing privé, soit par acte public, soit en jus-

tice, soit devant toute autre autorité constituée (1).
L'article 41 défend de faire usage d'un acte public non
enregistré aux notaires, greffiers, secrétaires des administrations centrales et municipales. L'article 42 défend
à tout officier public de faire usage d'un acte sous-seing
privé ou passé en pays étranger, non enregistré (2). L'article 47 est relatif à la défense faite aux juges et arbitres,
aux administrations centrales et municipales de prendre
aucun arrêté sur des actes non enregistrés, à peine d'être
personnellement responsables des droits (3). Quant à
l'article 16 de la loi du 23 août 1871, il fait une obligation aux tribunaux d'ordonner l'enregistrement des
actes produits devant eux.

L'importance de la théorie des *contre-lettres* va nous
obliger à nous y arrêter plus longtemps.

On appelle contre-lettre un acte que les parties desti-
nent à rester secret et par lequel elles expliquent, elles
étendent ou elles restreignent les conventions contenues
dans un acte précédent et qui est public.

(1) Il est à noter que cet article n'édicte aucune sanction, de telle
sorte que l'usage en justice ou devant une autorité constituée d'actes
sous-seing privé non enregistrés n'a d'autre résultat que de rendre
l'enregistrement de ces actes obligatoire.

(2) Les articles 41 et 42 de la loi de frimaire prononcent une amende
contre les officiers publics et les secrétaires des administrations centrales et municipales qui contreviennent à leurs dispositions : amende
de 50 francs, réduite à 10 francs par la loi du 16 juin 1824, article 10.

(3) Mais cette responsabilité n'est pas effective. L'administration
s'abstient d'appliquer un texte aussi rigoureux, et elle se borne à
poursuivre le recouvrement des droits contre les parties.

La contre-lettre implique toujours une simulation ou une fraude (sinon on n'aurait pas besoin de la cacher), soit au préjudice d'un particulier, soit au préjudice du fisc.

Ces dernières sont très fréquentes. Dans une vente immobilière par exemple, pour payer une somme moins élevée comme droit de mutation, on indique très souvent dans l'acte un prix inférieur au prix réellement stipulé, et on recourt ensuite à une contre-lettre pour constater le véritable prix. On procède de même pour le loyer ou le fermage d'un bail, etc.

L'article 40 de la loi du 22 frimaire an VII portait : « Toute contre-lettre faite sous signature privée qui aurait pour objet une augmentation du prix stipulé dans un acte public ou dans un acte sous signature privée précédemment enregistré, est déclarée nulle et de nul effet. Néanmoins, lorsque l'existence en sera constatée, il y aura lieu d'exiger à titre d'amende une somme triple du droit qui aurait eu lieu sur les sommes et valeurs ainsi stipulées ».

La première partie de ce texte était entendue en ce sens que la contre-lettre était nulle non seulement envers l'Enregistrement, mais aussi entre les parties. Elle a été abrogée virtuellement par l'article 1321 du Code civil décidant, on le sait, que les contre-lettres sont nulles seulement à l'égard des tiers, mais ont effet entre les parties. Quelques auteurs ont bien essayé de soutenir (1)

(1) Merlin, *Répertoire*, V° Contre-lettre, § 3.

et quelques arrêts ont bien jugé que les contre-lettres
prévues par l'article 40 de la loi de frimaire devaient,
malgré le Code civil, être déclarées nulles même entre
les parties. Le Code civil, ont-ils dit, n'a pas pu abroger
l'article 40 : en effet cet article contient une disposition
spéciale relative à certaines contre-lettres ayant un objet
spécial, tandis que l'article 1321 du Code civil contient
une règle générale applicable à toutes les contre-lettres ;
or les lois générales ne sont pas présumées abroger les
lois spéciales. Mais cette opinion n'a prévalu, ni dans la
doctrine, ni dans la jurisprudence ; et elle ne pouvait
pas prévaloir. Comme le fait remarquer M. Laurent (1),
on peut sans doute dire, lorsque le législateur n'a pas
manifesté son intention, qu'une disposition générale
étant compatible avec une disposition spéciale et exceptionnelle, l'intention du législateur ne sera point de déroger à la loi spéciale par la loi générale ; mais il peut
manifester l'intention contraire. Et ici cette intention
contraire n'est pas douteuse. Cela ressort clairement
des travaux préparatoires : Cambacérès rappela la disposition de l'article 40 de la loi de frimaire et dit qu'elle
ne lui semblait pas juste ; à son avis les contre-lettres
devaient produire leur effet entre les parties contractan-
tes. Tronchet appliqua nettement au fisc la distinction
que l'article 1321 fait entre les parties et les tiers : « Une
contre-lettre doit être valable entre les parties et nulle

(1) *Principes de droit civil français*, t. 19, n° 184.

à l'égard des tiers ; or la régie de l'Enregistrement est un tiers par rapport à l'acte ». Berlier fut encore plus formel : « C'est par des amendes, dit-il, et non par des nullités que les fraudes contre le Trésor doivent être punies ».

La nullité n'existe donc plus. Et s'il était besoin de défendre encore une opinion que l'on ne songe plus à attaquer, nous renverrions à l'article 12 de la loi du 23 août 1871. Il prononce seulement une amende (du quart) contre ceux qui dissimulent au préjudice du fisc une partie du prix : si le contrat était nul, il l'aurait certainement dit.

Aujourd'hui la nullité n'existe plus que pour les contre-lettres qui se rattachent à une cession d'office (loi du 5 juin 1841). Et encore cette nullité est sans caractère fiscal ; elle a pour but non point d'assurer la rentrée de l'impôt, mais d'établir un certain contrôle sur les ventes d'offices ; d'empêcher qu'ils ne se vendent trop cher, et cela dans l'intérêt des particuliers, car les acheteurs qui auraient payé un prix exagéré essayeraient de se dédommager au détriment de leurs clients.

Il ne reste donc de l'article 40 de la loi de frimaire que la disposition qui soumet les contre-lettres à un triple droit.

Cette pénalité n'a pas paru suffisante. Les fraudes augmentant dans de fortes proportions, la loi du 23 août 1871 (art. 12) a remplacé le triple droit par une amende du quart de la somme dissimulée, pour les contre-lettres constatant l'augmentation de prix d'une vente d'immeubles ou d'une soulte dans un échange ou un partage. La loi du 28 février 1872 (art. 8) a ajouté que les dispositions de la loi de 1871 seraient applicables aux mutations de propriété des fonds de commerce ou des clientèles.

Pour tous les autres cas que ceux prévus par ces deux lois, et ils sont nombreux (ventes de meubles, soultes d'échanges et de partages mobiliers, baux, etc.), l'article 40 de la loi de frimaire reste en vigueur, et la pénalité est le triple droit. Cette pénalité continue du reste à régir même les contre-lettres visées par les lois de 1871 et 1872 et antérieures à la promulgation de ces lois.

En 1875 une tentative fut faite pour rétablir le paragraphe 1ᵉʳ de l'article 40 de la loi de frimaire et édicter la nullité des contre-lettres. La Chambre des députés s'y refusa. Nous l'en félicitons. Nous avons vu déjà en matière de timbre combien il est dangereux d'annuler les conventions des parties pour assurer les intérêts du fisc, et de donner ainsi une prime à la mauvaise foi. Rappelons-nous cette phrase de Berlier : « C'est par des amendes et non par des nullités que les fraudes contre le Trésor doivent être punies (1) ».

Aussi trouvons-nous absolument juste que le défaut

____

(1) Il peut être intéressant de remarquer que si en France on a toujours été hostile à ces pénalités consistant à supprimer l'action en justice contre leurs débiteurs aux créanciers qui auraient trompé l'Enregistrement ou qui auraient omis de faire des déclarations, une loi étrangère relativement récente, la première loi d'impôt sur la ri-

d'enregistrement d'un acte ne soit pas une cause de nullité, pas plus que la rédaction sur du papier libre ou sur un timbre qui n'est pas de la dimension prescrite.

La nullité n'est la sanction des lois d'enregistrement que dans un seul cas. Il est prévu par l'article 34 de la loi de frimaire. C'est la nullité des actes d'huissiers soumis au droit fixe et non enregistrés, nullité prononcée indépendamment d'une double amende encourue par l'huissier (amende de 5 francs et amende égale au montant du droit) ; à raison de cette nullité, l'officier public est responsable vis-à-vis des parties.

Telles sont les peines qui frappent ceux qui ont contrevenu aux lois fiscales.

Ces peines peuvent être augmentées à raison de la qualité du délinquant ou de la récidive.

Une aggravation à raison de la qualité du délinquant est établie par l'article 6 de la loi du 13 floréal an XI,

chesse mobilière en Italie (cet impôt a été établi en 1864), contenait, entr'autres dispositions répressives de la fraude, celle-ci :

Le contribuable convaincu d'avoir fait une déclaration incomplète était taxé au double de sa cote normale à titre d'amende, et les propriétaires de capitaux placés n'étaient recevables à exercer leurs droits contre leurs débiteurs qu'après avoir fait constater que les revenus qu'ils tiraient de leurs créances avaient bien été déclarés.

Mais il faut dire que cette disposition s'expliquait au moins historiquement ; car des clauses analogues avaient trouvé place dans les lois fiscales des anciennes républiques italiennes.

(Voir Léon Say, *Solutions démocratiques de la question des impôts*, t. 2, p. 157 et 158.)

qui prononce la peine des fers de 5 à 15 ans (remplacée aujourd'hui par celle des travaux forcés) contre les préposés des douanes et les personnes chargées par la loi de leur prêter main forte qui seraient convaincus d'avoir favorisé la contrebande ou de l'avoir faite eux-mêmes.

Une deuxième circonstance aggravante résulte de la *récidive*. Mais les différents textes qui prononcent une aggravation de la peine pour le cas de récidive sont muets sur les conditions constitutives de cette récidive.

Il en est résulté une première difficulté. Il a été soutenu que, à moins bien entendu que la loi ne déclare expressément que les règles de la récidive sont applicables, il ne peut être question de récidive en matière de simples contraventions fiscales, c'est-à-dire d'infractions punies seulement de peines pécuniaires ; et qu'en cas de délit, il faudra faire une distinction entre les peines pécuniaires et les peines corporelles, et que ces dernières seules pourront être aggravées.

A l'appui de cette opinion on invoque le caractère de réparations civiles qu'on prétend attribuer aux amendes fiscales et que nous aurons bientôt l'occasion de discuter. Les amendes fiscales étant la réparation du préjudice causé à l'État, le préjudice causé par la contravention est totalement réparé par la peine qu'elle comporte. Une contravention commise après la répression d'une première contravention ne cause pas au Trésor un préjudice plus élevé que s'il n'y avait pas eu une première

contravention. Cette seconde contravention doit donc
être punie de la même manière que si elle était unique (1).

Pour nous, qui admettons que les amendes fiscales
ont un caractère pénal, nous décidons au contraire que
si les règles de la récidive légale s'appliquent à la peine
de l'emprisonnement prononcée par les lois d'impôts,
elles doivent s'appliquer également aux peines pécuniaires portées par ces lois.

Or il est admis que les règles du Code pénal sur la
récidive, étant conçues dans les termes les plus généraux, régissent les délits fiscaux comme tous les autres.
Mais lesquelles de ces règles faudra-t-il appliquer?
celles de l'article 483 concernant les contraventions de
police, ou celles des articles 57 ou 58 concernant la récidive du délit? C'est là le siège d'une nouvelle difficulté. Le tribunal d'Annecy (24 décembre 1883) a jugé que
c'était l'article 483 qui devait recevoir application. La
Cour de cassation, les Cours d'Amiens, de Metz et de
Chambéry se sont prononcées dans le sens de l'application de l'article 58. La question n'est pas sans intérêt,
puisque l'article 483 restreint la récidive au cas où il a
été rendu dans les douze mois précédents un premier
jugement pour contravention commise dans le ressort
du même tribunal, tandis que l'article 58 applique la
peine de la récidive abstraction faite du délai qui s'est
écoulé entre les deux infractions.

(1) Pabon, ouvrage cité, p. 71.

Invoquant l'autorité de la Cour suprême, nous déciderons que l'article 483 ne peut pas être étendu aux délits fiscaux : ils sont en effet punis de peines supérieures à celles de simple police. Pour qu'il y ait récidive, il n'y aura pas lieu de rechercher quel intervalle de temps a séparé l'ancienne infraction de la nouvelle. Il suffira, conformément à l'article 58, que la première condamnation soit devenue définitive ; qu'elle prononce une peine d'emprisonnement, quelle que soit sa durée (depuis la loi du 26 mars 1891 qui a modifié sur ce point les articles 57 et 58 du Code qui exigeaient comme première peine un emprisonnement d'une année); que le nouveau délit soit de la même nature que celui qui a fait l'objet de la première condamnation (loi de 1891, art. 5) : la loi nouvelle a en effet substitué la récidive spéciale à la récidive générale, de sorte qu'une infraction de douane, par exemple, ne pourra donner lieu à une aggravation de peine que si la première condamnation a été encourue pour un délit de douane.

Les Cours de Bordeaux et de Nancy (1) ont cependant émis la prétention de refuser d'appliquer aux délits de douanes les nouveaux articles 57 et 58, sous le prétexte qu'il existe une étroite connexité entre ces dispositions sur la récidive et les circonstances atténuantes : on ne peut point appliquer la théorie de la récidive pour les infractions auxquelles on ne peut point appliquer la théorie des circonstances atténuantes.

(1) Sirey, 92, 2, 9 et 11.

« Attendu que l'application des dispositions relatives
à l'aggravation des peines entraînerait pour les délits
de douanes des conséquences exorbitantes ; que la législation spéciale qui régit ces matières édicte des peines
d'emprisonnement dont le maximum n'est pas exempt
de sévérité ; qu'il serait souvent d'une rigueur excessive
de contraindre le juge, même en cas de récidive, à appliquer le maximum de la peine et à la porter au double
suivant les prescriptions de la loi du 26 mars 1891 ;
qu'à l'égard des crimes et délits de droit commun les
dispositions de l'article 5 de cette loi n'ont rien d'excessif, puisque les juges ont la faculté de tempérer les
rigueurs résultant de l'état de récidive par l'admission
de circonstances atténuantes. Mais attendu qu'en matière d'infractions de douanes les dispositions de l'article 463 du Code pénal ne sont pas applicables, d'où
cette conséquence que, si la loi du 26 mars 1891 était
étendue aux délits de douanes, les dispositions relatives
à l'aggravation des peines s'appliqueraient à ces délits
sans que le juge pût les tempérer par l'admission des
circonstances atténuantes ; que le législateur n'a pas pu
vouloir consacrer cette choquante anomalie... » (Arrêt
de la Cour de Bordeaux).

Cette affirmation nous paraît erronée. Jusqu'à ce jour
la récidive et les circonstances atténuantes ont été deux
théories absolument distinctes. Pour que l'on ait le droit
de prétendre que le législateur de 1891 a entendu les
relier l'une à l'autre, il faudrait au moins qu'il s'en soit

expliqué. Sans doute une partie de la proposition de M. Bérenger qui limitait à l'égard des récidivistes le pouvoir d'atténuation du juge (pouvoir qui aujourd'hui peut aller jusqu'à écarter complètement l'aggravation résultant de la récidive) fut rejetée par la Chambre des députés d'abord et par le Sénat en dernier lieu. Mais nous ne croyons pas que ce rejet puisse être considéré comme prouvant qu'on ait voulu établir une certaine liaison entre l'aggravation de la peine à raison de la récidive et son atténuation à raison des circonstances atténuantes. Et alors même qu'on aurait eu réellement cette intention, il est encore raisonnable de dire que l'on n'a guère dû songer qu'aux délits ordinaires. « Aurait-on maintenu cette liaison si on avait envisagé les délits spéciaux et particulièrement ceux qui repoussent la théorie des circonstances atténuantes? C'est douteux : car on aurait été obligé alors, ou de laisser impunie la récidive lorsque les lois spéciales ne l'incriminent pas dans un texte exprès, ou de bouleverser l'économie de ces lois en y introduisant les circonstances atténuantes qu'elles repoussent (1) ».

Ce système entraînerait en effet cette conséquence, qui suffit à le condamner, qu'en refusant d'appliquer aux délits fiscaux les nouveaux articles 57 et 58 du Code pénal, on assurerait l'impunité de la récidive en cette matière : en effet les lois fiscales sont muettes sur les

____

(1) Laborde, *Revue critique* de 1892.

conditions de la récidive, et quant aux articles 57 et 58 anciens, ils sont abrogés.

Il conduirait, d'autre part, à traiter différemment les infractions de douanes et d'octroi qui n'admettent pas de circonstances atténuantes et les infractions de contributions indirectes pour lesquelles l'article 463 du Code pénal est applicable ; et cette différence serait injustifiable (1).

SECTION III. — **Exagération de la répression.**

Comparé à la législation de notre ancienne France, le système des peines fiscales aujourd'hui en vigueur mérite des éloges. Ayant dépouillé tout ce qu'il avait d'excessif et de barbare, il ne choque plus nos mœurs. Consistant surtout dans la privation d'une somme d'argent et respectant le plus possible la personne même du contribuable, il est mieux en rapport avec la nature du délit fiscal. Des progrès incontestables ont donc été réalisés.

Mais dans cette voie des progrès un grand pas est encore à faire. Les amendes qui sont la sanction des lois d'impôts, et la sanction presque exclusive nous l'avons vu, sont encore hors de proportion avec la gravité

(1) Indépendamment de la récidive de droit commun, dont nous venons de déterminer les conditions, la loi du 22 décembre 1890 (art. 12) a créé une autre récidive spéciale : elle interdit aux tribunaux de faire application de l'article 463 du Code pénal relatif aux circonstances atténuantes lorsqu'il y aurait récidive pendant le délai d'un an à partir du jugement de condamnation.

des délits qu'elles sont destinées à réprimer (1). Il leur
manque ainsi cette qualité essentielle de toute bonne
peine, qui consiste à être avant tout proportionnée à la
gravité de l'acte.

Ce vice est d'autant plus saillant que nous nous trouvons en présence d'infractions punissables même lorsqu'elles sont commises de bonne foi et sans qu'il soit
permis au juge de tenir compte de l'intention de l'agent.

(1) Pour donner une idée de cette exagération, nous citerons l'a-
mende de 62 fr. 50 qui est prononcée en cas de contravention en
matière de timbre de quittance, alors que ce droit est de 0 fr. 10.

En matière de bail écrit non enregistré dans les 3 mois ou de location verbale non déclarée, le bailleur et le preneur sont frappés chacun d'un double droit jamais inférieur à 62 fr. 50, alors que le droit
simple qui est de 0 fr. 20 0/0 peut ne s'élever qu'à une somme très
minime.

Les sociétés doivent payer une taxe de 4 0/0 sur les revenus et dividendes distribués à leurs actionnaires. La taxe est annuelle, mais
payable par trimestre. Quel que soit le chiffre de la taxe due au Trésor, en cas de non paiement ou même de simple retard, la société
encourt une amende qui peut atteindre le chiffre de 6.250 francs (loi
du 30 mars 1872).

En matière de boissons l'amende peut s'élever jusqu'à 5.000 francs
(excédant chez un débitant ou un marchand en gros, fausse déclaration sur la quantité de spiritueux, fausse indication sur la richesse
alcoolique des liqueurs, fraude au moyen d'engins, refus d'exercice
par un débitant de spiritueux, transport sans expédition ou avec une
expédition inapplicable).

D'après l'article 3 de la loi du 30 décembre 1873, toute infraction
aux lois concernant la perception de la taxe des sucres indigènes et
des glucoses, est punie d'une amende de 1.000 à 5.000 francs ; en cas
de récidive, l'amende peut être portée à 10.000 francs.

La fabrication de sel sans déclaration, et le transport de sel sans
expédition sont punis d'une amende pouvant aller à 5.000 francs et
en cas de récidive, à 10.000 francs (loi du 17 juin 1840, art. 10 et
ordonnance du 26 juin 1841, art. 15 et 21), etc...

Une amende formidable sera souvent la sanction d'une simple négligence.

Cette rigueur peut s'expliquer par plusieurs motifs. D'abord il ne faut pas perdre de vue les circonstances dans lesquelles la plupart de nos lois fiscales ont été votées. Pour les lois de douanes, M. Pabon fait observer, avec beaucoup de justesse, que le plus grand nombre ont été faites à une époque où toutes les nations se coalisaient contre la France et par conséquent sous l'empire d'un sentiment de haine contre ces nations. D'une manière plus générale, on peut remarquer : d'une part, qu'au moment où les lois fiscales ont été promulguées la rigueur en matière d'impôts était de tradition depuis la législation romaine ; d'autre part, que ces lois datent principalement de la période révolutionnaire ; or, au commencement de la Révolution, les assemblées s'étaient laissé entraîner par un généreux enthousiasme et avaient voté des lois de sentiment; mais elles furent bientôt désabusées de leur confiance absolue en la droiture des contribuables et en présence des déficits continuels des budgets elles furent obligées de modérer leur tendresse; les lois nouvelles qui vinrent mettre les impôts à l'abri des entreprises de la fraude dépassèrent un peu le but, comme cela arrive dans presque toutes les réactions.

Peut-être aussi le législateur a-t-il voulu réagir contre cette tendance du peuple à ne pas voir dans l'infraction fiscale un véritable délit.

Ce qui excuse surtout cette rigueur c'est que ces sanctions pénales appliquées aux contribuables ont pour but d'assurer la perception de l'impôt. Or, de nos jours, les besoins du fisc deviennent de plus en plus grands, ensuite la poursuite des contraventions est énervée par certaines influences politiques qui arrivent à faire déchirer pas mal de procès-verbaux, et on peut avoir quelque raison de craindre que notre budget ne soit compromis.

Mais ces motifs ne sont pas suffisants. Les administrations financières elles-mêmes reconnaissent que les peines sont beaucoup trop fortes et en disproportion avec la culpabilité des délinquants. Notre droit fiscal est, sur ce point, suranné et il doit être remplacé par des lois plus conformes aux principes qui sont la base de notre droit criminel.

Une amélioration est d'autant plus nécessaire que le système actuel de répression ne mérite pas seulement des critiques sur le terrain des principes, mais que dans le domaine des faits il entraîne des conséquences fâcheuses :

De pareilles pénalités semblent d'abord défier la fraude et la provoquer à un raffinement d'habileté, défi qu'elle est toujours à même de relever. Elles amènent les agents du Trésor à fermer les yeux sur beaucoup de contraventions. Enfin elles contribuent à augmenter encore cette indulgence instinctive du public pour les infractions fiscales : ne pourrions-nous pas tirer, à l'appui de cette conviction, un argument d'analogie de ce qui se passe fréquemment devant les Cours d'assises où une loi trop sévère arrache au jury des acquittements inattendus ?

Tant il est vrai que chaque abus enfante un danger, la trop grande rigueur comme la négligence mal placée ! L'effet moral de la répression est perdu ou très amoindri dès qu'elle n'est plus renfermée dans de justes limites.

L'exagération des peines fiscales a donc des inconvénients très réels et qui méritent d'attirer l'attention du législateur.

SECTION IV. — Législation comparée.

Ce principe bien rationnel que la peine fiscale doit être en rapport avec l'importance de l'impôt auquel on a voulu se soustraire n'a pas été méconnu seulement en France ; il l'a été aussi à l'étranger.

L'Angleterre et les États-Unis surtout infligent aux fraudeurs des amendes véritablement draconiennes.

Aux États-Unis, le déchargement secret d'un navire est puni : d'abord de la perte des marchandises ; quand leur valeur atteint 400 dollars, on y ajoute la perte du navire. En outre de tout cela, pour chaque auteur ou complice, une amende de 400 dollars et 7 ans d'incapacité aux fonctions publiques (1). Dans le cas d'une

(1) On peut rapprocher de cette incapacité, qui n'existe dans au-

fausse déclaration de marchandises importées, faite
sciemment et pour frauder la douane, la peine consiste
en une amende qui peut s'élever à 2.000 dollars ou en
un emprisonnement qui peut aller jusqu'à deux années ;
quelquefois les deux peines se cumulent. Et cependant
un rapport fait à la Chambre des représentants le
1er mars 1865 reconnaît qu'annuellement la contrebande fait perdre au fisc 12 à 15 millions de dollars.

En Angleterre, lorsqu'une fabrique d'alcool fraude
le fisc, elle peut être condamnée à une amende de
100.000 francs. En cas de récidive, fermeture de l'établissement.

M. Léon Say raconte qu'il y a quelques années l'équipage d'un des steamers qui font le service entre Boulogne et Folkestone voulut introduire en Angleterre du
tabac en fraude. Tous les hommes de l'équipage, il y
en avait de 10 à 12, furent condamnés chacun à une
amende de 1.250 francs, que la compagnie dut avancer
pour eux, car le navire avait été saisi (1).

L'amende qui réprime les fraudes sur le tabac peut
même s'élever à 5.000 francs. Les contrefacteurs et les
contrebandiers peuvent encourir la déportation.

Comme en Angleterre et aux États-Unis, et comme
en France, dans les autres pays étrangers les peines fiscA-
les s'attaquent au patrimoine du délinquant plutôt qu'à

cune autre législation moderne, la perte des droits politiques encourue par les fraudeurs du fisc dans le système financier démocratique
de la République de Florence aux XIVe et XVe siècles.

(1) Léon Say, *Solutions démocratiques de la question des impôts.*

sa personne, elles sont surtout pécuniaires. Dans la plupart de ces pays elles consistent dans un multiple de la somme que l'on a essayé de soustraire au Trésor.

Les peines édictées par la législation allemande sur la fabrication et la vente du tabac sont très rigoureuses et peuvent aller de 30 à 300 marks d'amende. En cas de récidive, l'amende peut être élevée jusqu'à l'octuple, et aggravée d'une peine de prison qui peut aller jusqu'à 2 ans.

La loi d'empire du 3 juillet 1878 qui a remplacé les impôts locaux qui existaient dans la plupart des États confédérés sur les cartes à jouer par un impôt de 20 et de 50 pfennigs, soumet à la surveillance les fabriques, et édicte des amendes de 1.500 marks (1.875 francs). Quiconque vend, achète ou détient des jeux de cartes non timbrés, ou s'en sert, ou les introduit à l'étranger sans les soumettre au timbre, est passible d'une amende de 30 marks par jeu au minimum, 500 marks pour les marchands. Le tout, outre la confiscation.

La loi du Zollwerein de 1636-1638 punissait l'infraction douanière de la confiscation des objets de contrebande et du quadruple de l'impôt évité ; outre quoi, il fallait encore payer la redevance ordinaire. L'amende était doublée en cas de récidive et quadruplée en cas de nouvelle rechute. La peine de l'emprisonnement, jamais prononcée pour une première ou une deuxième infraction, devenait la règle en cas de troisième infraction ; elle ne pouvait être inférieure à 6 mois. Il était aussi de règle d'interdire au coupable pour une durée de 1 à 5 ans la continuation du métier dans lequel il avait fraudé. La peine était élevée de moitié lorsque les objets transportés étaient cachés dans des réceptacles secrets, ou simplement d'une manière difficile à découvrir. Une aggravation de la peine était prononcée dans le cas d'action commune de trois personnes ou plus, et pour la contrebande exercée sous la protection d'une assurance. La loi douanière du 1ᵉʳ juillet 1869 (§§ 134 et suiv.) a adouci la plupart de ces pénalités.

D'après la loi prussienne sur l'impôt du timbre de 1868, la peine de la première fraude est le quadruple de la somme évitée.

D'après la patente du 29 octobre 1849 qui introduisit en Autriche et organisa l'impôt sur le revenu (Einkommensteuer), si le contribuable se refuse à faire la déclaration de son revenu, il est frappé d'une amende dont le taux est illimité et qui a pour but de le forcer à remplir les prescriptions de la loi. S'il est convaincu d'avoir frauduleusement dissimulé une partie de son revenu, il est puni d'une amende égale au triple de l'impôt correspondant au revenu dissimulé. Dans le projet déposé par le Gouvernement en 1874 pour la réforme de cet impôt, le contribuable convaincu d'avoir dissimulé une partie de son revenu est puni d'une amende qui varie entre le quadruple et le décuple de l'impôt correspondant au revenu dissimulé.

La loi saxonne sur l'impôt sur le revenu de 1874,

selon le degré de malignité que manifeste l'infraction, punit du quadruple et même du décuple de la somme évitée (§ 69). Même sans qu'il y ait eu intention frauduleuse, les sommes dues sont exigibles pendant cinq ans et l'obligation passe aux héritiers. A Weimar, la peine consiste dans le produit d'une année du revenu dissimulé, elle passe aux héritiers et ne se prescrit que par quinze ans.

En Suisse, à Bâle-Ville, les contribuables qui ont fait de fausses déclarations de leurs revenus sont tenus de payer de deux à cinq fois la somme due. Les fausses déclarations de succession sont punies de la même peine (art. 34 du décret du 21 mars 1887 modificatif de la loi sur les contributions directes).

Dans le Nevada, la loi sur l'assiette de l'impôt direct foncier du 26 février 1883 impose aux particuliers et corporations l'obligation de donner sous serment la liste de leurs propriétés ou des terres qu'ils tiennent en location. Le refus ou l'omission de déclaration sont considérés comme délits et punis d'un emprisonnement de dix jours à trois mois et d'une amende de 10 à 500 dollars.

Mais parmi les différentes lois fiscales étrangères, que nous avons le regret de ne pouvoir citer toutes car faute d'avoir trouvé des traducteurs elles sont très peu connues, une fort curieuse est assurément une loi promulguée dans le royaume de Saxe à la date du 21 avril 1884. Elle permet d'interdire aux contribuables en retard dans le paiement de leurs contributions l'entrée de certains lieux publics de divertissement, des auberges, cabarets, salles de danse. Cette interdiction est prononcée par arrêté des autorités locales (1).

(1) Voir p. 7, note.

CHAPITRE VIII

DE LA NATURE DES AMENDES FISCALES.

L'amende de notre ancien droit n'était pas sans doute affectée à la réparation du préjudice causé, comme le *Wergeld* que les coutumes germaniques obligeaient le délinquant à payer à l'offensé à titre de rachat du droit de vengeance privée ; mais, par un certain côté, elle présentait le caractère d'indemnité en même temps qu'elle était une peine. Muyart de Vouglans nous apprend que, tout en étant un châtiment pour le coupable, elle servait à indemniser l'État des frais qu'il était obligé de faire pour la poursuite des criminels.

Il n'en est plus ainsi depuis la loi du 18 germinal an VII qui, pour la première fois, prescrivit la condamnation aux frais de tout individu condamné à une peine quelconque. Et l'amende, qui est parfaitement distincte des dommages-intérêts dus à la suite d'une infraction, l'est aussi des frais de justice. Elle a dépouillé tout caractère d'indemnité et constitue une véritable peine au même titre que l'emprisonnement. Entr'autres textes, les articles 9 et 11 du Code pénal ne permettent plus d'en douter.

Si, en droit commun, le caractère de l'amende ne peut

plus être discuté, son caractère en matière fiscale fait l'objet d'une très grande controverse, et depuis près d'un siècle, puisque Merlin s'en occupe déjà. Depuis ce jurisconsulte il a été beaucoup écrit sur cette question délicate, au point que nous serions presque tenté de répéter ce mot de La Bruyère : « Tout est dit et l'on vient trop tard ». D'autre part la jurisprudence paraît s'être prononcée d'une manière définitive sur la difficulté, qui ne subsiste donc plus que dans le domaine de la pure théorie. Nous n'hésiterons pas cependant, à raison des conséquences importantes qui en résultent, à lui consacrer d'assez longs développements. Ils seront d'autant moins superflus que nous jugeons le système admis par la Cour de cassation très critiquable au point de vue juridique comme au point de vue législatif.

Quelle est la nature des amendes fiscales ? Sont-elles des peines ou des réparations civiles ? Si on leur reconnaît une nature mixte, lequel de ces deux caractères est chez elles prépondérant ?

Tels sont les termes dans lesquels se pose la question que nous avons à résoudre. Elle se pose principalement pour les amendes de douanes, de contributions indirectes et d'octroi. Aussi est-ce de ces seules amendes que nous allons nous occuper d'abord. Nous envisagerons ensuite les amendes de timbre et d'enregistrement, que nous tenons essentiellement à mettre à part à cause de leurs particularités.

SECTION I. — **Amendes de douanes, contributions
indirectes et octroi.**

§ 1er. — *Exposé et critique du système de la jurisprudence.*

Nous avons eu, dans le cours de notre étude, l'occasion de relever plusieurs différences entre les amendes du Code pénal et les amendes fiscales. Ces dernières sont prononcées, non plus à la requête du ministère public, mais à la requête des administrations financières ainsi investies de l'exercice de l'action publique. Elles peuvent être remises ou réduites par ces administrations qui ont le droit de transiger avec le délinquant par dérogation à la règle constitutionnelle qui attribue au chef de l'État seul le pouvoir d'accorder la remise totale ou partielle des peines prononcées par les tribunaux. Quoique constituant des amendes correctionnelles, elles sont prononcées indépendamment de toute question d'intention et de bonne foi. Sauf en matière de contributions indirectes, elles ne peuvent être modérées par l'admission des circonstances atténuantes. Elles sont généralement fixes, et le juge n'a point, comme en matière ordinaire, la faculté de se mouvoir entre un maximum et un minimum. Elles sont plus élevées que les amendes du Code pénal. Elles ont un caractère moins infamant aux yeux du public. Et, ce que nous n'avons pu indiquer jusqu'ici, elles sont soumises à des règles de perception spéciales : elles sont perçues par les agents des diverses administrations et non point par les receveurs des finances.

A ces différences déjà nombreuses une jurisprudence constante en ajoute une nouvelle qui entraîne les plus graves conséquences pratiques. Elle décide que, tandis que les amendes ordinaires ont un caractère pénal indiscutable, les amendes fiscales « sont moins des peines que la réparation civile du dommage causé au Trésor par l'infraction », « sont plutôt des réparations civiles que des peines », « sont surtout la réparation…,… ». Ce sont là les expressions mêmes que nous relevons dans tous les arrêts de la Cour de cassation où la nature des amendes prononcées par les lois d'impôts a été mise en discussion. Un arrêt du 10 décembre 1890 est un peu moins absolu ; il se sert d'une formule plus élastique. Il affirme pour les tribunaux le droit « de considérer les amendes tantôt comme des peines, tantôt comme des réparations civiles, suivant le point de vue auquel on se place pour apprécier leur caractère ». Mais depuis cet arrêt, la Cour suprême, à l'occasion de la loi Bérenger, est revenue aux premières formules donnant la prépondérance au caractère de réparations civiles. On peut donc résumer la théorie de la jurisprudence en disant qu'elle attribue aux amendes fiscales une nature mixte, qu'elle y voit à la fois des peines et des indemnités, mais en inclinant vers ce dernier caractère ; c'est comme des réparations civiles qu'elle les considère en général.

Sur quelles raisons la Cour de cassation peut-elle
s'appuyer pour établir une différence aussi importante
entre les amendes du Code pénal et les amendes fiscales ?

Elle se fonde d'abord sur ce que l'action publique
est intentée en cette matière par les administrations
financières. C'est à ces administrations qu'il appartient
de requérir l'application de ces amendes ; cela prouve
bien que ces amendes sont prononcées pour réparer
un dommage bien plus que pour punir un coupable.

Elle ajoute que les administrations, tout comme un
particulier peut disposer de l'action civile, ont le droit
de transiger avec le délinquant sur l'amende, ce qui
serait inadmissible si celle-ci n'était pas une réparation
civile.

En outre de ces deux considérations, la jurisprudence
invoque certains textes : l'article 20 du titre 13 de la
loi des 6-22 août 1791 ; l'article 8 du titre 3 du décret
du 4 germinal an II ; l'article 35 du décret du 1er germinal an XIII sur les droits réunis ; et l'article 56 du
titre 5 de la loi du 28 avril 1816.

Le premier de ces textes porte : « Les propriétaires
des marchandises seront *responsables civilement* du fait
de leurs facteurs, agents, serviteurs ou domestiques,
en ce qui concerne les droits, confiscations, amendes et
dépens ».

L'article 8 du titre 3 du décret du 4 germinal an II,
également relatif aux douanes, reproduit l'article 20 de

la loi de 1791. Après avoir frappé d'une amende les conducteurs de messageries et voitures publiques coupables de certaines contraventions, il termine en disant que « les fermiers ou régisseurs seront solidaires avec les conducteurs pour cette amende ».

L'article 35 du décret du 1er germinal an XIII contient une disposition identique pour la matière des contributions indirectes. Il est en effet conçu en ces termes : « Les propriétaires des marchandises seront *responsables* du fait de leurs facteurs, agents ou domestiques, en ce qui concerne les droits, confiscations, amendes et dépens ».

Ces trois textes déclarent les propriétaires et patrons responsables civilement de l'amende encourue par leurs employés. Faire rentrer ainsi l'amende dans la responsabilité civile, n'est-ce pas lui enlever son caractère ordinaire de peine et en faire une simple réparation civile?

Si un doute pouvait encore subsister dans les esprits malgré des dispositions législatives aussi concluantes, l'article 56, titre 5, de la loi du 28 avril 1816 sur les douanes ne devrait-il pas le dissiper? Cet article, qui chargeait les Cours prévôtales, dont les troubles politiques venaient de ramener le rétablissement, de statuer sur les infractions les plus graves aux lois de douanes, a été, il est vrai, abrogé par la loi du 21 avril 1818 (art. 38) qui a attribué la connaissance de ces faits aux tribunaux correctionnels. Mais, dit la jurisprudence, c'est seulement comme disposition législative que cet article a été abrogé, et il conserve toute son importance au point de vue de l'interprétation des textes antérieurs. Or, il rangeait l'amende parmi les réparations civiles : « Les crimes prévus par les deux articles précédents seront poursuivis, jugés et punis ainsi que le prescrit la loi du 20 décembre 1815, et il sera en même temps statué sur les condamnations civiles en résultant, telles que confiscation, amende, dommages-intérêts ».

Tels sont les arguments que la jurisprudence et les administrations invoquent à l'appui de cette théorie qui est toute favorable à ces dernières (nous verrons plus tard comment).

Que faut-il en conclure ? Ont-ils une force suffisante pour justifier une exception aux principes généraux du Code pénal ? Est-il bien exact de dire que les amendes qui servent de sanction aux lois d'impôts ne sont que les réparations civiles des dommages causés au fisc par les infractions à ces lois ?

Nous ne le pensons pas.

Si le législateur a accordé aux différentes administrations le droit de poursuivre les délinquants et de requérir contre eux les peines édictées par la loi, ce n'est point qu'il n'ait voulu voir dans ces peines que la réparation du dommage causé. En agissant ainsi, il a obéi à des préoccupations d'un ordre tout différent : il a voulu, nous l'avons vu, assurer l'application des lois fiscales et par suite la protection des droits du Trésor à laquelle le ministère public n'aurait peut-être pas apporté toute la vigilance nécessaire, mettant une certaine hésitation à poursuivre des infractions qui le plus souvent ne blessent pas le droit naturel et ne révèlent pas une grande-immoralité. Il a considéré en outre que ces administrations étaient mieux à même que qui que ce soit d'apprécier l'utilité des poursuites.

Le droit de transaction ne suppose pas non plus l'intention chez le législateur de modifier la nature de l'amende et de la considérer comme une simple indemnité. En ces matières, le juge ne pouvant pas apprécier les circonstances atténuantes et modérer les peines encourues, ce système aurait conduit aux plus iniques conséquences si une autre voie n'eût été ouverte pour les cas où l'équité commande l'indulgence. Le motif de la disposition qui autorise les administrations à atténuer ou même à effacer l'infraction par une transaction a été de trouver un correctif à la sévérité implacable de peines édictées sans aucune proportion avec la gravité du délit et abstraction faite de la bonne ou mauvaise foi du délinquant.

Au reste la jurisprudence admet que les administrations peuvent transiger, non seulement sur les amendes, mais aussi sur l'emprisonnement ; cependant l'emprisonnement ne cesse pas d'être une peine proprement dite. Pourquoi en serait-il différemment de l'amende ? Cette décision de la jurisprudence sur l'étendue du droit de transaction n'est-elle pas en opposition avec son opinion sur le caractère de l'amende ?

A ces deux premiers arguments de la jurisprudence, tirés de la procédure spéciale adoptée pour la répression des délits fiscaux, la réponse est donc facile.

En abordant les quelques textes que nous avons déjà cités, sur lesquels la Cour de cassation s'appuie principalement, la question devient plus embarrassante. Ne disent-ils pas, en toutes lettres, que l'amende qu'ils prononcent rentre dans la *responsabilité civile* ? Nous allons essayer cependant de démontrer qu'il n'y a là qu'une incorrection de langage et que dans cette responsabilité improprement qualifiée *civile* il faut en réalité voir une responsabilité *pénale*.

La disposition de l'article 20 du titre 13 de la loi de 1791 peut en effet s'expliquer sans qu'il soit nécessaire d'y voir un changement apporté dans le caractère de l'amende. C'est ainsi que Chauveau et Hélie (1) l'expliquent par une sorte de complicité présumée entre le maître et le préposé : « Si les propriétaires des marchandises sont déclarés responsables du fait de leurs facteurs et sont tenus du paiement des amendes encourues par leurs préposés pour l'introduction d'ojets en contrebande, c'est parce que cette condamnation dérive moins d'une véritable responsabilité que d'une présomption légale que la fraude a eu lieu par leurs ordres ou de leur consentement: c'est une sorte de complicité

____

(1) *Théorie du Code pénal*, t. 1, n° 130.

que la loi suppose et punit indirectement ». Sourdat (1) fait également intervenir l'idée de complicité : « Les propriétaires des objets soumis aux droits et introduits en contrebande, dit-il, sont censés complices de la frau- -de. Il y a présomption légale qu'elle s'est opérée par leurs ordres ou de leur consentement. Voilà pourquoi la loi les frappe en même temps que les prévenus ».

C'est la même explication que donne la Cour de Besançon dans un arrêt du 21 décembre 1854, où elle rejette la théorie de la Cour de cassation et reconnaît aux amendes fiscales un caractère pénal.

On peut donner une seconde explication de cet article 20 de la loi de 1791. On peut dire que si les propriétaires des marchandises introduites en contrebande sont responsables des amendes encourues par leurs agents, c'est parce qu'ils ont commis eux-mêmes une faute : n'auraient-ils pas dû surveiller leurs préposés ? et cette faute est d'autant plus grave, dit M. Garraud (2), qui soutient cette thèse, qu'elle leur est profitable. Un arrêt de la Cour de cassation, du 16 juillet 1886 (3), semble adopter aussi ce point de vue : il déclare que « le fait reconnu et avoué de vente habituelle de tabac dans un établissement ouvert au public engage la *responsabilité pénale* du maître de l'établissement, *soit qu'il n'ait pas interdit cette vente, soit qu'il n'ait pas exercé une surveil-*

(1) *Traité général de la responsabilité*, t. 1, n° 80.
(2) *Traité de droit pénal français*, t. 1, n° 354.
(3) Dalloz de 1887, 1, 143.

lance suffisante pour la rendre impossible ». M. Garraud fait remarquer que cette explication de l'article 20 dans le sens d'une responsabilité pénale dont les maîtres et commettants seraient atteints pour s'être rendus personnellement coupables d'avoir laissé commettre l'infraction, n'a rien d'arbitraire, et que le législateur a procédé ainsi dans d'autres hypothèses très analogues : article 9 de l'arrêté du 17 prairial an IX sur les postes ; articles 45 et 46 du Code forestier. Ces lois imposent subsidiairement à des personnes qui ne sont pas les auteurs des délits prévus une responsabilité qui est reconnue universellement, par la doctrine et par la jurisprudence, être non point une responsabilité civile, mais une responsabilité pénale fondée sur un défaut de surveillance érigé lui-même en délit.

On peut donc expliquer ce texte important sans être obligé d'y voir une dérogation aux principes du droit commun sur la nature de l'amende. Il ne s'agit plus alors de responsabilité civile et l'amende n'est plus confondue avec une pure indemnité, mais d'une véritable responsabilité pénale.

Mais, pourrait-on nous objecter, comment se fait-il donc que le législateur se soit servi de l'expression *civilement responsables*? Nous répondrons que le législateur n'a pas attaché une grande importance à la formule qu'il employait. Il a voulu dire *responsables pécuniairement*, opposant les condamnations pécuniaires qui seules sont communes au maître et au préposé aux condamnations corporelles qui ne peuvent être prononcées que contre le préposé auteur du délit. Et comme la responsabilité civile est toujours une responsabilité pécuniaire, il a pu employer l'expression *civilement responsables* comme synonyme.

Cela est d'autant plus vraisemblable que l'article 8 du titre 3 du décret du 4 germinal an II, également relatif aux douanes, que la jurisprudence invoque encore, s'est contenté de dire : « Les fermiers et régisseurs seront *solidaires* des conducteurs pour les amendes. » Le mot *civilement* ne se retrouve pas non plus dans l'article 35 du décret du 1er germinal an XIII sur les droits réunis, qui pourtant reproduit textuellement l'article 20 de la loi de 1791. Le rapprochement de ces deux articles avec l'article 20 enlève aux termes de ce dernier beaucoup de leur force.

Au reste, si l'on veut à tout prix se montrer esclave de la lettre de la loi, déclarer que la responsabilité des propriétaires des marchandises quant aux amendes encourues par leurs agents est une responsabilité civile et que par suite les amendes fiscales sont des réparations civiles, tout ce que l'on est en droit d'en conclure, c'est qu'à ce point de vue spécial elles ont ce caractère ; mais on n'a point le droit d'étendre cette disposition, qui est une exception au principe certain que l'amende est une peine.

Reste l'article 56 de la loi du 28 avril 1816. Il nous suffira de constater qu'il a été abrogé par l'article 38 de la loi du 21 avril 1818. Quoi qu'en dise la Cour de cassation, il a été abrogé complètement, pas seulement la première partie, relative à la compétence, mais aussi la seconde, relative à la nature des amendes et confiscations, car l'article 38 ne fait pas de distinction. Cela est si vrai que dans les articles 34, 35, 36 et 37 de cette même loi du 21 avril 1818 le législateur se sert constamment du mot *peines* et jamais des mots *réparations civiles* pour qualifier les amendes et confiscations.

Nous ne voulons point nous en tenir à cette constatation que la jurisprudence ne parvient pas à justifier l'exception qu'elle prétend créer aux principes généraux du droit criminel. Nous voulons faire une preuve plus complète du caractère pénal que nous reconnaissons aux amendes fiscales comme aux amendes ordinaires.

Les arguments ne font pas défaut.

Nous emprunterons le premier à l'histoire. Sous l'empire de l'ordonnance de 1687 les amendes fiscales avaient un caractère absolument pénal. Cela n'a jamais été contredit. Du reste, si elles n'avaient pas été de véritables peines, elles auraient appartenu de plein droit aux fermiers. Or, le roi les considérait comme formant l'un de ses revenus, de même que les autres amendes prononcées par ses juges ; et lorsqu'il voulait en céder le produit aux fermiers de ces droits, il faisait de cette cession l'objet d'une clause spéciale du contrat passé avec ces fermiers. Le législateur de 1791 s'est inspiré fortement de l'ordonnance de 1687 ; il s'est même borné le plus souvent à reproduire les dispositions de l'ordonnance. S'il avait voulu rejeter le système qu'elle consacrait, et modifier le caractère des amendes fiscales, il l'aurait certainement dit dans la discussion, il aurait indiqué les motifs de son innovation, et, lors de la rédaction définitive, il n'aurait pas manqué de manifester sa volonté par des termes formels. Or nous ne trouvons absolument rien dans les travaux préparatoires qui nous autorise à faire cette supposition, et aucun des 174 articles de la loi ne contient le moindre indice qu'on ait voulu opérer un pareil changement.

En l'absence d'un texte formel, il y a donc une double raison pour se refuser à voir dans les amendes fiscales de simples indemnités : c'est, d'une part, que les amendes en matière ordinaire sont de véritables peines, et, d'autre part, que les amendes en matière d'impôts avaient dans l'ancien droit un caractère pénal.

Loin, au contraire, de vouloir déroger aux dispositions et du Code pénal et de l'ordonnance de 1687, le législateur emploie une terminologie qui ne devrait pas faire naître de doutes. Il se sert très souvent du mot *peine* pour qualifier l'amende. Nous trouvons ce mot à plusieurs reprises dans la loi elle-même des 6-22 août 1791 : l'article 2, titre 2, notamment, parlant de la confiscation et de l'amende de 100 livres prononcées par l'article 1er, porte « les mêmes *peines* seront encourues » ; l'article 5 du même titre qualifie de *peine* l'a-

mende de 500 livres qu'il édicte. La loi du 2 août 1872
(art. 7) dit que les contraventions qu'elle crée « seront
frappées des *peines* édictées par l'article 1er de la loi du
28 février 1872 », et il s'agit d'amende et de confiscation. Cet article 1er de la loi du 28 février 1872 s'exprime
lui-même en ces termes : « Les contraventions aux dispositions du présent article seront *punies* de la confiscation des boissons saisies et d'une amende de 500 à
5.000 francs ».

Après avoir mentionné ces divers textes, M. l'avocat
général Desjardins, dans de remarquables conclusions
reproduites sous un arrêt de la Cour de cassation du
10 décembre 1890 (1), insiste sur ce que la loi du 3 décembre 1873, article 6, déclare *complices* de la fraude
tous ceux qui ont concerté, organisé, sciemment pro-
curé les moyens à l'aide desquels la fraude a été commise : « Est-ce que les co-auteurs d'un dommage répa-
rable par une indemnité purement civile, dit-il, peuvent
être qualifiés de complices et punis comme tels ? La loi
du 21 juin 1873 (art. 12) tient le même langage. Mais
elle suppose en outre (art. 7 et 11) que des contrevenants condamnés à l'amende pour une première contravention retombent dans la même faute, et elle les constitue expressément en état de *récidive* légale, aggravant
la peine encourue. Je lis encore dans la loi du 28 juillet 1875, article 2 : « tout individu convaincu de fabri-

(1) Sirey, 1891, 1, 118.

cation frauduleuse d'allumettes chimiques est puni
d'une amende de 300 à 1.000 francs ; en cas de récidive, le contrevenant sera condamné à un emprisonnement de 6 jours à 6 mois ». Comment, si la peine pécuniaire n'était qu'une réparation civile, l'auteur d'une
deuxième contravention pourrait-il être, en qualité de
récidiviste, emprisonné pendant 6 mois ? Qu'est-ce
donc que la récidive ? »

Sans une peine, on ne peut en effet concevoir ni des
complices ni des récidivistes. On ne peut pas concevoir
davantage des circonstances atténuantes. Cependant, la
loi des finances du 30 mars 1888 (art. 42) déclare l'article 463 du Code pénal applicable aux délits et contraventions sur les contributions indirectes.

Pourrait-on également expliquer, si l'amende en matière fiscale n'était pas une véritable peine, qu'elle soit
inscrite au casier judiciaire ? qu'elle ait été comprise
par une disposition formelle dans des mesures d'amnistie (par exemple l'art. 3 de la loi d'amnistie du 2 avril
1878) ? Le casier judiciaire comprend-il la mention des
dommages-intérêts prononcés contre un délinquant au
profit de la partie lésée ? L'amnistie efface-t-elle le caractère dommageable du fait et supprime-t-elle les
conséquences civiles de l'infraction ? Il est vrai qu'à
moins de réserve contraire il est admis que le Trésor
n'est pas tenu de la restitution des amendes fiscales,
mais ce n'est point parce que l'amende fiscale n'est pas
une peine, c'est à cause de la perturbation que la resti-

tution du montant des peines pécuniaires (acquittées souvent depuis de longues années) apporterait dans les finances, perturbation telle que les lois d'amnistie contiennent souvent une clause portant que la restitution des peines pécuniaires n'aura pas lieu.

Mais c'est surtout dans le mode de fixation des amendes fiscales et dans la nature des tribunaux chargés de les prononcer que nous allons trouver de sérieux éléments de conviction.

Deux principes régissent la matière des réparations civiles :

1° Il faut, pour avoir droit à une réparation, avoir réellement éprouvé un préjudice.

2° Le taux de l'indemnité est laissé à l'appréciation souveraine du juge, qui l'évalue d'après l'importance du dommage.

Si les amendes fiscales étaient de simples réparations civiles, elles seraient soumises à ces deux principes. En est-il ainsi ? D'une part, elles sont encourues sur la seule présomption d'un préjudice causé à l'État. La jurisprudence elle-même n'a jamais exigé, pour les prononcer, la preuve d'un préjudice quelconque. D'autre part, c'est la loi elle-même qui détermine leur quotité ; et, au lieu de varier suivant le plus ou moins de dommage que le Trésor aurait éprouvé par les infractions qu'elles tendent à réprimer, elles sont ordinairement fixes. Ce n'est pas tout : nous avons vu qu'elles sont toujours beaucoup trop fortes, et absolument hors de proportion avec la gravité du délit et l'importance du dommage causé.

Quant à la compétence, les règles établies par le Code d'instruction criminelle sont les suivantes : la partie lésée par un délit a, pour obtenir la réparation du préjudice qu'elle a éprouvé, le choix entre la voie civile et la voie criminelle. Elle peut d'abord porter son action devant les tribunaux de répression, qui ne peuvent en connaître que tout autant qu'ils sont saisis en même temps de l'action publique, et accessoirement à l'action publique (art. 3). Elle peut s'adresser, si elle le préfère, à la juridiction civile. Les amendes fiscales, si elles étaient de simples indemnités, devraient jouir de cette double compétence. Or les tribunaux correctionnels seuls peuvent les prononcer.

Enfin, voyons-nous qu'un texte enlève aux diverses administrations financières le droit de conclure, en outre de l'application d'une peine, à des dommages-intérêts ? L'article 10 du Code pénal porte que « la condamnation aux peines établies par la loi est toujours prononcée sans préjudice des restitutions et des dommages-intérêts qui peuvent être dus aux parties ». Comme les administrations peuvent incontestablement se prévaloir de cette disposition, puisque la loi ne le leur défend nulle part, si on décide que les amendes fiscales sont des réparations civiles on aboutit à accorder au fisc une double réparation. L'application de l'article 10 du Code pénal aux administrations financières, que l'on ne peut leur refuser, est donc inconciliable avec la théorie de la jurisprudence.

Aussi la très grande majorité des auteurs qui se sont prononcés sur la controverse, depuis Merlin jusqu'à nos jours, estiment-ils que les amendes édictées par les lois sur les douanes, les contributions indirectes et les octrois sont de véritables peines. Tout au plus quelques-uns d'entr'eux font-ils cette concession, qu'à la rigueur nous ne refuserions pas, nous non plus, que le législateur a pu les considérer comme des réparations civiles au point de vue spécial de la responsabilité des maîtres et commettants ; mais ils n'en reconnaissent pas moins aux amendes un caractère pénal prépondérant, faisant remarquer avec raison qu'il n'y a là qu'une exception et que les exceptions ne doivent pas être étendues en dehors des termes mêmes qui les consacrent. Le système de la jurisprudence n'a recruté que très peu d'adeptes dans la doctrine (1).

La Cour de cassation n'en a pas moins une opinion très arrêtée. Et, si la question de savoir quelle est la nature des amendes fiscales peut se discuter en théorie, elle ne se discute plus en pratique. Depuis un nombre incalculable d'années, le principe de l'assimilation de ces amendes à des indemnités est posé par presque tous les arrêts, et il n'y a un peu d'indécision que pour la détermination de la mesure dans laquelle ce principe doit être appliqué.

(1) On ne peut guère citer que Blanche, Le Seyllier, Bertauld, Pabon.

Puisque cette jurisprudence est si fortement assise, il faut donc examiner les principales applications qu'elle fait du principe qu'elle affirme.

§ 2. — *Conséquences du système de la jurisprudence.*

La détermination de la nature des amendes fiscales est loin d'être indifférente et elle ne doit pas être considérée comme un pur jeu d'école. Il est en effet indispensable de savoir que ce sont des peines ou que ce sont des réparations civiles pour décider s'il faut leur appliquer ou non les articles 66 à 69 du Code pénal sur la minorité de 16 ans ; les articles 2, 365 et 636 du Code d'instruction criminelle sur l'extinction de l'action par la mort du prévenu, le non cumul des peines et les délais de la prescription ; s'il faut faire rétroagir les lois fiscales ; s'il faut étendre la responsabilité édictée par les articles 20 de la loi des 6-22 août 1791 et 35 du décret du 1er germinal an XIII à toutes les personnes civilement responsables de l'article 1384 du Code civil ou la restreindre aux personnes énumérées par ces lois. Une loi toute récente, la loi du 26 mars 1891 sur l'atténuation et l'aggravation des peines, a donné à la question un nouvel intérêt.

Minorité de 16 ans.

Le mineur de 16 ans qui est déclaré avoir agi sans discernement ne peut être condamné à aucune peine, quelle qu'elle soit (art. 66 du Code pénal).

Nous avons déjà vu qu'il est généralement admis que cet article 66 ne s'applique pas seulement lorsqu'il s'agit d'infractions punies par le Code pénal, mais encore lorsqu'il s'agit d'infractions prévues par des lois spéciales. Ce n'est point, en effet, à raison de la nature de l'infraction, mais à raison de la personne de l'inculpé que se pose la question de discernement. Cette question doit donc être examinée lorsqu'il s'agit de délits fiscaux, et, si elle est résolue dans le sens d'absence de discernement, la peine d'emprisonnement édictée par les lois d'impôts ne peut être prononcée contre le mineur.

Mais si le défaut de discernement met le mineur de 16 ans à l'abri de toute peine, il ne le soustrait point à l'obligation de réparer le préjudice que son infraction a causé à autrui ; il n'empêche point l'application du principe de la responsabilité civile consacré par l'article 1382 du Code civil. La jurisprudence, qui voit dans les amendes fiscales moins des peines que la réparation du dommage causé à l'État, est donc conduite à décider que le mineur acquitté comme ayant agi sans discernement peut néanmoins être condamné à l'amende (1).

Quant à nous qui voyons dans l'amende fiscale une

(1) Voir : Pour les douanes : Metz, 27 décembre 1854, cité dans le supplément de Dalloz, V° *Douanes*, en note sous le n° 673 ; Chambéry, 8 juin 1880 ; Cass., 3 mars 1888, D. P. 89, 1, 45 ; Pau, 23 mars 1889, Sirey, 89, 2, 152 ; en matière de colportage illicite de tabac et de poudre à feu : Metz, 27 novembre 1867, D. P. 67, 2, 247 ; en matière de colportage d'allumettes de provenance frauduleuse : Bourges, 24 octobre 1889, *Journal de droit criminel*, 1889, p. 259.

véritable peine, nous ne saurions approuver cette décision ; puisque l'amende est une peine, elle ne doit pas
être prononcée, pas plus que l'emprisonnement, contre
le mineur absous.

Toujours à l'occasion de la minorité de 16 ans, la
jurisprudence a décidé que l'article 69 du Code pénal
ne s'appliquait pas non plus aux amendes fiscales. Aux
termes de ce dernier article, le mineur de 16 ans poursuivi pour une infraction et reconnu avoir agi avec
discernement ne peut être condamné à une peine supérieure à la moitié de celle à laquelle il aurait pu être
condamné s'il avait eu 16 ans. La Cour de Pau (1) a
jugé que l'amende fiscale ayant le caractère non d'une
peine mais d'une réparation civile, elle ne pourrait pas
être réduite dans les termes de l'article 69.

Nous estimons au contraire que, de même que l'article 66, l'article 69, qui s'applique sans contredit aux
peines fiscales corporelles, s'applique aussi aux peines
pécuniaires.

Personnalité.

La jurisprudence considérant l'amende fiscale comme
une simple réparation au profit du Trésor, il semblerait
qu'elle devrait décider également que cette amende
peut être poursuivie contre les héritiers du délinquant.
L'article 2 du Code d'instruction criminelle ne porte-t-il
pas que l'action publique pour l'application de la peine

----

(1) Pau, 23 mars 1889, Sirey, 89, 2, 152.

s'éteint par la mort du prévenu, mais que l'action civile pour la réparation du dommage peut être exercée contre le prévenu et contre ses représentants? L'obligation qui incombe à l'auteur d'une infraction de réparer le dommage qu'il a causé à autrui ne lui survit-elle pas et ne passe-t-elle pas avec son patrimoine à ses héritiers?

Mais la jurisprudence n'a pas osé aller jusque-là. Les raisons qui l'ont déterminée à traiter les amendes fiscales comme des indemnités ne lui ont point paru tout de même suffisantes pour autoriser une dérogation aussi grave aux principes fondamentaux de notre droit criminel. Elle a reculé devant l'injustice qu'il y aurait à punir des héritiers pour une faute qui ne leur est pas personnelle, mais que leur auteur a commise. Et, sentant bien qu'on est en droit de lui reprocher son inconséquence, elle prend soin de se disculper à l'avance et elle essaie de justifier sa décision en faisant remarquer que si les amendes prononcées par nos lois d'impôts constituent des réparations civiles, elles restent cependant des peines à quelques points de vue, quoique peu nombreux. Cette hésitation même prouve la fragilité de son système : un principe dont on ne peut pas accepter toutes les conséquences est un principe faux.

Nous estimons, nous aussi, que l'action qui tend à l'application d'une amende fiscale s'éteint par le décès du prévenu. Mais, dans notre système, cette solution est parfaitement logique puisqu'elle découle tout naturellement du caractère pénal que nous avons attribué à cette amende, tandis que dans le système de la jurisprudence elle constitue une contradiction.

Cette solution n'en est pas moins acquise en jurisprudence. Elle a été affirmée par de très nombreux arrêts rendus en matière de douanes et en matière de contributions indirectes (1).

Non cumul.

L'article 365 du Code d'instruction criminelle, rejetant l'interprétation erronée que les glossateurs et Jousse lui-même au XVIIIe siècle donnaient de la loi romaine 2 *de privatis delictis*, a reproduit presque littéralement, pour l'hypothèse du concours de plusieurs infractions, cette maxime de Loysel : « La plus grande peine et amende attire et emporte la moindre ». Il porte que « en cas de conviction de plusieurs crimes ou délits la peine la plus forte sera seule prononcée ».

Nous avons déjà examiné la question de savoir si cet article s'appliquait aux délits fiscaux, et nous l'avons résolue dans le sens de l'affirmative. La règle du non cumul soulève en matière fiscale une deuxième question, non moins délicate : cette prohibition du cumul, qui s'applique aux peines pécuniaires comme aux peines corporelles, s'applique-t-elle aussi aux amendes de douanes, contributions indirectes et octrois ?

La jurisprudence fait exception pour ces amendes.

(1) Cass., 9 décembre 1813 ; Cass., 23 mars 1839, D. P. 42, 1, 633 ; Besançon, 21 décembre 1854, Sirey, 55, 2, 181.

Elle les prononce, quel qu'en soit le nombre ou le taux, sans que la plus forte absorbe les autres ; et elle les ajoute, s'il y a lieu, à la peine de l'emprisonnement. Si l'on admet en effet que l'amende en matière fiscale est une réparation civile, on est conduit à écarter la règle de l'article 365 : le but de la loi serait manqué si, par suite du concours de deux infractions entraînant chacune une amende mais d'un taux différent, la plus forte seule était prononcée ; si, par suite du concours de deux infractions entraînant l'une l'emprisonnement, l'autre une amende, celle-ci était absorbée par la peine corporelle. Chaque infraction a causé un dommage à l'État, qui doit obtenir autant de réparations qu'il a éprouvé de dommages, c'est-à-dire qu'il y a de délits.

Le cumul des amendes a été prononcé dans le cas de défaut d'enseigne et refus d'exercice ; dans le cas de transport de plusieurs chargements accompagnés chacun d'une expédition inapplicable ; dans le cas de recel de vin chez un débitant, et introduction frauduleuse d'eau-de-vie ; dans le cas de colportage de tabac et d'allumettes de contrebande ; dans le cas de distillation sans licence et sans déclaration ; dans le cas d'un délit fiscal accompagné d'un délit prévu par le Code pénal, ce qui se réalise, par exemple, lorsque le délinquant s'est livré à des violences envers les préposés des douanes ou de la régie. En un mot, cette jurisprudence est des plus constantes (1).

(1) Cass., 26 mars 1825 ; 11 octobre 1827 ; 26 avril 1830 ; 17 décem-

Le caractère de réparation civile attribué à l'amende fiscale conduit à cette autre conséquence que, lorsqu'une contravention consistant en un fait unique a eu plusieurs auteurs, une seule amende doit être prononcée contre tous, sauf à en garantir le paiement par la solidarité ; mais on ne peut pas prononcer autant d'amendes qu'il y a de codélinquants. C'est ce qui a été jugé pour un cas de fraude aux droits de circulation sur les boissons commise par plusieurs individus (1). Une seule infraction ayant été commise, quel que soit le nombre de ses auteurs, un seul dommage a été causé au Trésor, qui n'a droit qu'à une seule réparation.

Nous ne pouvons approuver ces deux solutions de la jurisprudence puisque nous avons attribué à l'amende fiscale le caractère de peine. Cette amende étant une peine, il faut sans hésitation lui appliquer le principe du non cumul, et décider que lorsque deux délits fiscaux auront été commis par un même individu, s'ils sont tous les deux passibles d'une amende, la plus forte absorbera la moindre ; si l'un est passible d'emprisonnement, l'autre d'amende, la première peine seule sera encourue. A l'inverse, si plusieurs personnes ont com-

bre 1831, Sirey, 1832, 1, 272 ; 3 janvier 1856, Sirey, 56, 1, 380 ; 20 mars 1862, Sirey, 62, 1, 902 ; 30 novembre 1869, Sirey, 70, 1, 115 ; Nancy, 27 août 1872, Sirey, 73, 2, 5 ; Cass., 28 janvier 1876, Sirey, 76, 1, 89 ; Cass., 22 décembre 1876, Sirey, 77, 1, 234 ; Douai, 16 janvier 1878, Sirey, 78, 2, 88 ; Nancy, 27 février 1878, Sirey, 78, 2, 242 ; Lyon, 14 mars 1878, Sirey, 79, 2, 131 ; Cass., 2 novembre 1878, D. P. 79, 1, 386 ; Toulouse, 27 juillet 1887, Sirey, 88, 2, 40.

(1) Cass., 4 décembre 1863, Sirey, 64, 1, 197 ; Dalloz, 64, 1, 195.

mis un seul et même délit, il y aura lieu, d'après nous, de prononcer autant d'amendes qu'il y aura de codélinquants.

Prescription.

La contradiction de la jurisprudence réapparaît lorsqu'elle décide que les amendes prononcées en matière de douanes ou de contributions indirectes rentrent dans les termes de l'article 636 du Code d'instruction criminelle et se prescrivent dès lors par cinq ans à partir du jugement qui les a prononcées.

Du moment que, d'après elle, il s'agit de dommages-intérêts, la prescription applicable devrait être non point celle du Code d'instruction criminelle, mais celle du Code civil (art. 2262) s'accomplissant seulement par trente ans. C'est ce qu'avait admis un avis du conseil judiciaire de la régie, daté de l'année 1849. Mais ici encore la Cour de cassation a reculé devant une conséquence qui découlait logiquement de son système ; et, comme elle l'a fait pour écarter l'extension de l'amende aux héritiers du délinquant, elle s'appuie sur ce que cette amende, quoique constituant principalement une indemnité, reste néanmoins une peine (1).

Non rétroactivité.

Il y a aussi un grand intérêt à savoir quel est le caractère des amendes fiscales au point de vue de la non ré-

____

(1) Cass., 24 août 1863, Sirey, 63, 1, 552 ; 5 juin 1880, Sirey, 80, 1, 483 ; 10 décembre 1890, Sirey, 91, 1, 118.

troactivité. L'article 2 du Code civil établit cette règle que « la loi ne dispose que pour l'avenir, elle n'a point d'effet rétroactif ». Le Code pénal, lui, ne s'est pas formellement occupé de la question ; il s'est contenté de dire (art. 4) que « nulle contravention, nul crime ne peuvent être punis de peines qui n'étaient pas prononcées par la loi avant qu'ils fussent commis ». Mais il est universellement admis que la question de rétroactivité, en matière pénale, doit être résolue par une distinction : si une loi nouvelle vient prononcer pour tel délit une peine plus forte que celle que prononçait la loi ancienne, ou, à plus forte raison, vient créer un nouveau délit, cette loi n'a pas d'effet rétroactif, elle n'est pas applicable aux faits antérieurs à sa promulgation. On applique ici les principes. — Si, au contraire, la loi nouvelle est moins sévère que l'ancienne, c'est elle qu'on devra appliquer. On la fera rétroagir, contrairement aux principes, pour des raisons d'humanité. En portant la peine la plus douce le législateur a reconnu que la première n'était point proportionnée au délit ; il serait donc injuste de l'appliquer plus longtemps. On résume généralement cette distinction par cette formule : les lois pénales rétroagissent *in mitius*.

En matière d'amendes fiscales, faudra-t-il appliquer la règle de l'article 2 du Code civil, ou cet autre principe de la rétroactivité *in mitius* ?

La Cour d'Aix (1er mai 1873) avait d'abord jugé que lorsqu'une loi pénale postérieure au délit était plus fa-

vorable au contrevenant que celle qu'elle avait modifiée,
elle devait lui être appliquée si un jugement n'était pas
intervenu à l'époque de sa promulgation. C'est dans le
même sens que se sont prononcés le tribunal civil de
Berney (31 mai 1888) et le tribunal correctionnel de
Grenoble (15 nov. 1888) (1). Ces deux jugements ont été
rendus au sujet de la loi du 30 mars 1888 dont l'article 42 a admis la théorie des circonstances atténuantes
en matière de contributions indirectes. C'est, du reste,
à l'occasion de cette loi que la question de rétroactivité
a surtout été agitée en ce qui concerne les amendes
fiscales.

Mais cette décision était contraire à la thèse de la jurisprudence sur le caractère de ces amendes. Aussi est-
elle aujourd'hui fixée dans le sens de la non rétroactivité.
Elle a, depuis, jugé à plusieurs reprises, logique avec
elle-même, que l'amende étant surtout une réparation
civile au regard du fisc, la promulgation de la loi de
1888 ne peut rétroagir et préjudicier ainsi aux droits
acquis à raison d'une infraction commise sous l'empire
de la législation antérieure qui n'autorisait pas l'admission des circonstances atténuantes (2). En matière de
douanes, la question de non rétroactivité s'est aussi
posée, à l'occasion de l'abrogation de l'article 43 de la

(1) Sirey, 1888, 2, 142.
(2) Toulouse, 5 décembre 1888, *Gazette du Midi*, 17 mars 1889 ; Cass.,
9 novembre 1888, Sirey, 89, 1, 351 ; Toulouse, 20 février 1889, Sirey,
89, 2, 160 ; Paris, 25 mars 1889, Sirey, 89, 2, 143 ; Bordeaux, 18 mars
1891, D. P. 92, 2, 607.

loi du 21 avril 1818 par l'article 31 de celle des 16-
25 mai 1863 ; et la Cour de cassation a également
jugé qu'à raison du caractère de réparation civile que
présente l'amende, il fallait observer le principe de l'article 2 du Code civil (1). Cette solution est extrêmement
dure pour le délinquant.

La loi qui édicte une amende fiscale nous paraît être,
au contraire, une loi essentiellement pénale, soumise
par conséquent à ce principe constant que les lois pénales rétroagissent *in mitius*.

Responsabilité.

La conséquence la plus grave de la théorie de la jurisprudence est l'application de la responsabilité civile à
l'amende fiscale, à raison de son caractère de réparation
civile.

En principe chacun n'est responsable que de son propre fait. L'article 1384 du Code civil oblige cependant certaines personnes à réparer le préjudice causé à autrui
par un fait auquel elles sont étrangères. Cette obligation,
qui prend le nom de responsabilité civile, est fondée
sur une présomption de négligence de la part de ces
personnes qui étaient tenues de surveiller l'auteur du
délit placé sous leur dépendance. L'article énumère les
père et mère, les maîtres et commettants, les instituteurs et les artisans.

(1) Cass., 11 décembre 1863, D. P. 64, 1, 200.

L'article 20, titre 13, de la loi du 22 août 1791, pour les douanes, et l'article 35 du décret du 1er germinal an XIII, pour les contributions indirectes, reproduisent la disposition de l'article 1384 relative aux maîtres et commettants. La jurisprudence, nous l'avons vu, en a conclu que l'amende fiscale est une réparation civile et par suite qu'il y a lieu d'interpréter ces deux textes d'une manière extensive et de faire peser sur les autres personnes désignées par l'article 1384 la responsabilité édictée spécialement pour les propriétaires de marchandises.

Elle a d'abord déclaré les père et mère responsables de l'amende fiscale encourue par leur enfant mineur habitant avec eux (1).

Par application de la même idée, elle déclare les maîtres et commettants responsables des amendes fiscales encourues par leurs domestiques ou préposés, alors même qu'ils ne sont pas propriétaires de la marchandise ; et elle devrait déclarer, si le cas se présentait, les instituteurs et les artisans responsables des infractions encourues par leurs élèves et apprentis pendant qu'ils sont sous leur surveillance.

---

(1) En matière de contributions indirectes : Cass., 11 octobre 1834, Sirey, 34, 1, 708.

En matière de fabrication de poudre : Cass., 24 août 1850, Sirey, 51, 1, 464.

En matière de colportage illicite de tabac et de poudre à feu : Metz, 27 novembre 1867, D. P. 67, 2, 247.

En matière de douanes : Cass., 5 septembre 1828, D. P. 28, 1, 410 ; 11 décembre 1863, Sirey, 64, 1, 304 ; 30 novembre 1869, Sirey, 70, 1, 115.

Cette décision de la jurisprudence est très critiquable. Nous avons déjà expliqué que la responsabilité édictée par la loi de 1791 et le décret de germinal an XIII à la charge des propriétaires de marchandises introduites en fraude est, non pas une responsabilité civile, mais une responsabilité pénale, ayant sa source soit dans une sorte de complicité, soit plus exactement peut-être dans une faute personnelle, dans un défaut de surveillance érigé par la loi en délit *sui generis*.

Concédons que ce soit une responsabilité civile : en résulte-t-il que l'on doive l'étendre à d'autres personnes que les propriétaires des marchandises ? C'est un véritable abus ; c'est une violation des règles qui président à l'interprétation des lois. Nul ne répond, soit pénalement, soit civilement, que de son fait : voilà le principe. A ce principe la loi de 1791 apporte une exception, en ce qui concerne les propriétaires des marchandises. Cette exception doit être interprétée restrictivement, elle ne doit pas être étendue par analogie.

Les intérêts du fisc ne sont pas méconnus dans notre opinion. Si les père et mère sont propriétaires des marchandises, ils seront atteints par la loi de 1791. S'ils n'ont point cette qualité, mais qu'ils aient employé leur enfant à faire la fraude, le fisc pourra faire cette preuve et obtenir leur condamnation en vertu de cet axiome : *is fecit cui prodest*.

En dehors de ces hypothèses, les père et mère ne peuvent être rendus responsables des délits fiscaux commis par leurs enfants. De même, les maîtres et commettants ne peuvent être tenus que tout autant qu'ils rentrent dans les prévisions de la loi de 1791 et sont propriétaires des marchandises.

La responsabilité en ce qui concerne l'amende fiscale ayant le caractère d'une responsabilité pénale, nous n'en tirons pas seulement cette conclusion qu'elle ne s'étend pas aux personnes déclarées civilement responsables par l'article 1384 du Code civil. Nous admettons également que les propriétaires de marchandises introduites en fraude des lois sur les douanes, les contributions indirectes et les octrois, peuvent être régulièrement cités devant les tribunaux répressifs comme responsables des amendes encourues par l'auteur de l'infraction, même postérieurement à la condamnation prononcée contre celui-ci et passée en force de chose jugée.

Cette solution est bien admise par la jurisprudence : mais, dans le système de la jurisprudence, elle est critiquable. Elle est critiquable parce que si l'on voit une responsabilité civile dans la responsabilité édictée par la loi de 1791, on ne peut éviter d'appliquer l'article 3 du Code d'instruction criminelle. Aux termes de cet article, l'action civile en réparation du préjudice causé par une infraction ne peut être portée devant la juridiction répressive qu'accessoirement à l'action publique. Lorsqu'il a été définitivement statué sur l'action publique, c'est alors devant la juridiction civile que l'on

doit poursuivre la réparation du dommage. Mais on ne
peut plus agir devant les tribunaux de répression, en
dehors et indépendamment de l'action publique qui a
été souverainement jugée.

Contrainte par corps.

Une prétention encore plus singulière avait été émise
par la jurisprudence. Elle avait décidé que le recouvrement de l'amende fiscale n'était pas soumis à la contrainte par corps, et elle s'appuyait sur le caractère
civil de cette amende.

La Cour d'Amiens (16 mai 1868) (1) a, avec raison,
repoussé cette prétention. En matière d'amende fiscale,
nous sommes incontestablement en matière pénale :
nous rentrons donc dans les termes de l'article 2 de la
loi du 22 juillet 1867. Au reste la discussion de cette
loi ne laisse subsister aucun doute. On a fait l'énumération des cas auxquels s'appliquait la contrainte par
corps en matière civile qu'il s'agissait d'abolir, et jamais
le recouvrement d'amendes en matière de douanes et
contributions indirectes n'a été mentionné. Il y a plus :
le renvoi de l'article 2 à la commission ayant été de-
mandé, le commissaire du gouvernement le combattit
en expliquant « qu'il était nécessaire de maintenir la
contrainte par corps pour assurer la répression des délits qui en amènent le plus fréquemment l'exercice, dé-

____

(1) Sirey, 1868, 2, 139.

lits qui se comptent tous les ans par milliers, parmi lesquels il range les contraventions en matière de douanes ». Le garde des sceaux le combattit également, déclarant que l'article maintient absolument la contrainte pour les infractions prévues par les lois spéciales, infractions « connues sous le nom de contraventions, qui sont de la compétence tantôt correctionnelle, tantôt de simple police, et dont quelques-unes, en matière de douanes, sont exclusivement de la compétence du juge de paix ».

Point n'est donc besoin d'insister davantage sur une question qui ne saurait faire difficulté. Mais ce que nous voulons bien faire ressortir, c'est que la jurisprudence et les auteurs ont tort de faire intervenir dans sa discussion la nature des amendes fiscales. A notre avis, ces deux questions sont absolument indépendantes l'une de l'autre. Alors même que l'on ne voudrait voir dans ces amendes que des réparations civiles, on doit leur appliquer la contrainte par corps, parce que la contrainte par corps ne s'applique pas seulement aux peines, mais aussi aux réparations civiles ; il suffit que l'infraction qui y donne naissance soit constatée par les tribunaux répressifs. C'est une voie d'exécution de *toutes les condamnations pécuniaires* prononcées pour faits délictueux : *amendes, restitutions, dommages-intérêts ou frais.*

Application de la loi Bérenger.

Une loi toute récente, la loi du 26 mars 1891, dans le but de protéger la société contre l'accroissement redoutable de la récidive, a doté notre législation d'une institution nouvelle qu'elle a empruntée, à quelques détails près, à une loi belge du 31 mai 1888 « sur la libération et les condamnations conditionnelles ».

En même temps qu'elle se montre sévère pour les malfaiteurs de profession, créant la petite récidive et adoptant le principe de la récidive spéciale, elle use d'indulgence envers les délinquants primaires. Elle permet, et c'est là sa principale innovation, de surseoir à l'exécution d'une première condamnation à l'emprisonnement ou à l'amende, et d'accorder ainsi au condamné un délai d'épreuve pendant lequel il pourra racheter sa faute par une bonne conduite : si, pendant une période de 5 années à dater du jugement, il n'a encouru aucune nouvelle condamnation, la première sera comme non avenue.

L'application du *sursis* institué par cette loi a remis en question la nature des amendes fiscales. Mais la jurisprudence a montré ici une certaine indécision. Elle a en effet adopté successivement trois systèmes :

1° Les Cours de Bordeaux et de Nancy ont refusé d'accorder le sursis soit en cas de condamnation à l'amende, soit en cas de condamnation à l'emprisonnement pour violation des lois de douanes.

2° La Cour de Lyon, en matière de douanes, et la Cour de Rennes, en matière de contributions indirectes, ont pris absolument le contre-pied de la thèse soutenue par les Cours de Bordeaux et de Nancy. Tandis que celles-ci combattaient l'extension de la loi Bérenger aux délits fiscaux, elles ont déclaré le sursis possible d'une manière générale, et pour l'amende et pour l'emprisonnement.

3° Enfin la Cour de cassation, cassant l'arrêt de la Cour de Rennes, a cru devoir distinguer entre l'emprisonnement et l'amende. Elle applique le sursis à la première peine, mais elle ne l'admet pas pour l'amende, invoquant son caractère prépondérant de réparation civile.

C'est le 3ᵉ système qui a inspiré les décisions judiciaires les plus nouvelles et qui paraît devoir triompher en pratique. Il est en effet une conséquence logique de la théorie adoptée par la Cour de cassation sur la nature des amendes fiscales.

La lettre et l'esprit de la loi Bérenger nous semblent cependant commander l'application générale du sursis aux délits fiscaux, sans qu'il y ait lieu de distinguer suivant qu'il s'agit de la peine corporelle de l'emprisonnement ou de la peine pécuniaire de l'amende. Les dispositions spéciales de notre législation fiscale ne contiennent rien qui, directement ou indirectement, soit contraire à cette interprétation.

En ce qui concerne l'emprisonnement, il ne semble

pas qu'il puisse y avoir de doute. L'article 1er de la loi
du 26 mars 1891 est ainsi conçu : « En cas de condamnation à l'emprisonnement ou à l'amende, si l'inculpé
n'a pas subi de condamnation antérieure à la prison
pour crime et délit de droit commun, les Cours et tribunaux peuvent ordonner, par le même jugement et par
décision motivée, qu'il sera sursis à l'exécution de la
peine ». Le législateur a donc pris en considération la
peine prononcée, pour accorder le sursis ; et il ne l'admet que pour deux peines : l'emprisonnement et l'a-
mende. Mais il ne s'est pas attaché à la nature de l'infraction. Peu importe que celle-ci soit prévue par le
Code pénal ou par une loi spéciale.

Cette généralité n'est pas un accident ; elle a été voulue. Nous en avons la preuve dans les travaux préparatoires. Lors de la première délibération devant le Sénat,
le 23 mai 1890, le promoteur de la loi, M. Bérenger,
s'est exprimé en ces termes : « Nous accordons la faculté nouvelle au juge, en tout état de cause, c'est-à-dire
quel que soit le délit à réprimer ». La loi étant revenue à
la Chambre des députés, le rapporteur de la Chambre
conclut ainsi : « Votre commission n'a pas hésité à se
rallier au texte du Sénat, qui n'avait, il faut l'ajouter,
soulevé devant cette assemblée aucune contradiction,
et elle vous propose d'étendre à *toute* condamnation à
l'emprisonnement la faculté de surseoir à l'exécution
que la loi reconnaît au juge » (1). Il eût été difficile d'ex-

(1) Sirey, *Lois annotées de* 1891, p. 125, 2e colonne, note 2.

primer plus clairement que le juge peut accorder le sursis, abstraction faite de la nature de l'infraction ; qu'il suffit que la peine prononcée soit celle de l'emprisonnement.

Le but qu'a poursuivi le promoteur de la loi en introduisant cette innovation dans notre législation concourt également à démontrer que le sursis s'applique aux infractions prévues par les lois spéciales. Dans l'important discours qui remplit la séance du Sénat du 23 mai 1890, il manifestait ses intentions : « Pour la conscience qui a conservé intact le sentiment de l'honneur et le salutaire effroi de la prison, la menace de la peine peut produire des effets aussi sérieux, aussi efficaces que la prison elle-même. Sans parler des effets détestables causés par les contacts de la prison, combien de découragements, de révoltes contre la société ne sont-ils pas nés d'une répression inutile ? » (1).

« Ce que l'on a voulu surtout, c'est arracher au contact funeste de la prison ceux qui subissent une première condamnation » (rapport de M. Barthou à la Chambre des députés) (2).

Ce contact de la prison, que l'on considère comme si funeste pour un délinquant primaire, ne le sera-t-il pas surtout pour celui qui n'a violé qu'une loi fiscale, c'est-à-dire qui n'a commis qu'une infraction ne blessant sou-

(1) *Journal officiel,* discours de M. Bérenger du 23 mai 1890.
(2) Sirey, *Lois annotées de* 1891, p. 125, 2e col., note 2.

vent pas le droit naturel et n'entachant ni son honnêteté ni sa moralité ?

Et précisément parce que les délits fiscaux trahissent d'ordinaire moins de perversité que les délits prévus par le Code, il y a motif d'autant plus fort de leur étendre le bénéfice du sursis. Cet argument *à fortiori* figure au nombre des considérants d'un jugement excellent du tribunal correctionnel de Lorient, du 25 mars 1892 : « Il serait impossible, dit le jugement, que notre législateur, qui a consenti à laisser disparaître de l'extrait du casier judiciaire (après l'expiration d'une période de 5 années sans nouvelle condamnation) la trace de son crime, ait entendu y laisser subsister la trace d'une fraude aux lois fiscales. La condamnation pour crime pouvant être considérée comme non avenue depuis 5 ans, *à fortiori* doit-il en être ainsi de la condamnation pour infraction à la loi du 28 avril 1816, fait beaucoup moins grave et que le public a beaucoup moins d'intérêt à connaître que le crime commis ».

Ni dans le texte, ni dans les travaux préparatoires, ni dans le motif de la loi, il n'y a donc aucun indice pouvant faire supposer l'intention au législateur d'exclure les délits fiscaux.

L'application du sursis à l'emprisonnement prononcé pour un délit fiscal a cependant été contestée, et voici les objections que l'on a faites :

1re *objection*. Les condamnations avec sursis ne concernent que « ceux qui n'ont pas subi de condamnation antérieure à la prison *pour crime ou délit de droit commun* ».

Ces expressions *crimes ou délits de droit commun* indiquent que le sursis ne doit pas exister pour les délits fiscaux.

Il suffit d'observer, pour réfuter cette objection, que le législateur n'a employé ces expressions que pour fixer : 1° quelles seraient les condamnations antérieures qui s'opposeraient dans une nouvelle poursuite à l'admission du sursis ; 2° quelles seraient les condamnations postérieures qui entraîneraient la déchéance du sursis accordé. Au contraire, lorsqu'il s'est agi de déterminer quelles seraient les condamnations pour lesquelles le sursis pourrait être accordé, la loi du 26 mars 1891 a disposé dans les termes les plus généraux et sans réserver le bénéfice de la loi aux seules condamnations pour délits de droit commun.

Nous allons même plus loin. Nous pensons que non seulement les délits fiscaux bénéficient du sursis, mais encore qu'ils mettent obstacle au sursis en cas de nouvelle infraction (quelle qu'elle soit), et qu'accomplis après une première condamnation avec sursis ils entraînent sa déchéance ; bien que le législateur ait déclaré que la condamnation antérieure à l'emprisonnement n'exclut le sursis que si elle a été prononcée pour crime ou délit de droit commun.

Cette seconde question est cependant très controversée. M. Laborde, qui estime que les délits fiscaux ne doivent pas être privés du sursis, enseigne qu'une première condamnation prononcée pour délit fiscal. rend impossible la concession du sursis, de même qu'un condamné ne perd pas le bénéfice du sursis s'il se rend plus tard coupable d'un délit de cette nature. « La condamnation antérieure à l'emprisonnement, dit-il, n'exclut le sursis que si elle a été prononcée pour *crime ou délit de droit commun*. Nulle part dans nos lois on ne trouve la définition des crimes et délits de droit commun. On emploie généralement cette expression pour faire antithèse aux crimes et délits politiques. Mais ici elle paraît avoir un sens plus étendu et viser les infractions *non politiques et prévues par le Code pénal*. Il semble en effet que le législateur de 1891 se soit inspiré des articles 1er et 2 de la loi du 27 mai 1885 sur les récidivistes, en rédigeant son article 1er, comme il s'est visiblement inspiré de l'article 4 de la même loi pour rédiger les deux derniers paragraphes du nouvel article 58 du Code pénal. Or ces articles de la loi de 1885 opposent certainement les crimes et délits de droit commun aux infractions politiques et aux infractions spéciales. — Ici, il faut donner à cette expression sa signification la plus étendue ; car l'interprétation doit être large en présence d'une institution favorable (1) ». Et, après avoir développé cette même idée, dans une étude intitulée *Questions pratiques sur la loi du* 26 *mars* 1891 (2), il conclut :

(1) *Cours de droit criminel*, appendice, p. 9.
(2) *Lois nouvelles* de 1891, p. 403.

« Ainsi ne seront pas exclus du bénéfice de la nouvelle
institution non seulement les condamnés politiques,
mais encore les condamnés pour crimes et délits prévus et punis par des lois en dehors du Code pénal.
Ainsi une condamnation pour crime ou délit politique, ou pour crime ou délit spécial, n'enlèvera point au
condamné le bénéfice du sursis ».

Pour pouvoir bien discuter cette opinion, il importe
de bien se pénétrer de l'idée mère de la loi du 26 mars
1891. Il ressort des travaux préparatoires que M. Bérenger s'est attaché, pour légitimer l'atténuation et l'aggravation de la peine, au caractère moral et intentionnel
du délit. Voici ses propres paroles : « Une faute, même
grave, commise dans un mouvement de soudaine sur-
prise dont les vies les plus pures ne sont pas toujours
exemptes, ne suppose pas toujours la dépravation. Loin
d'entraîner, malgré le désordre momentané qu'elle a
causé, un péril pour la société, elle peut devenir pour
les natures droites et honnêtes le point de départ d'une
vigilance plus grande sur leur conduite et concourir
même par la sincérité du repentir et la continuité de
l'effort à leur amélioration. Une faute même très légère
peut, au contraire, être la révélation d'un état d'immoralité qui ne laisse aucun doute sur l'infliction réelle de
la peine ». Si le législateur a décidé qu'une condamnation antérieure pour délit de droit commun serait seule
un obstacle au sursis, c'est donc parce qu'il a estimé
que les infractions ne rentrant pas dans la catégorie des

infractions de droit commun ne trahissaient pas par elles-mêmes assez de perversité pour rendre le prévenu indigne d'indulgence. Le caractère moral du délit, tel a été le critérium auquel il s'est attaché. Lui attribuer l'intention d'exclure les infractions spéciales, cela revient à dire que ces infractions ne dénotent pas d'immoralité. Cette affirmation est souvent vraie pour les infractions aux lois fiscales ; ces lois ne tenant pas compte de la bonne foi et n'autorisant pas le juge à tempérer leur rigueur par les circonstances atténuantes, il arrivera parfois, nous avons eu maintes occasions de le signaler dans le cours de notre étude, qu'un individu sera condamné bien qu'il n'ait pas eu d'intention coupable. Mais ce résultat ne se produit pas dans tous les cas où il y a violation d'une loi fiscale : dans bien des cas cette violation est due à la mauvaise foi et révèle une véritable perversité. Toujours est-il que les délits fiscaux ne sont pas les seuls délits spéciaux. Ces délits sont très nombreux et la plupart dénotent une culpabilité aussi grave que les infractions du Code pénal. Nous citerons, à titre d'exemples, la distribution de dividendes fictifs (loi du 24 juillet 1867 sur les sociétés) qui est un véritable délit d'escroquerie, les infractions à la loi du 15 juillet 1845 sur la police des chemins de fer, la contrefaçon des marques de fabrique et autres délits visés par la loi du 23 juin 1857, enfin les infractions aux lois sur la presse. Tous ces délits, en même temps que les délits fiscaux, se trouveront exclus des prévisions du législateur de 1891, si l'on admet avec M. Laborde que l'expression crimes et délits de droit commun est synonyme de crimes et délits ordinaires, c'est-à-dire de crimes et délits prévus par le Code pénal par opposition aux crimes et délits prévus par des lois spéciales. Est-il raisonnable d'attribuer une pareille intention au législateur? Rationnellement, un quelconque de ces délits spéciaux que nous venons de citer ne rend-il pas, aussi bien qu'un délit du Code, celui qui l'a commis et qui se rend coupable d'une nouvelle infraction indigne d'indulgence? rationnellement ne doit-il pas, aussi bien qu'un délit du Code, entraîner la déchéance du sursis accordé?

L'opinion de M. Laborde conduirait en outre à déclarer le pouvoir des tribunaux illimité, en ce sens que la répétition d'un délit fiscal ne serait jamais en droit un obstacle au sursis. Et on ne peut concevoir qu'un juge puisse accorder une mesure de faveur à un délinquant d'habitude.

Nous ne saurions donc admettre l'explication que l'éminent professeur donne de ces mots « crimes et délits de droit commun ».

Quel sens lui donner alors? M. l'avocat général Sarrut est d'avis que ces mots, dont la signification juridique n'est donnée nulle part, n'ont pas de signification absolue et qu'il faut les entendre selon l'ordre d'idées auxquelles la loi se réfère. Au point de vue de l'application du sursis, il considère comme des crimes et délits de droit commun « les infractions qui portent atteinte à la considération, à l'honneur, qui révèlent chez l'agent une dégradation morale, et dès lors ne lui permettent pas en cas de nouveau méfait de solliciter du juge une bienveillance exceptionnelle (1) ».

Nous sommes aussi de cet avis qu'il faut considérer comme crimes et délits de droit commun ceux qui révèlent de l'immoralité chez l'agent. Mais il nous paraît périlleux de ne point préciser davantage et de ne pas donner de définition. Il faudra pour chaque infraction isolément rechercher si elle a un caractère suffisamment immoral pour empêcher de prononcer le sursis : ce seront des discussions interminables ; ce sera surtout ouvrir la porte à l'arbitraire, et la loi ne sera plus la loi.

Nous préférons adopter une opinion qui est souvent enseignée, d'après laquelle le législateur se serait servi des mots crimes et délits de droit commun pour exclure les infractions politiques. Cette interprétation a un premier avantage : elle est conforme au langage usuel. D'ordinaire, lorsqu'on parle d'infractions de droit commun, c'est pour leur opposer les infractions politiques ; c'est la terminologie employée dans la plupart des traités de droit criminel pour la classification des infractions. Elle a un autre avantage : celui de concorder avec la genèse de la loi Bérenger. Les délits politi-

____

(1) D. P. 1893, 1, 160, note sous l'arrêt de Cassation du 22 décembre 1892.

ques sont ceux qui ont le moins d'immoralité ; les mobiles qui y poussent à agir sont souvent désintéressés ; l'erreur, la bonne foi, le patriotisme peuvent s'y rencontrer. « Les délits politiques, disait déjà Benjamin Constant dans son *Commentaire sur Filangieri*, ne décèlent souvent aucune perversité véritable et quelquefois ils sont compatibles avec de hautes vertus privées ou publiques ». On peut donc raisonnablement prétendre que le législateur a entendu les exclure plutôt que les délits spéciaux. C'est d'autant plus plausible que les travaux préparatoires de la loi Bérenger rappellent la loi du 27 mai 1885 sur les récidivistes, dont elle est le complément. Or, cette loi a trait aux crimes et délits de droit commun, et l'article 3 interprète ces mots en excluant formellement les crimes et délits politiques.

Il ne nous paraît donc pas que l'on puisse combattre notre opinion en tirant argument des termes de la loi du 27 mai 1885. Le rapprochement des articles 1er et 2 de cette loi avec l'article 1er de la loi du 26 mars 1891, loin de fournir une arme contre nous, est plutôt en notre faveur.

2e *Objection.* — On fait observer que les diverses administrations financières ont reçu de textes formels le droit de transiger avec le délinquant et que l'application de la loi Bérenger est inconciliable avec ce pouvoir.

Cette objection est facile à réfuter. Le droit de transaction peut être exercé incontestablement avant le jugement ; il peut l'être même après le jugement, pourvu

que celui-ci n'ait pas acquis force de chose jugée, restriction qui est admise en ce qui concerne l'emprisonnement mais qui n'existe pas pour l'amende. Avant le
jugement, le délinquant, eût-il les meilleures raisons
d'espérer obtenir des juges le sursis, a tout intérêt à
tenter une transaction. Son espoir ne peut-il pas être
déçu? Est-il assuré d'obtenir le sursis? Peut-il y compter comme sur un droit? Mais ce serait se faire une
fausse idée de la loi nouvelle. Elle ne prétend pas s'imposer aux juges, elle lui accorde une simple faculté et
s'en remet à leur souveraine appréciation. Du moment
qu'il y a là une question d'appréciation, c'est le cas de
citer ce vieil adage : « *tot capita, tot census* ». Nous
irons plus loin. Le législateur eût-il procédé différemment ; et, au lieu d'accorder aux juges la faculté d'accorder le sursis, telles conditions se trouvant réunies,
leur en eût-il fait un devoir, le droit de transaction n'eût
pas encore été battu en brèche : le délinquant aurait
beau pouvoir compter sur le sursis, ne devra-t-il pas
être jugé? Au contraire, s'il transige, il arrête les poursuites, il évite les ennuis d'un débat judiciaire et le dis-
crédit qui résulte d'un jugement de condamnation, si
favorable qu'il soit.

Après le jugement, et malgré l'octroi du sursis, la
transaction n'est pas rendue inutile non plus. Le sursis
n'est qu'une suspension de l'exécution de la peine ; le
condamné reste sous le coup de la condamnation pendant 5 ans, et les effets que la loi attache à sa bonne

conduite pendant le délai d'épreuve disparaissent s'il
commet une nouvelle infraction. Il court donc le ris-
que d'avoir plus tard à faire sa prison, et d'avoir un
casier judiciaire. La transaction efface immédiatement
la condamnation.

Il est donc inexact de soutenir que la loi Bérenger
entrave le droit de transaction qui constitue une des
prérogatives séculaires des administrations financières.

3e *Objection*. — Si ces administrations ont été auto-
risées à transiger, c'est parce que les juges ne peuvent
en matière fiscale apprécier les circonstances atténuantes et modérer ou remettre les peines encourues. Cette
autre particularité de la législation fiscale, l'exclusion
de la théorie des circonstances atténuantes, a fourni à
la thèse adverse un nouvel argument : la loi du 26 mars
1891 n'a entendu viser que les condamnations que les
juges peuvent modérer par l'admission des circonstances
atténuantes ; elle ne peut donc s'appliquer aux condamnations pour violation des lois fiscales.

Cette prétention a été émise par deux Cours d'appel,
les Cours de Bordeaux (14 août 1891) et de Nancy (5 novembre 1891) (1).

Il est singulier de vouloir lier le sort du sursis avec
celui des circonstances atténuantes. Si le législateur
avait eu cette intention, elle était trop hardie, il faut
l'avouer, pour pouvoir être sous-entendue et n'avoir pas

____

(1) Sirey, 92, 2, 9.

besoin d'être exprimée ; elle l'était assez, en tout cas, pour ne pas passer sous silence et pour provoquer une discussion : or, les travaux préparatoires ne portent pas de traces de la moindre discussion à cet égard. La rédaction de l'article 1ᵉʳ n'autorise pas davantage à admettre cette distinction entre les cas où le juge peut tempérer la rigueur de la loi par l'admission des circonstances atténuantes, pour lesquels seuls le sursis pourrait être accordé, et les cas où le juge n'a pas cette latitude.

Cette distinction aurait d'ailleurs cette conséquence choquante de soumettre à un régime différent, au point de vue de la loi Bérenger, les infractions aux lois sur les contributions indirectes et les infractions aux lois sur les douanes. L'article 463 du Code pénal est en effet applicable aux premières depuis la loi du 30 mars 1888, et il est question de l'étendre aussi aux infractions en matière d'octroi ; les circonstances atténuantes, au contraire, ne sont pas admises par la législation sur les douanes. C'est déjà une anomalie, puisque les infractions en matière de contributions indirectes, de douanes et d'octrois sont identiques au point de vue de leurs éléments constitutifs, de la criminalité de l'agent, du trouble social qu'elles causent ; mais cette anomalie est consacrée par des textes formels, et nous devons nous incliner. Pourquoi vouloir en créer une autre, en l'absence d'un texte ? Sans doute, pour bien connaître une loi il ne suffit pas d'en posséder les termes, il faut encore se pénétrer de l'intention du législateur ; mais il ne faut pas se laisser entraîner trop loin par ce principe d'interprétation, qui devient insidieux s'il n'est pas sagement appliqué : sous prétexte de rechercher quelle a été l'intention du législateur, on arriverait facilement, si l'on ne se tenait en garde, à lui faire dire bien des choses qu'il n'a pas voulues.

Les objections faites à l'application de la loi Bérenger à l'emprisonnement prononcé pour un délit fiscal ne résistent donc pas à la discussion. Aussi la jurisprudence paraît-elle aujourd'hui fixée dans le sens de l'application de la loi. La thèse soutenue par les Cours de Bordeaux et de Nancy n'a pas été reproduite par les arrêts postérieurs (1). Quant à la doctrine, elle est unanime.

L'accord cesse d'exister entre la doctrine et la jurisprudence lorsqu'il s'agit, non plus de l'emprisonnement, mais de l'*amende*.

C'est qu'en effet pour savoir s'il faut ou non appliquer la loi Bérenger à l'amende fiscale, il faut préalablement trancher deux questions :

1° Cette loi exclut-elle les délits spéciaux ?

2° Quelle est la nature des amendes fiscales ?

Et si auteurs et tribunaux donnent la même solution

(1) Rennes, 3 juin 1891, Sirey, 91, 2, 249 ; Lyon, 19 novembre 1891, Sir., 92, 2, 56 ; Cass., 19 novembre 1891, Sir., 92, 1, 107 ; Douai, 12 janvier 1892, Sir., 92, 2, 107 ; Besançon, 29 janvier 1892, Sir., 92, 2, 108 ; Cass., 25 mars 1892, D. 92, 1, 309 ; 22 décembre 1892, *Lois nouvelles* de 1893, 2, 15.

à la première de ces questions, ils se séparent sur la deuxième.

La jurisprudence, qui attribue aux amendes fiscales le caractère prépondérant de réparations civiles, refuse aux juges la faculté de leur accorder le sursis, parce qu'aux termes de l'article 2 de la loi du 26 mars 1891 la suspension de la peine ne comprend pas le paiement des dommages-intérêts (1).

Le système de la jurisprudence sur la nature des amendes fiscales conduit donc, au point de vue spécial de l'application de la loi Bérenger, aux trois conséquences suivantes :

1° Les tribunaux saisis d'une infraction fiscale passible seulement d'une amende ne peuvent prononcer le sursis ;

2° Une première condamnation à l'amende pour une infraction fiscale ne supprime pas la faculté du sursis pour les condamnations intervenues dans la suite ;

3° Une condamnation à une amende fiscale n'entraîne pas la déchéance du sursis accordé à l'occasion d'une précédente infraction.

Les deux dernières de ces solutions n'ont pas encore

____

(1) Bordeaux, 14 août 1891 (douanes) ; Cass., 19 novembre 1891 (contrib. indir.) ; Douai, 12 janvier 1892 (douanes) ; Besançon, 29 janvier 1892 (douanes) ; Cass., 22 décembre 1892 (douanes) ; Agen, 6 avril 1894, *Lois nouvelles*, 1894, 2, 146 (contrib. indir.). — En matière d'octroi, nous ne connaissons pas d'arrêt qui ait été rendu sur ce point ; mais les tribunaux décideraient de même si le cas se présentait.

été consacrées par des arrêts ; mais c'est uniquement parce que la jurisprudence n'a eu jusqu'à présent qu'à statuer sur des espèces où il s'agissait d'une première condamnation. Si elles se présentaient, elle statuerait sûrement, étant donné son point de départ, dans le double sens que nous indiquons.

Nous avons en partie réfuté cette doctrine de la jurisprudence en démontrant que les délits fiscaux doivent bénéficier des dispositions de la nouvelle loi. Les arguments que nous avons tirés, à l'occasion de l'emprisonnement, des travaux préparatoires, du texte et de l'esprit de cette loi, s'appliquent à l'amende comme à l'emprisonnement. Nous n'y reviendrons pas. Nous ajouterons seulement que la jurisprudence a dû finir par reconnaître que les délits fiscaux ne sont point restés en dehors des prévisions du législateur ; et que si elle déclare les condamnations à des amendes fiscales incompatibles avec le sursis, elle aboutit à écarter presque complètement la loi Bérenger en notre matière : ces amendes ne constituent-elles pas la sanction normale et presque exclusive de nos lois d'impôts ? la peine d'emprisonnement n'y est-elle pas très rare et exceptionnelle ?

Mais, ici, aux objections que nous avons discutées, qui ont été faites à l'application du sursis en matière fiscale, on en ajoute une nouvelle : on se prévaut principalement, et souvent même uniquement, du caractère prépondérant de réparation civile que l'amende présente en cette matière. N'avons-nous pas également prouvé que cette manière de voir est erronée et que l'amende fiscale présente tous les caractères d'une peine?

L'application de la loi Bérenger à l'amende prononcée par les lois de douanes, de contributions indirectes et d'octroi, comme à l'emprisonnement, ne saurait donc, à notre sens, faire de doute.

Ce qui ne manque pas d'intérêt, c'est de constater que la jurisprudence, qui paraît fixée d'une manière définitive sur la nature des amendes prononcées à raison de délits-fiscaux, n'a pas été toujours aussi affirmative sur cette importante question à l'occasion de la loi Bérenger. Elle l'a résolue diversement à l'occasion de cette loi ; elle a eu au début des hésitations : trois arrêts (Lyon, 19 novembre 1891, Rennes, 3 juin 1891, Trib. de Brives, 9 juin 1893, *Lois nouvelles*, 94, 2, 74) ont affirmé le caractère pénal de l'amende fiscale. Ces tâtonnements ne se seraient peut-être pas produits si la doctrine de la Cour de cassation reposait sur une base plus solide.

Résumons ces longs développements sur les applications que la jurisprudence a faites de sa théorie sur le caractère de l'amende fiscale.

La Cour de cassation traite cette amende comme une *réparation civile* aux points de vue suivants :

1° Elle étend la responsabilité de l'amende aux personnes qui, d'après le droit commun, répondent du fait d'autrui (art. 1384 du Code civil);

2° Elle écarte le principe de l'article 365 du Code d'instruction criminelle sur le non cumul des peines;

3° Elle applique aux lois fiscales qui édictent ces amendes la règle de la non rétroactivité, comme en matière civile;

4° Elle prononce l'amende contre le mineur de 16 ans qui est reconnu avoir agi sans discernement;

5° Elle refuse de lui étendre le bénéfice de la loi Bérenger.

Elle la traite au contraire comme une *peine* :

1° Au point de vue de la personnalité;

2° Au point de vue de la prescription;

3° En n'exigeant pas la preuve d'un préjudice;

4° En décidant que les personnes responsables d'un délit fiscal commis par autrui peuvent être citées devant les tribunaux répressifs même après que le jugement de condamnation de l'auteur du délit est passé en force de chose jugée.

Cette diversité de solutions n'emporte-t-elle pas la condamnation du système de la jurisprudence ?

Ou l'amende fiscale est une peine, ou elle est une réparation civile. Mais elle ne peut pas être les deux à la fois, puisque peines et réparations civiles sont soumises à des règles qui sont inconciliables. Il est tout à fait arbitraire de lui attribuer tantôt ce caractère, tantôt cet autre, suivant l'application qu'il s'agit d'en faire.

Or, nous croyons avoir établi que les amendes qui sont la sanction de nos lois sur les douanes, les contributions indirectes et les octrois sont des peines.

La Cour de cassation sent si bien qu'elle outrepasse la loi, qu'elle n'ose point appliquer dans toutes ses conséquences le principe qu'elle adopte. Elle n'ose pas aller jusqu'à écarter le principe de la personnalité des peines, ce qu'elle devrait pourtant faire pour être logique avec elle-même. Elle recule devant cette extension en l'absence d'un texte. Mais étendre l'amende à toutes les personnes civilement responsables de l'article 1384 du Code civil, n'est-ce pas tout aussi grave ? N'est-il pas tout aussi téméraire de prononcer, également sans texte exprès, l'amende contre un mineur qui est reconnu avoir agi sans discernement, alors que la loi le couvre d'une présomption d'irresponsabilité et ne permet de le condamner à aucune peine ?

SECTION II. — **Des amendes de timbre et d'enregistrement.**

Si nous avons cru devoir attribuer aux amendes de douanes, contributions indirectes et octroi le caractère de peine plutôt que celui de réparation civile, il serait téméraire, à notre avis, de vouloir soutenir la même thèse pour les amendes de timbre et d'enregistrement.

Celles-ci sont exigibles sans jugement préalable de condamnation et recouvrées par voie de contrainte comme les droits eux-mêmes dont elles garantissent la perception. Les tribunaux n'interviennent que si le contribuable forme opposition à la contrainte, prétendant que l'administration lui a imposé à tort l'amende ou le droit en sus. Et lorsqu'une décision de la justice est ainsi rendue nécessaire, c'est aux tribunaux civils seuls qu'appartient la connaissance de la contravention.

Il serait donc difficile de nier la nature civile des amendes de timbre et d'enregistrement. On ne pourrait même pas leur attribuer ce caractère mixte que la jurisprudence assigne à l'amende en matière de douanes et de contributions indirectes : elles nous apparaissent dépouillées de tout caractère pénal ; elles doivent être traitées uniquement comme des réparations civiles.

En matière de contraventions aux lois sur le timbre, une application importante de ce caractère de réparation civile a été consacrée par l'article 76 de la loi de 1816. Ce texte dispose que « au cas de décès de ceux qui ont contrevenu aux lois sur le timbre, les droits et amendes seront dus par leurs successeurs ». L'amende, ici, n'est donc même plus personnelle ; c'est donc qu'elle a cessé complètement d'être une peine.

Du caractère de réparations civiles des amendes en cette matière il résulte encore que les maîtres et commettants sont responsables de l'amende encourue sur des actes passés en leur nom par des mandataires ou employés. Cette responsabilité est purement civile, elle doit donc s'étendre à toutes les personnes que l'article 1384 déclare civilement responsables. De nombreuses décisions judiciaires l'ont affirmé à propos de l'application de la loi du 23 août 1871 sur le timbre des quittances, reçus et décharges : Le tribunal civil de Lyon, par jugement du 20 août 1875, a décidé que le père au nom et pour le compte duquel une quittance de loyer a été souscrite par son fils sur papier non timbré, est tenu d'acquitter le droit et l'amende exigibles (1). Le tribunal civil de Boulogne (4 mars 1875) a décidé de même que le mari est responsable de la quittance souscrite en son nom par sa femme (2). Et le tribunal de Castres (1ᵉʳ février 1876) a admis la responsabilité du mandant pour la contravention commise par son mandataire (3).

Autre conséquence de la nature des amendes de timbre : dans le cas où plusieurs contraventions ont été commises, les amendes encourues doivent être prononcées cumulativement. On ne pourrait songer à leur appliquer le principe de l'article 365 du Code d'instruction criminelle.

Enfin, puisque nous nous trouvons en matière civile, la question de savoir si le sursis établi par la loi Bérenger peut être appliqué ne peut pas se poser : l'article 2 de la loi déclare en effet que la suspension de la peine ne comprend pas le paiement des dommages-intérêts.

(1) D. P. 1875, 5, 444.
(2) D. P. 1875, 5, 444.
(3) D. P. 1876, 5, 442.

Il ne peut pas y avoir lieu, non plus, à contrainte par corps (art. 1er de la loi du 22 juillet 1867), ni à rétroactivité (art. 2 du Code civil).

Ces divers effets, dérivant de leur caractère de réparations civiles, que nous venons de signaler plus spécialement pour les amendes de timbre, leur sont communs avec les amendes d'enregistrement. La dernière conséquence, l'exclusion de toute rétroactivité se trouve même formellement consacrée par l'article 73 de la loi du 22 frimaire an VII sur l'enregistrement. Cependant pour les amendes d'enregistrement le législateur n'est pas allé jusqu'à dire, comme pour les amendes de timbre, que le principe de la personnalité ne s'appliquait pas. Nous pouvons même relever à cet égard une certaine incohérence dans nos lois. L'article 38 de la loi de frimaire paraît admettre que la peine n'est pas personnelle. Il porte que les actes sous signature privée et ceux passés en pays étranger, dénommés dans l'article 22, de même que les testaments qui n'auront pas été enregistrés dans les délais déterminés, seront soumis au double droit, mais il ne s'occupe point des personnes : le Conseil d'État a pu en induire qu'on ne peut pas faire dépendre la perception du double droit qu'établit cette disposition de l'existence de ceux qui ont contracté (avis du 9 février 1810). Au contraire l'article 39 de la même loi n'étend pas l'amende aux successeurs du redevable. Il applique le principe de la personnalité, ce qui suppose une peine. D'une autre part, la loi du 25 juin 1841, article 11, met expressément l'amende, au cas de simulation dans un traité de transmission d'office, à la charge des héritiers du délinquant. Nous voyons donc qu'il y a de la contradiction dans la loi elle-même.

Il s'agit pourtant de formuler une règle et de découvrir le vrai principe.

Eh bien, le vrai principe c'est que les amendes et les droits en sus concernant l'enregistrement ne peuvent pas être réclamés aux héritiers du contrevenant, à moins, bien entendu, que ce dernier n'ait été condamné avant son décès en vertu d'une décision passée en force de chose jugée, car alors le jugement constitue un titre ordinaire de créance transmissible aux héritiers. Nous citerons en ce sens une décision du ministre des finances du 1er septembre 1807, une solution de l'administration du 21 mars 1882 (1), et quelques arrêts, entr'autres les jugements du tribunal civil de la Seine du 29 mars 1878 et du tribunal de Nancy du 20 mai 1884 et un arrêt de la Cour de cassation du 19 novembre 1875 (2).

Il convient cependant de rappeler que, quelques doutes s'étant élevés sur le point de savoir si la peine prononcée par l'article 38 de la loi de frimaire pouvait passer aux héritiers, le Conseil d'État, saisi de la question, se prononça pour l'affirmative. S'appuyant sur cet

(1) *Journal de l'enregistrement*, 21, 819.
(2) *Journal de l'enregistrement*, n°s 21,819 ; 20,732 ; 22,585 ; D. P. 1875, 1, 115.

avis du Conseil d'État, l'administration soutint pendant longtemps qu'en matière de mutation immobilière non déclarée la peine n'était pas personnelle et passait aux héritiers. Elle étendit même cette décision aux insuffisances et dissimulations de prix.

Mais, lorsqu'en 1871 notre législateur établit des augmentations d'impôts et des impôts nouveaux relatifs à l'enregistrement et au timbre, il déclara expressément (art. 14 de la loi du 23 août) l'ancien et le nouveau possesseur, le bailleur et le preneur tenus *personnellement* d'un droit en sus, à défaut d'enregistrement ou de déclaration dans les délais prescrits des actes translatifs de propriété, d'usufruit ou de jouissance d'immeubles. Ce texte, appliquant le principe de la personnalité des peines, a paru à l'administration inconciliable avec l'avis précité du Conseil d'État. Elle a donc abandonné son ancienne doctrine, et elle a décidé plusieurs fois qu'en cas de décès de l'un des contractants le droit en sus qu'il avait encouru ne peut pas être réclamé à ses héritiers. Elle ne réclame plus aujourd'hui le droit en sus aux héritiers en matière de mutation à titre onéreux ou gratuit que lorsque leur auteur est mort avant l'expiration du délai imparti pour l'enregistrement ou la déclaration. Un exemple fera mieux comprendre ; nous allons l'emprunter à la matière des successions : un héritier qui devait souscrire, dans les 6 mois du décès d'une personne dont il recueille la succession, la déclaration de cette succession, meurt à son tour dans le courant du troisième ou du quatrième mois, avant d'avoir fait la déclaration. Ses héritiers doivent faire cette déclaration avant l'expiration du sixième mois. A défaut d'avoir rempli la formalité qui incombait à leur auteur, ils sont passibles de la même pénalité (un demi droit en sus) qui aurait frappé leur auteur s'il avait lui-même, étant vivant, laissé passer le délai de 6 mois.

Bien que l'administration applique aujourd'hui sans aucune hésitation, en matière de mutation immobilière, le principe de la personnalité, et que ce principe soit affirmé très nettement par la loi du 23 août 1871, un arrêt récent de la Cour de cassation a voulu aller au delà des conclusions de l'administration et a déclaré que la perception du droit en sus dû pour mutation immobilière non déclarée dans le délai pouvait être poursuivie contre les héritiers (1). Mais l'administration a décidé que cet arrêt ne serait pas pris en règle et que le principe de la personnalité des peines continuerait à être appliqué.

Cette jurisprudence de l'administration est donc définitivement établie, et nous pouvons affirmer que les amendes dues pour mutations immobilières non déclarées, comme toutes les amendes d'enregistrement, sont intransmissibles aux héritiers du délinquant.

Nos lois en matière d'enregistrement se sont ainsi montrées moins esclaves des principes qu'en matière de

____

(1) Cass., 8 février 1893, *J. E.* 24.024.

timbre et n'ont pas osé tirer toutes les conséquences qui résultaient rigoureusement du caractère de pures réparations civiles qu'elles assignaient aux amendes. En principe en effet, les amendes d'enregistrement comme celles de timbre étant purement civiles devraient être transmissibles aux héritiers.

Mais nous avons garde de faire un crime au législateur de n'avoir point suivi jusqu'au bout le principe qu'il consacrait. Il est toujours grave de rendre un successeur responsable d'une violation de la loi qu'a commise son auteur ; et, en fait, nous approuvons sa décision, en faveur de laquelle militent les plus grandes considérations d'équité.

CHAPITRE IX

En abordant la confiscation qui, comme l'amende, est la sanction la plus générale de nos lois fiscales, nous touchons à un point peut-être plus délicat encore. Car nous n'avons plus ici de ces pièces à conviction que nous croyons avoir trouvées pour déterminer notre manière de voir sur la nature de l'amende. Notre loi ne s'est pas toujours expliquée sur la confiscation d'une manière formelle, et de très grandes difficultés en sont résultées. Il ressort de la discordance apparente des textes relatifs à la confiscation que, même en droit commun, la confiscation n'a pas toujours le même caractère ; qu'elle n'est pas toujours une peine, que le législateur la prononce quelquefois à titre de réparation civile, d'autres fois à titre de mesure de police. Cela, sans qu'aucun texte général ait distingué ces trois caractères.

A plus forte raison se heurte-t-on à de sérieuses difficultés lorsqu'il s'agit de déterminer quel est le caractère de la confiscation en matière fiscale.

Nous ne sachions pas que l'on ait jamais songé à controverser le caractère de la confiscation lorsque, en matière de douanes, elle porte sur des marchandises prohibées à l'entrée. La jurisprudence et la doctrine sont d'accord pour déclarer qu'elle constitue dans ce cas une mesure de police. Elle est en effet prononcée pour retirer de la circulation un objet nuisible ou tout au moins dont la loi considère la possession comme illicite. Aussi la confiscation des marchandises prohibées n'a-t-elle rien de personnel. Elle affecte la marchandise, elle doit l'atteindre en quelque main qu'elle se trouve ; en cas de décès de l'inculpé, elle peut être prononcée contre ses héritiers ; elle peut être prononcée même au cas où le délinquant est inconnu, à la condition que le délit soit constant.

Si l'on fait abstraction de cette hypothèse de la confiscation de marchandises prohibées, la détermination du caractère de la confiscation fiscale devient embarrassante. La jurisprudence, qui voit dans l'amende fiscale une simple réparation civile, émet la même prétention en ce qui concerne la confiscation : elle la considère également comme la réparation du dommage causé à l'État plutôt que comme une peine. Cependant elle la traite comme une peine au point de vue suivant : elle décide que l'administration est privée du droit de disposer des marchandises non prohibées dont la confiscation aurait été prononcée à son profit par un jugement que la mort du délinquant aurait frappé de nullité.

Nous ne suivrons point la jurisprudence dans cette

voie. Nous croyons pouvoir affirmer que la confiscation est une peine quand elle a pour but de frapper le condamné dans son patrimoine sans toutefois que la possession de l'objet confisqué soit illicite. Nous appliquerons donc à la confiscation fiscale toutes les règles relatives aux peines de droit commun, comme à l'amende. Nous déciderons notamment qu'elle n'atteint pas les personnes qui ne sont que civilement responsables. Si l'article 20, titre 13, de la loi du 22 août 1791 sur les douanes et l'article 35 du décret du 1er germinal an XIII concernant les droits réunis l'édictent contre les propriétaires des marchandises en cas de fraude, c'est que ces personnes encourent une responsabilité pénale, nous l'avons expliqué ; ou du moins c'est à titre d'exception, et cette exception doit être restreinte dans les termes des textes qui l'ont établie. Nous déciderons aussi, et toujours par la même raison, parce que la confiscation est une peine, que si le délinquant est mort avant d'avoir été condamné la confiscation ne peut pas être prononcée contre ses héritiers ; que s'il est mort après la condamnation, mais avant qu'elle soit devenue irrévocable, elle tombe avec la poursuite elle-même. La jurisprudence admet, elle aussi, cette conséquence ; mais dans son système elle constitue une anomalie, une contradiction, tandis que dans le nôtre elle est parfaitement logique et découle tout naturellement du principe que nous avons adopté.

Quant à la question de savoir si la loi Bérenger s'applique à la confiscation, elle est indifférente. Quelque parti que l'on prenne dans la controverse qui s'agite sur le caractère de la confiscation, on aboutit au même résultat, l'impossibilité d'admettre le sursis. Si en effet, avec la jurisprudence, on voit dans la confiscation en matière fiscale une réparation civile allouée à l'État à raison du dommage causé par la contravention, il faut lui appliquer la disposition du paragraphe 1er de l'article 2 de la loi du 26 mars 1891 : la suspension de la peine ne comprend pas le paiement des dommages-intérêts. Si, au contraire, avec la doctrine, on reconnaît à la confiscation un caractère pénal, comme elle ne sera jamais qu'une peine accessoire, le deuxième paragraphe de ce même article 2 privera le délinquant du bénéfice du sursis : la suspension de la peine ne comprend pas les peines accessoires.

APPENDICE

Avant de songer à exercer une poursuite efficace, il faut que le délit soit prouvé, ou tout au moins que les éléments nécessaires pour que la conviction du juge puisse se former soient réunis.

Comment se prouvent les délits fiscaux ?

Ils sont constatés par des procès-verbaux que les agents des administrations financières ont reçu de la loi le privilège de dresser.

Les procès-verbaux, en cette matière comme en toute autre, et étant donné surtout leurs effets exorbitants, doivent d'abord être dressés par les agents compétents. Ils doivent, en outre, satisfaire aux conditions générales de validité imposées à tous les procès-verbaux, relatives notamment à la date, à l'écriture, à la signature, à l'affirmation et à l'enregistrement. Ce n'est pas ici le lieu de les rappeler.

Mais, indépendamment de ces formes générales, des formes particulières sont prescrites pour les procès-verbaux qui constatent des délits fiscaux : et nous devons au moins les mentionner. Ces formes particulières consistent :

1° *Dans le nombre des préposés qui doivent concourir au procès-verbal.* — La loi exige en principe un double témoignage, à raison même de l'effet qu'elle lui accorde de faire foi jusqu'à inscription de faux : c'est ce que portent pour les contributions indirectes l'article 84 de la loi du 5 ventôse an XII et pour les douanes l'article 1ᵉʳ du titre 4 de la loi du 9 floréal an VII. Il ne faut point croire cependant qu'il y ait analogie complète à ce point de vue entre les contributions indirectes et les douanes; les infractions douanières peuvent en effet être constatées par deux préposés ou « autres citoyens-français »; des personnes étrangères à l'administration peuvent intervenir, règle que nous ne retrouvons plus pour les contributions indirectes. Il faut également remarquer que ce double témoignage n'est pas exigé en matière d'octroi : aux termes de l'article 75 de l'ordonnance du 9 décembre 1814, les procès-verbaux d'octroi peuvent être rédigés par un seul préposé.

2° *Dans des énonciations spéciales*, qui sont : pour les contributions indirectes et les douanes, la mention de l'employé chargé des poursuites, la constatation des causes de la saisie, l'espèce, poids ou mesure des objets saisis, la présence de la partie à leur description ou la sommation qui lui aura été faite d'y assister, le nom et la qualité du gardien de la chose saisie s'il y a lieu, l'offre de donner mainlevée des moyens de transport saisis, la notification du procès-verbal à la partie saisie qui consiste dans une lecture et copie au prévenu présent ou en cas d'absence dans une affiche à la porte de la maison commune du lieu de la saisie. Pour l'octroi, outre les différentes énonciations relatives aux causes et aux circonstances de la saisie, et l'énumération et description des objets saisis, l'évaluation approximative des choses saisies, l'acceptation du gardien.

En matière de douanes, les procès-verbaux ne sont pas soumis à des règles spéciales seulement au point de vue du nombre des préposés qui doivent y concourir et des énonciations qu'ils doivent renfermer ; ils présentent encore d'autres particularités. L'article 2, titre 4 de la loi du 9 floréal an VII impose aux saisissants l'obligation de conduire les choses saisies au bureau de douane le plus prochain et d'y rédiger de suite leur rapport. Des formes spéciales sont prescrites pour les saisies dans les maisons, elles sont énumérées dans l'article 7 de la loi du 9 floréal an VII auquel nous renvoyons pour plus de détails. L'article 8 de cette même loi indique les formes auxquelles donnent lieu les saisies sur les bâtiments de mer. Enfin la loi du 28 avril 1816 a tracé des formes particulières aux procès-verbaux qui constatent la recherche et la saisie des tissus de fabrication étrangère dans toute l'étendue du territoire.

Ces formes spéciales dont la loi a voulu revêtir les procès-verbaux de douanes, contributions indirectes et octrois sont prescrites à peine de nullité. Leur omission atteint donc les procès-verbaux dans leur existence même.

Nous verrons ultérieurement qu'en matière d'enregistrement on ne dresse pas, d'ordinaire, de procès-verbal pour constater les contraventions ; mais qu'un procès-verbal est nécessaire en matière de timbre. La rédaction de ce procès-verbal n'exige aucune forme spéciale. Voici d'ailleurs comment s'exprime à cet égard le *Dictionnaire des droits d'enregistrement, de timbre et de greffe* : «. Lorsque les faits y sont clairement établis et que les preuves de chaque contravention y sont jointes dans les cas prévus par la loi, ou que, à défaut de pièces probantes, il y est suppléé de manière à démontrer en termes précis l'existence des contraventions, le procès-verbal remplit le vœu de la loi ». L'affirmation elle-même n'est exigée par aucune loi, et la Cour de cassation a pu décider qu'elle n'était pas nécessaire.

Nous passons rapidement sur les formalités auxquelles sont assujettis les procès-verbaux dressés pour constater un délit fiscal et leurs causes de nullité, d'abord parce que l'on peut trouver dans les répertoires de droit et dans les manuels publiés pour les employés des différentes administrations tous les développements que l'on peut souhaiter à cet égard, surtout parce que nous avons hâte d'arriver à l'examen des deux questions assurément les plus importantes qui se posent sur ces procès-verbaux :

1° Un procès-verbal est-il la condition indispensable de la poursuite des délits fiscaux ?

2° Quelle est la force probante du procès-verbal?

1re *question*. — Lorsqu'il n'a pas été rédigé de procès-verbal, ou lorsque le procès-verbal se trouve frappé de nullité et qu'il est ainsi réputé ne pas exister, peut-on néanmoins poursuivre et condamner, s'il y a lieu, les délinquants en y suppléant par des témoignages et autres preuves?

L'article 154 du Code d'instruction criminelle déclare que « les contraventions seront prouvées, soit par procès-verbaux, soit par témoins à défaut de rapports et procès-verbaux ou à leur appui ». L'article 189 étend cette disposition aux délits : « La preuve des délits correctionnels se fera de la manière prescrite à l'article 154 concernant les contraventions de police ». Et l'article 342 consacre la même règle pour les crimes : « La loi ne demande pas compte aux jurés des moyens par lesquels ils se sont convaincus ; elle ne leur prescrit point de règles desquelles ils doivent faire particulièrement dépendre la plénitude et la suffisance d'une preuve.... elle ne leur dit pas : vous ne regarderez pas comme suffisamment établie toute preuve qui ne sera pas formée de tel procès-verbal, de telles pièces..... » Les crimes, les délits et les contraventions peuvent donc être poursuivis lors même qu'ils n'ont été constatés par aucun procès-verbal. L'omission du procès-verbal peut être un obstacle à la répression, mais elle n'est pas une fin de non recevoir contre l'action ; les témoignages, les aveux des inculpés, les expertises peuvent le suppléer. Tel est le principe qui domine notre législation pénale. Comme le dit très bien Faustin-Hélie : « Les procès-verbaux ne constituent pas le titre de l'action publique ; ils n'en sont point la base nécessaire ; ils ne sont que des charges ou des preuves à l'appui de cette action. Leur omission ou leur insuffisance peut préjudicier au succès de la poursuite, puisqu'elle ôte à la conviction du juge un de ses éléments, mais elle n'élève aucune fin de non recevoir, aucun obstacle de droit contre cette poursuite (1) ».

En matière fiscale, nous rencontrons un principe tout opposé : le procès-verbal devient la condition essentielle des poursuites, parce qu'il est la seule preuve légale de l'infraction. On peut dire que de lui dépend l'existence de la contravention. D'où ces deux conséquences :

1° Si un procès-verbal n'a pas été rédigé, aucune poursuite n'est possible ;

2° Si le procès-verbal qui a été rédigé est annulé pour quelque cause que ce soit, la poursuite tombe avec le procès-verbal.

Quelles sont les raisons qui ont pu faire admettre cette dérogation au droit commun ? La principale raison est que les faits, les circonstances qui constituent les délits fiscaux sont presque toujours tellement fugitifs que s'ils ne sont pas constatés sur-le-champ par procès-verbal la preuve en est ensuite difficile et même dangereuse. Les délits qu'il s'agit d'atteindre consistent le plus souvent

______

(1) *Traité de l'instruction criminelle*, t. 3, n° 1360.

en déplacements de marchandises : ils sont donc instan-
tanés et ne laissent aucune trace après eux, de sorte que
le procès-verbal qui les constate au moment même où ils
sont commis est la seule preuve possible de leur existence.

Cette règle, que l'on résume parfois dans cette formule « pas de procès-verbal, pas d'action », quelque
nécessaire qu'elle puisse paraître, n'est pas cependant
sans inconvénients et l'on peut faire valoir contre elle
une considération qui a son importance. Les formalités
qu'exigent les lois fiscales pour la rédaction des procès-
verbaux sont prescrites, nous l'avons vu, à peine de nullité. Or, il arrive souvent, que les agents chargés de la
rédaction des procès-verbaux, soit par oubli, soit par
ignorance, omettent l'une de ces formalités. Le procès-
verbal sera annulé, et, comme il peut seul servir de base
à l'action, aucune répression ne sera possible. Ce résultat nous paraît fâcheux. Que l'on n'admette pas d'action
lorsqu'un procès-verbal n'a pas été rédigé et qu'ainsi il
n'y a pas, à proprement parler, de corps de délit, il n'y
a pas de commencement de preuve et on offre seulement d'établir l'infraction par témoins, c'est obéir à
l'esprit de notre législation fiscale qui a voulu éviter
l'arbitraire. Mais il nous semble que lorsqu'un procès-
verbal a été rédigé, mais qu'il est entaché d'un vice
quelconque qui entraîne sa nullité, il pourrait, comme
l'infraction n'en est pas moins établie, être considéré
malgré sa nullité comme un commencement de preuve

suffisant pour faire admettre comme supplétive la preuve par témoins. Ce ne serait plus s'exposer à l'arbitraire comme dans le premier cas. En Belgique, on est même allé plus loin. Il est admis qu'un procès-verbal n'est pas indispensable pour que la fraude puisse être punie. Cette différence de législation ressort très bien de la rédaction de l'article 233 de la loi du 26 août 1822. Ce texte se sert de cette expression : « Lorsque les délits, fraudes ou contraventions à la loi sont constatés au moyen de procès-verbaux » ; les délits fiscaux peuvent donc être prouvés par tous autres moyens ; seulement le procès-verbal, à raison de la force probante particulière que la loi lui attribue est un moyen commode d'établir la fraude.

L'existence du procès-verbal est chez nous une condition indispensable de la poursuite des délits fiscaux. Mais il ne suffit pas d'affirmer un principe, il importe avant tout de l'appuyer sur des textes. Quels sont donc ces textes qui le consacrent ? D'autre part, ce principe est-il absolu ou comporte-t-il quelques exceptions ? C'est ce que nous allons rechercher en examinant avec plus de détails chacune des matières fiscales.

En matière de douanes la pratique a établi une grande différence, au point de vue de la preuve, entre les infractions qui sont de la compétence du juge de paix et celles dont la connaissance revient aux tribunaux correctionnels.

Les premières ne peuvent se prouver que par procès-verbal, tandis que la preuve des secondes peut se faire suivant les règles du droit commun.

En ce qui concerne les *délits*, cette décision est solidement assise : elle a pour base l'article 1ᵉʳ du décret du 8 mars 1811, qui autorise la preuve testimoniale dans les termes suivants : « Toute introduction de marchandises prohibées, *de quelque manière qu'elle soit constatée*, et même *à défaut ou en cas de nullité du procès-verbal*, sera, indépendamment de la confiscation, punie des peines déterminées par les lois et règlements... » On a bien essayé de soutenir que ce texte avait été abrogé, sous le prétexte que l'article 58 de la loi de 1816, qui maintenait implicitement le décret de 1811, ayant été abrogé par l'article 38 de la loi du 21 avril 1818, le décret partageait le même sort. Mais la Cour de cassation a victorieusement démontré que c'était là forcer et dénaturer le sens de la loi de 1818.

Quant à la règle qui prohibe de diriger des poursuites et de prononcer des condamnations contre les *contraventions* s'il n'existe pas de procès-verbal, elle ne peut pas se prévaloir d'un texte aussi formel. On peut même dire qu'elle ne peut invoquer aucun texte en sa faveur d'une manière sérieuse et qu'elle est plutôt une règle établie par l'usage. La Cour de cassation l'a déduite de l'article 2, titre 4, de la loi du 9 floréal an 7. Cet article impose aux préposés des douanes, qui ont effectué une saisie et par suite constaté une contravention, la rédaction immédiate d'un procès-verbal dès leur arrivée au plus prochain bureau : « *ils y rédige-ront de suite leur rapport* ». La Cour suprême a pensé qu'il résultait de ces termes absolument impératifs que la rédaction du rapport ou du procès-verbal est intime-ment liée à la constatation de la contravention.

Elle s'est dit également qu'il était difficile d'admettre qu'en établissant un mode spécial de constater et de poursuivre les contraventions de douanes la législation ait sous-entendu que ces contraventions pourraient également être constatées et poursuivies suivant le droit commun, quoique elle ne l'ait pas formellement déclaré. — Ce dernier raisonnement, surtout, peut paraître assez spécieux. Mais il faut reconnaître que le système qui fait de l'existence du procès-verbal une condition indispen-sable de la poursuite est mis au-dessus de toute discus-sion par l'accord de la jurisprudence et de l'administra-tion à en faire un principe traditionnel.

En matière de contributions indirectes, d'après l'ar-ticle 34 du décret du 1ᵉʳ germinal an XIII, la seule preuve qui puisse servir de base à une condamnation est celle qui résulte d'un procès-verbal régulier. Aucun autre mode de preuve, même l'aveu du prévenu, ne saurait suppléer l'absence du procès-verbal.

Mais, pour les fraudes sur le tabac, les principes ordi-naires reprennent leur empire et les preuves du droit commun deviennent applicables. La condamnation à l'amende prononcée par l'article 222 de la loi du 28 avril 1816 n'est point subordonnée à l'existence ou à la régularité d'un procès-verbal. L'article 34 du décret de germinal an XIII ne s'applique pas ici, et la Cour de cassation a cassé, le 22 février 1889, un arrêt qui, constatant que les prévenus ont reconnu dans leurs interrogatoires l'existence des actes de fraude, n'avait fait état de cet aveu que pour prononcer la confiscation sans amende (1).

Si le procès-verbal est en matière de contributions indirectes le titre de la poursuite et le seul moyen d'obtenir une condamnation, il n'en est plus de même en ce qui concerne les contraventions aux règlements d'octroi. Ici tous les moyens de preuve sont admissibles, et l'on rentre dans la règle générale de l'article 154 du Code d'instruction criminelle. L'article 75 de l'ordonnance du 9 décembre 1814 ne dit pas en effet, comme l'article 34 du décret de germinal an XIII, qu'un procès-verbal régulier est nécessaire. Le ministre de la justice a fait ressortir ce détail dans 2 lettres du 7 germinal an IX et du 14 germinal an XII. La jurisprudence n'a jamais varié.

Les lois sur l'ENREGISTREMENT et les lois sur le TIMBRE, qui ont des points communs très nombreux, comportent une dissemblance au point de vue de la preuve. Si la procédure pour recouvrer les droits de timbre et juger les infractions est la même que la procédure en matière d'enregistrement, il y a cependant une règle spéciale en ce qui concerne les droits de timbre : les infractions à

____

(1) D. P. 1890, 1, 47.

ces lois doivent être constatées par des procès-verbaux.
L'administration admet toutefois qu'on ne doit pas dresser de procès-verbal si le contrevenant consent à payer
immédiatement l'amende, ou reconnaît la devoir, par
exemple en signant une demande en modération. Il n'est
pas non plus nécessaire de dresser de procès-verbal
lorsque la pièce au sujet de laquelle la contravention a
été commise est placée dans un dépôt public : l'administration pourra la retrouver en cas de contestation ulté-
rieure et établir la contravention.

En matière d'enregistrement au contraire, il n'est pas
besoin de dresser de procès-verbal.

Au point où nous en sommes de l'examen de cette
question : ne peut-on pas poursuivre un délit fiscal lorsqu'il n'y a pas eu de procès-verbal ou lorsque le procès-verbal est nul ? il importe de faire une double précision :

La première, c'est que l'absence de procès-verbal ou
sa nullité ne constitue un obstacle qu'à la condamnation à l'emprisonnement ou à l'amende ; mais elle n'empêche point de prononcer la confiscation, si d'ailleurs
l'infraction se trouve suffisamment établie par l'instruction. Cette restriction est consacrée, en matière de douanes, par l'article 23, titre 10, de la loi du 22 août 1791,
et l'article 4 de la loi du 15 août 1793 ; en matière de
contributions indirectes, elle est reproduite par l'article
34 du décret du 1er germinal an XIII (1).

(1) Caen, 26 mai 1869, *Annales des contrib. ind. de* 1869, 88 ; Bour-

La seconde précision était plus facile à prévoir. La règle que la poursuite doit être basée sur un procès-verbal ne vise que l'action de l'administration ; elle ne s'applique pas au ministère public. Du moment que le délit est poursuivi par le ministère public, il doit l'être d'après les principes posés par le Code d'instruction criminelle. Aucun texte n'a en effet restreint ses pouvoirs et ne lui a imposé en matière fiscale la preuve par procès-verbal comme seule admissible et absolument indispensable.

2e *question*. — Le procès-verbal base nécessaire de la poursuite, ce n'est point là la seule différence que l'on doive relever au point de vue de la preuve entre les infractions ordinaires et les infractions fiscales.

Il est une autre différence tout aussi importante. En matière ordinaire, la loi n'a pas attaché à tous les procès-verbaux la même autorité. Les uns n'ont que la valeur de simples renseignements, ils ne forment pas une preuve légale pour les tribunaux qui peuvent, après avoir entendu les explications du prévenu et sans qu'il ait produit aucune preuve, le décharger de la poursuite : ce sont par exemple les procès-verbaux des agents de police. Les autres font foi jusqu'à preuve contraire ; ils restent debout tant que l'inexactitude n'en est pas démontrée et lient le juge qui est obligé de prononcer la condamnation, mais la preuve qui en résulte peut être

ges, 3 janvier 1879, *Annales*, 82-84. 30 ; Cass., 28 avril 1853 (S. 54, 1, 222) ; Angers, 28 janvier 1884, *Annales*, 85-87, 137.

attaquée et détruite par une autre preuve : ce sont ceux des officiers de police judiciaire et des gendarmes. Ils constituent la règle commune et, lorsque l'article 154 du Code d'instruction criminelle parle de procès-verbaux faisant foi jusqu'à inscription de faux, on peut dire qu'il ne vise que des matières spéciales.

Au contraire les procès-verbaux destinés à constater un délit fiscal font en principe foi jusqu'à inscription de faux : c'est-à-dire qu'ils sont réputés la vérité même, qu'on n'est admis à faire valoir contre eux aucune preuve, et qu'on ne peut les combattre qu'au moyen d'une procédure longue, coûteuse, et surtout difficile et dangereuse, la procédure de l'inscription de faux.

C'est à raison de cette autorité considérable qu'elle leur a attribuée, que notre législation se montre très sévère pour l'accomplissement des différentes formalités dont elle a entendu revêtir les procès-verbaux, et qu'elle a déclaré qu'en principe l'inobservation de l'une d'elles entraînerait la nullité du procès-verbal. C'est surtout à raison de cette autorité qu'elle a exigé que l'infraction soit constatée au moins par 2 verbalisants, reconnaissant qu'elle a fait du procès-verbal une arme beaucoup trop redoutable pour pouvoir se dispenser d'assurer aux particuliers une garantie contre l'arbitraire d'un seul employé.

La loi s'est écartée ici des règles ordinaires probablement parce qu'elle a estimé que les délits fiscaux résultent de circonstances souvent fugitives et qu'il serait très difficile d'en faire la preuve autrement que par un procès-verbal qui les saisit au moment même où ils se manifestent. Mais on pourrait l'accuser d'avoir eu trop en vue les intérêts du trésor et de s'être moins préoccupée d'arriver à la connaissance de la vérité que d'assurer, avec la condamnation des prévenus, la perception des revenus de l'État. On ne peut en effet nier que cette foi que font les procès-verbaux en matière fiscale jusqu'à inscription de faux ne soit un privilège exorbitant. Pourquoi les agents inférieurs des administrations financières qui sont chargés de la rédaction des procès-verbaux inspireraient-ils une confiance plus grande que les officiers de police judiciaire et de gendarmerie ? Ne sont-ils pas susceptibles de céder à la tentation bien humaine de se servir pour la satisfaction de leurs rancunes personnelles de l'arme que la loi a mise entre leurs mains ? Sans aller jusqu'à supposer qu'ils ne remplissent pas leurs fonctions avec l'irrécusable impartialité qu'on leur demande, sont-ils infaillibles et ne sont-ils pas exposés à commettre des erreurs ? Il est souvent aisé d'établir la preuve contraire des faits constatés par un procès-verbal, tandis qu'un prévenu victime de l'arbitraire ou de l'erreur des préposés reculera souvent devant la nécessité de recourir à l'inscription de faux, à cause des conséquences très rigoureuses d'une non-réussite : N'est-ce pas le mettre entre l'enclume et le marteau ?

En tout cas, ce privilège est-il indispensable à la ré-

pression des infractions? Nous ne le croyons pas. Nous
ne croyons pas davantage qu'une discussion en justice
des cas de fraude nuirait au prestige des administrations financières. Et lorsqu'une dérogation au droit
commun n'est pas absolument nécessaire, il y a toujours
intérêt à la supprimer.

C'est ce qu'a fait la loi belge du 26 août 1822 : « Les
procès-verbaux, dit l'article 239, font foi en justice
jusqu'à ce que la fausseté en soit prouvée ».

En France, on approuverait fort une décision semblable du législateur proclamant les procès-verbaux en
matière fiscale vrais seulement jusqu'à preuve contraire.
Cette réforme, en effet, a déjà été demandée lors de la
discussion de la loi du 21 juin 1873 sur les boissons.
Dans un article additionnel à la loi du budget, qui avait
été adopté par la Chambre des députés le 16 mars 1888
et qui déclarait l'article 463 du Code pénal applicable
aux infractions de contributions indirectes, il était également dit que les procès-verbaux ne feraient foi que
jusqu'à preuve contraire.

Il est vrai que la pioche des démolisseurs s'attaque à
une règle qui a eu le temps de prendre racine dans
notre législation. Car l'ordonnance de juillet 1681
(art. 19 du dernier titre) proclamait déjà que les procès-
verbaux dressés par les commis des fermes feraient foi
jusqu'à inscription de faux. Les articles 84 de la loi du
5 ventôse an XII et 26 du décret du 1er germinal an XIII
en matière de contributions indirectes, l'article 75 de

l'ordonnance du 9 décembre 1814 en matière d'octroi, l'article 11 de la loi du 9 floréal an VII en matière de douanes ne font que faire revivre cette disposition de l'ordonnance.

Il faut toutefois noter, pour être exact, que cette règle traditionnelle comporte quelques exceptions : Aux termes de l'article 5 de la loi du 21 juin 1873, la contravention peut être constatée par un seul employé des contributions indirectes ; elle peut l'être aussi par des agents n'appartenant pas à l'administration et étrangers en même temps à l'octroi et aux douanes ; le procès-verbal rédigé dans ces conditions ne fait foi que jusqu'à preuve contraire. De même, les procès-verbaux relatifs à l'exécution des lois concernant les tabacs peuvent être établis par un seul employé ; mais dans ce cas ils ne font foi que jusqu'à preuve contraire (art. 3 de la loi du 29 février 1872). Enfin on admet que les procès-verbaux dressés par les préposés de l'enregistrement ne font foi que jusqu'à preuve contraire.

Sauf ces 3 exceptions, les procès-verbaux rédigés par les employés de nos grandes administrations financières doivent être considérés comme des actes authentiques et font foi de leur contenu jusqu'à inscription de faux. Quoique très simple, cette formule soulève quelques difficultés que nous devons maintenant examiner.

Ce n'est point à toutes les mentions qui peuvent se trouver dans les procès-verbaux que cette force probante s'applique. Bien que cette précision n'ait pas été faite dans nos lois fiscales comme elle l'a été dans l'article 176 du Code forestier, il est admis sans contestation que cette force probante ne s'attache qu'aux faits matériels relatifs aux délits qu'il s'agit de constater. « Ce principe, dit Faustin-Hélie, dérive de la nature même des agents qui les rédigent : ces agents ne sont point juges des faits qu'ils recueillent, et par conséquent ils ne sont point appelés à les apprécier : leur appréciation, s'ils l'énoncent, ne peut donc avoir aucune valeur. Ils ne sont point experts, et par conséquent ils ne sont pas chargés d'examiner la valeur des différentes circonstances qu'ils relèvent : les opinions qu'ils émettent à cet égard ne peuvent donc enchaîner les juges. Ils n'apportent à la justice qu'un simple témoignage ; ils ne sont que les témoins officiels des faits qu'ils ont constatés ; ils ne peuvent donc faire foi que des faits qu'ils ont vus, qui ont frappé leurs sens et dont ils ont une certitude absolue. Leur mission, ainsi limitée à la constatation des faits matériels, est en rapport direct avec leur position subalterne, avec leurs lumières présumées, avec l'autorité dont ils sont investis. La loi en effet peut accorder foi à la déclaration qu'ils ont vu et reconnu tel acte, tel fait ; elle ne pourrait ajouter la même confiance à la déclaration qu'ils ont reconnu à ce fait tel ou tel caractère. La conséquence nécessaire de leur aptitude limitée, d'une part, et d'un autre côté, de l'autorité illimitée de leurs actes, est la restriction de cette autorité à la stricte constatation des faits matériels. Et si l'on remarque ensuite qu'il s'agit

de constituer une preuve de droit, une preuve privilégiée, dont les effets sont exorbitants, puisqu'elle peut
dicter les jugements contrairement à la conviction des
juges, ne devient-il pas évident que cette preuve ne peut
porter que sur des actes qui ne sont susceptibles d'aucune interprétation, qui sont faciles à constater et qui
frappent les sens des agents les moins éclairés? (1) »

Les opinions personnelles des agents, les qualifica-
tions données par eux aux faits qu'ils ont relatés, peuvent donc être débattues ; et il en serait de même des
faits matériels que les préposés n'auraient pas constatés
eux-mêmes, mais qui résulteraient de déclarations de
tiers. Ainsi, il a été jugé que quand les employés des
contributions indirectes ont déclaré avoir cru reconnaître à l'odeur qu'un fût contenait de l'esprit, cette déclaration ne fait pas foi jusqu'à inscription de faux (Cass.,
21 novembre 1851); que leurs appréciations sur la
richesse alcoolique d'un liquide, sur l'espèce, la qualité
ou la valeur d'une marchandise n'ont aucune valeur en
justice (Cass., 2 avril 1879 ; Sirey, 79, 1, 438) ; que cette
indication faite par les verbalisants de ce qu'ayant trouvé
une personne porteur d'un paquet de marchandises prohibés, le paquet devait provenir du navire d'où ils avaient
vu cette personne descendre, ne fait pas foi jusqu'à inscription de faux (Cass., 26 novembre 1834 ; Sirey, 35,
1, 73).

(1) *Traité de l'instruction criminelle*, t. 3, nᵒ 1450, § 2, p. 412.

Le savant auteur du *Traité de l'instruction criminelle*
donne un peu plus loin ce critérium pour permettre de
savoir ce qu'il faut entendre par faits matériels : « On ne
doit qualifier faits matériels que les faits qui sont constitutifs de la contravention elle-même et des circonstances qui s'y rattachent ».

Mais une grave question a été soulevée ; faut-il ranger
parmi les faits matériels les *aveux* des prévenus ? La
Cour de cassation tranche cette question dans le sens
de l'affirmative ; elle a décidé, par un arrêt du 6 août
1834, toutes chambres réunies, que « les procès-verbaux
font foi des faits matériels relatifs aux délits et contraventions qu'il constatent, *et par conséquent des aveux
et déclarations des parties* (1) ».

Dans ces limites, les procès-verbaux sont la preuve
absolue de l'exactitude des faits qu'ils rapportent ; leurs
énonciations sont réputées être la vérité même ; aucune
preuve ne peut leur être opposée, et les prévenus n'ont
qu'un seul moyen de défense : l'*inscription de faux*.

Cette procédure peut être dirigée, non seulement
contre les énonciations constitutives de la contravention,
mais encore contre celles relatives aux formalités exigées
pour la validité du procès-verbal ; elle a en effet pour but
de faire tomber le procès-verbal, soit en justifiant les

(1) *Journal du Palais*, tome 16, p. 849. — V. aussi Nimes, 1er mai
1873 (*Annales des contrib. indir.*, 76-77, 348). — Cass., 16 juillet 1891
(Sirey, 92, 1, 540).

prévenus de la contravention, soit en faisant frapper le procès-verbal de nullité.

L'inscription de faux, en matière fiscale, est soumise à dés dispositions tout à fait spéciales et plus rigoureuses encore que celles que le Code de procédure civile a tracées au titre du *faux incident*. Nos lois fiscales ont d'abord voulu que l'inscription de faux fut faite dans le plus bref délai possible. La déclaration de l'inscription, disent les articles 40 du décret du 1er germinal an XIII et 12, titre 4, de la loi du 9 floréal an VII, doit être faite « au plus tard à l'audience indiquée par la sommation de comparaître devant le tribunal qui doit connaître de la contravention ». On a craint que, si on eût maintenu les délais ordinaires, le prévenu se procurât des moyens frauduleux de faux. Cette crainte motiva déjà dans notre ancienne législation plusieurs règlements qui intervinrent pour limiter les délais et les formalités de l'inscription de faux contre les procès-verbaux des employés des fermes et qui furent résumés en dernier lieu par une déclaration royale du 25 mars 1832. Cette déclaration exigeait que « ceux qui voudront s'inscrire en faux contre les procès-verbaux pour fraudes, faux-saunage..... etc...., seront tenus de déclarer au plus tard dans le jour de l'échéance des assignations qui seront données à la requête des fermiers..... » (art. 1er).

Les lois de germinal an XIII et de floréal an VII indiquent ensuite les formes de la déclaration : la déclaration doit être faite par le prévenu en personne ou par un fondé de pouvoir spécial par acte notarié ; elle doit être faite par écrit.

Le demandeur en faux doit remplir, après avoir fait la déclaration, une deuxième formalité. Il doit, dans les trois jours suivants, déposer au greffe du tribunal les moyens de faux et les noms et qualités des témoins qu'il se propose de faire entendre.

Ces deux formalités, déclaration de l'inscription de faux, dépôt de l'acte indicatif des moyens dans les délais prescrits, sont exigées à peine de déchéance de l'inscription.

Après l'accomplissement de ces deux formalités, le tribunal saisi de l'affaire statue *sans délai* sur l'admissibilité de l'inscription de faux. Il doit examiner tout d'abord si les formalités ont été rigoureusement remplies, ensuite si les faits articulés comme moyens de faux sont admissibles. Pour que ces moyens soient admissibles, il faut qu'ils aient un caractère tel que, en les supposant prouvés, ils justifient absolument le prévenu de la fraude qui lui est imputée, qu'ils fassent disparaître l'infraction : ainsi, il ne suffirait pas, lorsque le procès-verbal constate qu'à tel jour et telle heure les préposés ont surpris le prévenu à tel lieu, que le prévenu offre de prouver par témoins qu'on ne l'a point vu au lieu indiqué aux jours et heures énoncés ; il faudrait qu'il articulât des faits absolument incompatibles avec sa présence sur le lieu et à la date indiquée, par exemple qu'il se trouvait à ce moment à un endroit tellement éloigné qu'il lui était matériellement impossible de se trouver le même jour, à l'heure constatée par les préposés, au lieu indiqué dans le procès-verbal.

Si le tribunal reconnaît que l'inscription n'est pas régulière, ou que les moyens de faux ne sont pas admissibles et pertinents, le procès-verbal reprend sa force ; il est passé outre au jugement de l'infraction, la peine édictée par la loi est appliquée ; et, de plus, sur la réquisition du ministère public, il y a lieu de prononcer les peines de l'inscription téméraire, c'est-à-dire une amende de 300 francs au moins et tels dommages-intérêts qu'il appartiendra, conformément aux articles 246 et 247 du Code de procédure civile.

S'il juge au contraire que l'inscription est régulière et s'il admet les moyens de faux, il est sursis au jugement de l'infraction jusqu'après le jugement sur le faux.

Nous avions donc le droit de dire que, tout en conservant les caractères généraux de la poursuite en faux incident, l'inscription de faux est soumise en matière fiscale à quelques règles spéciales.

La législation des octrois, seule, ne contient aucune disposition spéciale à cet égard ; et dès lors, l'on suit les règles ordinaires. C'est du moins l'opinion communément enseignée : car une controverse existe sur le point de savoir s'il ne faudrait pas, au lieu de suivre le Code de procédure civile, formaliser comme en matière de contributions indirectes, et c'est dans ce sens que Faustin-Hélie se prononce. Cet auteur fait observer à l'appui de sa thèse que si la législation des octrois est une législation spéciale, du moins les articles 165 du décret du 17 mai 1809 et 88 de l'ordonnance de 1814 continuent d'attribuer à l'administration des contributions indirectes la surveillance générale de la perception des octrois ; que le titre 9 de l'ordonnance de 1814 n'a fait que reproduire, en le modifiant sur quelques points, le décret de germinal an XIII ; et que les mêmes règles régissent en général les préposés des deux services : « N'y a-t-il pas lieu de penser, — en conclut-il, — que si l'ordonnance n'a pas parlé de l'inscription de faux, c'est qu'elle s'est référée sur ce point au décret... Puisqu'il s'agit des mêmes actes auxquels la loi a conféré les mêmes effets, puisque les formes de la poursuite sont à peu près les mêmes, n'y a-t-il pas lieu d'appliquer les mêmes règles à l'inscription de faux (1) ? »

Mais l'opinion de Faustin-Hélie est combattue par la majorité des auteurs, et la jurisprudence se prononce aussi contre elle. C'est à cette dernière opinion que nous nous rallions. Elle nous semble en effet commandée par les principes mêmes qui régissent l'interprétation des lois : en vertu de ces principes, c'est dans le sens de l'application du droit commun qu'il faut se prononcer chaque fois que dans la loi spéciale il n'existe pas de disposition particulière (2).

(1) *Traité de l'instruction criminelle*, tome 3, nᵒ 1485.
(2) Voir en ce sens : Mangin, *Traité des procès-verbaux*, nᵒ 222 ; — Olibo, tome 1, p. 588 ; — Duplessis, nᵒ 368. Voir aussi :Cass., 8 février 1845 ; D. P. 45, 1, 157 ; Rouen, 9 mars 1854 ; D. P. 54, 2, 132. Lyon, 15 juillet 1873 ; *Recueil des arrêts de la Cour de Lyon*, p. 409.

POSITIONS

Positions prises dans la thèse.

DROIT FRANÇAIS.

I. — Le seul fait de ne pas payer l'impôt ne constitue pas un délit.

II. — L'amende, en matière fiscale, ne cesse pas d'être une peine pour prendre le caractère de réparation civile.

III. — Le sursis de la loi Bérenger s'applique aux infractions spéciales, et notamment aux infractions aux lois fiscales.

IV. — Il n'y aurait aucun inconvénient à faire prononcer les amendes fiscales par les administrations elles-mêmes, sauf opposition de la partie devant la juridiction correctionnelle.

DROIT ROMAIN.

I. — La règle *bona non intelliguntur nisi deducto œre alieno* est applicable en cas de confiscation générale.

II. — La contradiction qui paraît exister entre la loi 1 § 1, Code, livre 6, titre 4 et quelques textes du Digeste sur le point de savoir si en cas de crime, de lèse-majesté les *jura patronatus* passent au fisc ou bien aux enfants du condamné, s'explique historiquement.

Positions prises en dehors de la thèse.

DROIT ROMAIN.

I. — Les tuteurs et curateurs avaient à l'origine un droit propre sur les biens des incapables, et ce droit propre c'était le droit de propriété.

II. — Il n'est pas douteux que le pupille qui avait contracté sans *l'auctoritas tutoris* ne pouvait pas s'obliger civilement. Mais, en dehors de l'enrichissement que son acte aurait pu lui procurer, il était tenu d'une obligation naturelle.

III. — Il n'était pas besoin d'un engagement spécial pour que l'*actio auctoritatis* existât contre le mancipant : cette action était la conséquence nécessaire de la mancipation.

IV. — La *filiafamilias* pubère était, à l'époque classique, incapable de s'obliger.

DROIT CIVIL.

I. — Si l'époux était titulaire au moment du mariage, ou s'il l'est devenu pendant le mariage, d'un office ministériel, à la dissolution de la communauté le prix de l'office ne va pas rester propre à l'époux, il entrera en communauté.

II. — Le bénéfice de l'assurance sur la vie contractée par l'un des époux tombe dans la communauté, à moins que l'assurance ne soit stipulée payable à un tiers désigné dans la police.

III. — La femme dotale peut valablement s'obliger : mais les obligations qu'elle contracte ne sont exécutoires que sur les biens paraphernaux et sur ceux qu'elle acquiert après la dissolution du mariage.

IV. — Le contrat de louage ne donne au preneur qu'un droit personnel.

DROIT MARITIME.

L'obligation de contribuer aux avaries communes n'est pas une obligation propre au droit maritime, résultant d'une clause sous-entendue dans le contrat d'affrétement ; c'est une obligation quasi-contractuelle dérivant du principe de droit commun selon lequel nul ne doit s'enrichir injustement aux dépens d'autrui.

DROIT INTERNATIONAL PRIVÉ.

Les tribunaux français sont compétents pour connaître des contestations entre étrangers.

DROIT CRIMINEL.

I.— La Cour d'assises jugeant un contumax sans intervention de jurés peut accorder des circonstances atténuantes.

II. — C'est à la peine édictée par la loi, et non à l'intention, qu'il faut s'attacher pour déterminer le caractère d'une infraction.

Vu :

Le Président de la thèse,
CHAVEGRIN.

Vu :

Le Doyen,
COLMET DE SANTERRE.

Vu et permis d'imprimer :
Le Vice-Recteur de l'Académie de Paris,
GRÉARD.

TABLE DES MATIÈRES

Imp. G. Saint-Aubin et Thevenot. — J. Thevenot, successeur, St-Dizier (Hte-Marne).

Imp. G. Saint-Aubin et Thevenot. — J. THÉVENOT, successeur, St-Dizier (Haute-Marne).